Pour une autre globalisation

Questions contemporaines

Collection dirigée par B. Péquignot, D. Rolland et Jean-Paul Chagnollaud

Chômage, exclusion, globalisation... Jamais les « questions contemporaines » n'ont été aussi nombreuses et aussi complexes à appréhender. Le pari de la collection « Questions contemporaines » est d'offrir un espace de réflexion et de débat à tous ceux, chercheurs, militants ou praticiens, qui osent penser autrement, exprimer des idées neuves et ouvrir de nouvelles pistes à la réflexion collective.

Dernières parutions

Renaud FABBRI, *Eric Voegelin et l'Orient. Millénarisme et religions politiques de l'Antiquité à Daech,* 2015
Béatrice GRANDORDY, *Le médecin devant le juge. Fait-il face à une « menace aggravée » du pénal ?*, 2015.
Georges KORNHEISER, *Le capitalisme, cancer de l'humanité*, 2015.
Florent VILLARD, *Critique de la vie quotidienne en Chine à l'aube du XXI*e *siècle*, 2015.
Julien PEQUIGNOT, François-Gabriel ROUSSEL (Dir.), *Les métavers, Dispositifs, usages et représentations*, 2015
Michelle BERGADAA, *Le plagiat académique. Comprendre pour agir,* 2015.
Walter GERBIN, *Civilisation. De la fabrique d'un concept à la fabrique d'une guerre,* 2015.
Julien DEMADE, *Les embarras de Paris, ou l'illusion techniciste de la politique parisienne des déplacements*, 2015
Arnaud RICHARD, Fred HAILON, Nahida GUELIL, *Le discours politique identitaire dans les médias*, 2015
Jean Joseph PALMIER, *Que faire des minorités visibles ?, L'exemple de Gaston Monnerville, Président du Sénat*, 2015
Abdelkrim BOUHOUT, *Essai sur la visibilité des migrants relégués*, 2015.
Philippe NADIN, *Un néo-fascisme à la française*, 2015.
Morgane COUAPEL, *L'éthique, une si belle utopie, 2015.*
Pascal MOUNIER, *Plaidoyer pour une démocratie populaire*, 2015.
Philippe JOURDAIN, *Pour un humanisme durable*, 2015.
Michel MENEAULT, Jean-Claude AUZOUX, *Pour une aide au développement enfin efficace et durable*, 2015.
Arno MUNSTER, *Jean Jaurès : un combat pour la laïcité, la République, la justice sociale et la paix*, 2015.
Alain DULOT, *Impasse de l'école. Réflexions sur une institution en panne*, 2015.
Cyril BOISNIER, *Les sociétés foncières entre finance et ville durable*, 2015.

Roland GUILLON

Pour une autre globalisation

Essai de géopolitique des rapports sociaux

L'Harmattan

5-7, rue de l'Ecole-Polytechnique, 75005 Paris

http://www.harmattan.fr
diffusion.harmattan@wanadoo.fr
harmattan1@wanadoo.fr

ISBN : 978-2-343-08051-2
EAN : 9782343080512

AVANT-PROPOS

Depuis la parution en novembre 2013 de la première version de cet ouvrage – sous le titre *Rapports sociaux et globalisation, réflexions sociologiques* –, nombre de faits ont illustré et souvent même accentué la dynamique de globalisation que nous décrivions. Soit autant de tensions sociales que provoquent encore le pouvoir sans partage de l'argent, le retour en force des nationalismes ou les détournements marchands de la création. Sans oublier une déferlante de crispations ou de nostalgies identitaires dont certaines peuvent être mortifères. Soit autant de facteurs qui bloquent encore toute possibilité d'orienter davantage la production, les échanges ou les relations internationales vers les valeurs du bien commun.

Nous sommes d'abord sensible aux menaces que fait peser encore cette même globalisation sur les principes démocratiques et républicains, sur la valorisation légitime du travail, sur des investissements garants de notre développement et soucieux de notre environnement. Aussi sommes-nous d'autant plus alerté aux conflits armés qui jaillissent ou perdurent sur plusieurs continents, ainsi qu'à leur projection sous formes d'attentats contre des sociétés civiles. Ces attentats frappent à la fois les populations de sociétés occidentales et encore plus massivement celles d'autres sociétés. Et, pour chaque société, ils mobilisent aussi bien des agents étrangers que des ressortissants nationaux. Tous ces événements dramatiques sont liés aux effets destructeurs de cette globalisation et aux retombées en longue période de plusieurs hégémonies impériales ou coloniales. Ils mêlent souvent de manière confuse et violente l'expression contradictoire entre des formes de résistance ou de libération et un retour à des valeurs conservatrices ou rétrogrades. Et c'est bien le choc et la complexité de cette rencontre qui nous incitent à poursuivre notre recherche et à compléter notre ouvrage.

C'est donc dans cet esprit que nous avons cherché à davantage creuser trois thèmes récurrents de notre critique, parce qu'ils nous semblent positifs et susceptibles de contribuer à mieux combattre toutes ces menaces.

Le premier est celui de l'échelle à laquelle il serait souhaitable de mobiliser le politique pour mettre au service du bien commun de multiples ressources aussi bien matérielles qu'immatérielles. Ce qui soulève des questions qui ne sont toujours pas tranchées à propos des défis que posent les voies transnationales qu'empruntent les agents de la globalisation et leurs organisations (entreprises multinationales ou transnationales, fonds financiers, agences intergouvernementales), parce qu'elles limitent les capacités d'intervention publique ou les canalisent vers leurs intérêts. On assiste à une forme de résignation de la part des gouvernements lorsqu'ils adoptent des politiques segmentées et le plus souvent défensives. Ou inversement à des signes de volonté de puissance qui ne sont en fait que des postures idéologiques compensatoires. Avec pour conséquences de susciter toutes sortes de crispations nationalistes ou communautaristes, que celles-ci concernent un monde réel ou un monde imaginaire.

Le second thème consiste à traquer le caractère réducteur des notions de rentabilité, d'efficacité et de compétitivité – qu'imposent par leurs pressions de multiples groupes ou communautés d'intérêt dans la globalisation –, pour favoriser au contraire des coopérations en faveur du développement. Ce qui viserait, entre autres, à substituer aux approches en termes de croissance ou de gouvernance actionnariale d'autres visions moins instrumentales et plus prospectives des activités de production ou de service. Avec pour corollaire de favoriser des investissements utiles socialement, non seulement dans des cadres nationaux, mais aussi transnationaux. Soit autant de projets susceptibles de conforter ces coopérations – et qui sont différents de ceux que prônent les partisans du libre-échange.

Nous souhaitons ainsi que les classes dirigeantes conduisent leur démarche à une échelle territoriale davantage ouverte pour soutenir et coordonner des activités plus productives et plus créatrices. Un tel cahier des charges concerne au premier chef cette entité dans laquelle nous nous situons : l'Union européenne. Il serait susceptible d'en relancer et d'en mieux légitimer la dynamique, aussi bien du point de vue des formations sociales qui la composent que sur le plan de leurs rapports avec leurs voisins les plus proches : la Russie et le monde méditerranéen. Et comme nous le rappellent les pesanteurs actuelles de la géopolitique, de tels rapports sont aussi très directement en prise sur l'évolution d'autres continents. Les situations du Moyen-Orient interfèrent avec celles de plusieurs pays asiatiques, ainsi qu'avec celles d'une Afrique subsaharienne en forte mutation.

C'est pourquoi notre troisième cible est d'ordre géopolitique. Elle critique en longue période toute hégémonie présente ou passée. Elle nous incite à nous pencher davantage sur la violence des événements contemporains qui secouent certains territoires, afin d'en comprendre la genèse. Celle-ci porte les stigmates d'une collusion entre les effets de plusieurs facteurs : une globalisation financière – qui peut suivre parfois les chemins de la criminalité –, les rapports de force entre Etats dominants, et bien souvent aussi l'exercice d'un pouvoir tyrannique de la part de régimes locaux liés à ces Etats dominants. Une telle situation a aussi comme dénominateur commun de susciter les manifestations d'une hostilité au monde occidental pour sa puissance et son hégémonie. Or celles-ci, comme le montrent de nombreuses analyses, sont en mutation, et font l'objet de représentations dont une part est imaginaire, et parfois même fantasmée. Nous ne négligeons pas non plus la conjonction qu'ont ces événements et cette hostilité avec d'autres, qui agitent les populations aux marches d'une longue histoire russe. Les uns et les autres nous ramènent à l'histoire impériale de la Russie. Et ils sont aussi des conséquences directes de l'implosion de l'URSS, et font resurgir les registres idéologiques de la Guerre froide.

La réalité d'une hégémonie des Etats-Unis symbolisant et tirant la domination occidentale repose sur la convergence de multiples facteurs – économiques, politiques, idéologiques –, où interfèrent aussi les domaines civils et militaires. S'il est encore vraisemblable que les Etats-Unis disposent avec l'OTAN de l'alliance militaire encore la plus puissante, leur position économique est davantage soumise à des concurrences. Même si le dollar demeure la monnaie de réserve mondiale et que la finance états-unienne reste prépondérante. Quant au registre idéologique de la défense des libertés et des droits de l'homme dont les Etats-Unis et l'Occident se réclament, il est souvent mis à mal par les services rendus à des groupes d'intérêts nationaux ou transnationaux. Ainsi trouve-t-on dans le monde actuel toutes sortes de manifestations d'hostilité contre les Etats-Unis et l'Occident dont le spectre est aussi contrasté : depuis les tensions des rapports avec la Russie, qui rappellent à certains moments une forme de guerre froide, jusqu'aux expéditions des mouvements djihadistes qui combattent les valeurs de l'Occident, tout en semant la terreur sur leur passage contre des populations musulmanes. En passant par bien d'autres confrontations d'ordre économique, politique ou idéologique avec d'autres puissances émergentes telles que la Chine. Dans bien des cas, et même sur plusieurs continents, on retrouve un jeu complexe de toutes sortes de désintégrations des valeurs sociétales et des institutions publiques, dont les causes recoupent plusieurs registres de la globalisation, mais aussi d'autres facteurs beaucoup plus anciens. Ainsi le laissent entrevoir – de la manière la plus violente – les événements qui secouent le Moyen-Orient : implosion de frontières héritées des mandats coloniaux ou réapparition de hordes armées, sans omettre leur funeste projection sous forme de terrorisme dans nos pays. C'est pourquoi nous sommes d'autant plus conscient de l'enjeu qui consisterait à mieux tenir compte du fait que ces manifestations sont bien souvent les prémisses d'une « désoccidentalisation » du monde, pour lancer le plus rapidement possible des projets au service de ces deux causes universelles que sont le développement et le bien commun.

Si la sociologie ne peut et ne doit pas se substituer aux choix politiques des agents sociaux, elle a pour tâche d'en saisir les registres et les ressorts afin d'aider à mieux dessiner les rapports sociaux, du point de vue de leur multidimensionnalité et de leurs tensions. Celles-ci montrent, dans de nombreuses situations, à quel point les formes et les valeurs de sociabilité sont l'enjeu de multiples manipulations économiques, politiques et idéologiques. Il suffit pour cela d'analyser le caractère à la fois éthique et instrumental des argumentaires dont usent les gouvernances d'entreprises et celles de l'Etat pour justifier leurs politiques. Ou encore de saisir la place que tiennent l'émotion ou la sensibilité dans les stratégies de communication des politiques ou des médias. Soit autant de postures qui, dans les démocraties, n'encouragent ni le débat, ni la compréhension, mais qui nourrissent les registres du populisme. La globalisation dans sa forme financière est un vecteur récent dans l'histoire du monde, mais particulièrement lourd, parce qu'il charrie une dynamique de soumission à des intérêts particuliers que les technologies de communication projettent à une vitesse et à une échelle sans précédent. Aussi cette dynamique frappe-t-elle les cadres institutionnels ou les formations sociales les plus classiques que sont les Etats, les organisations nationales et internationales, les communautés ou les classes sociales, dont les réactions collectives ou les ajustements relaient autant de crispations ou de rationalités discutables. Nous les retrouverons tout au long de cette recherche, sans que nous cherchions a priori à en fixer les qualités ou les défauts. C'est pourquoi nous sommes demandeur de nouveaux espaces de coopération – davantage porteurs des valeurs du bien commun – pour dépasser ces situations. Ce qui rend aussi nécessaires des points de vue plus critiques, non seulement sur des institutions comme l'entreprise, mais aussi sur l'Etat ou la citoyenneté dont le sens et l'historicité sont loin d'être partagés, sinon maîtrisés. Et, dans un monde bouleversé, rien ne serait plus dommageable, au nom de la pensée critique ou du combat pour les libertés et les droits de l'homme, que de s'accrocher à une vision occidentale fermée, sans regarder partout où se trouve l'obscurantisme.

Nous ne plaidons pas pour un retour au monde d'autrefois dont les tensions étaient strictement conçues comme des rapports de force, que ce soit en raison d'une conception hiérarchique ou autoritaire des lieux de production, ou de relations entre Etats ou souverainetés nationales suivant le caractère plus ou moins dominant de leur situation. Nous plaidons au contraire pour un autre monde globalisé plus pacifié, parce que davantage tourné vers le bien commun, et, en d'autres termes, davantage conscient de la richesse qu'offrent deux principes. Le premier est de chercher à multiplier les expériences de coopération afin de mieux orienter les investissements. Le second est de considérer la diversité des cultures, à condition d'en rechercher l'authenticité. Nous nous inspirons en cela du témoignage de nombreux créateurs qui ont affermi la force et l'éclat de leur expression artistique grâce à cet esprit d'ouverture. Mais nous ne nous détournons pas pour autant des risques majeurs que font encore peser l'accumulation financière ou la course aux armements pour entretenir et relancer de nouvelles formes d'impérialisme. Sensible à ces pressions, nous ne considérons nullement pour acquise la perspective d'une régulation globale. C'est pourquoi notre réflexion se situe davantage en termes de transversalités et d'ouvertures. Comme le montre notre recherche d'espaces transnationaux de coopération ou notre considération pour les diasporas – en tant qu'éléments dynamiques d'une autre globalisation. Celle-ci s'amorçant à l'échelle de coopérations continentales, pour pouvoir déboucher à terme sur des coopérations transcontinentales.

Enfin, nous tenons à réagir à une recrudescence des discours idéologiques de toute nature qui, face aux difficultés ou aux bouleversements sociaux que connaissent nos pays européens, prônent d'encourager, avant toute chose, la responsabilité et la maîtrise de son destin que chacun serait en mesure d'assumer individuellement. Un tel projet est inaccessible, pour le plus grand nombre, sans plusieurs préalables. Les voies du bien commun passent par une remise en cause des valeurs dominantes qu'impose la globalisation, et elles impliquent toutes sortes de coopérations actives entre les individus et leurs collectifs à l'échelle des organisations ou des institutions d'une société ou de plusieurs sociétés. Ce qui implique de resserrer les liens que rompent les normes ou les valeurs de la globalisation. Ces coopérations si nécessaires soient-elles d'un Etat à l'autre de l'Union européenne, ou plus largement encore entre pays occidentaux, ne peuvent y rester cantonnées. Elles doivent s'ouvrir à d'autres ensembles d'autres continents.

INTRODUCTION MÉTHODOLOGIQUE : DE L'ACTIVITÉ À LA GLOBALISATION OU L'ESQUISSE D'UNE GÉOPOLITIQUE DES RAPPORTS SOCIAUX

Nous menons depuis plusieurs décennies des recherches sur l'activité.

Par activité, nous désignons autant de formes d'organisation ou d'emploi, autant de modes de mobilisation ou d'expression, autant de projets ou de réalisations qui fondent la sphère sociale de la production et des échanges. Les finalités et les structures de ces activités sont extrêmement diverses. Nous les avons saisies dans des contextes spatiaux diversifiés sur une période qui couvre les dernières décennies du XXe siècle et la première décennie du XXIe siècle. Nos recherches concernent aussi bien les pays du Nord que ceux du Sud, en regard d'un processus qui traverse toute cette période : la globalisation.

Nous reviendrons donc ici sur un large éventail d'activités, pour nous concentrer souvent sur trois d'entre elles que nous avons étudiées plus particulièrement et de manière récurrente : l'activité syndicale, l'activité politique et l'activité artistique. L'éventail de ces activités répond à notre souci de couvrir plusieurs registres des rapports sociaux, du point de vue de leur nature matérielle ou immatérielle, de leur signification tangible ou imaginaire, de leurs avancées ou de leurs reculs, de leurs complémentarités ou de leurs tensions. Nous nous pencherons aussi sur les avatars de leur régulation. Nous inscrirons toutes ces activités et leurs registres dans le contexte de la globalisation afin d'en saisir l'impact. C'est pourquoi, nous serons amené à nous interroger sur les dimensions spatio-temporelles de cette inscription, ainsi qu'à aborder des questions de géopolitique en longue période.

Composantes et cadres sociaux de l'activité

L'étude de chaque activité est l'occasion de recenser une multiplicité de composantes qui fondent des organisations structurant des formations sociales. Les unes sont définies par des institutions, alors que d'autres sont davantage mouvantes ou informelles. On retrouve ainsi pour les premières des formations comme l'Etat, une entreprise, une collectivité territoriale, une profession, un syndicat ou une église. Et pour les secondes des collectifs plus mouvants comme une lignée familiale, une classe sociale, ou divers groupes d'appartenance communautaire – ethniques ou religieux. Chaque ensemble est le cadre d'exercice collectif et individuel d'agents dont les relations sont soumises à des tensions. Ces tensions sont d'abord inscrites dans des normes d'organisation qui sont hiérarchisées. Elles suivent aussi des liens d'intérêt ou des valeurs qui sont tantôt convergents, tantôt divergents. On peut encore classer tous ces éléments selon les finalités ou la réalité de deux sortes d'institutions – les institutions-choses définies par leur dimension normative ou réglementaire et les institutions-groupes en tant qu'unités collectives fondées sur une forme d'adhésion (Gurvitch, 1963 a). Si l'on se fixe, par exemple, sur les intérêts qu'assume une organisation ou une formation sociale, on en perçoit l'hétérogénéité, mais aussi les chevauchements. L'intérêt général d'une communauté nationale que définit un Etat diffère des intérêts que fixent d'autres collectifs comme une classe sociale ou une communauté religieuse. Une classe sociale – à travers le discours de ses porte-parole – peut aussi s'estimer incarner l'intérêt général. Ses membres peuvent encore se considérer comme investis d'une mission singulière, notamment dirigeante, pour fixer les règles d'activité des autres groupes de la même société.

Le caractère récurrent et transversal de chaque composante ou référence est un indice de son effet structurant sur les formations sociales, et donc du rôle qu'elle tient dans les rapports sociaux.

La fusion de ces projets comme celle des intérêts sont d'autant plus effectives qu'elles sont associées à des normes que partagent la plupart des organisations sous la forme d'institutions. On les retrouve – le plus souvent – énoncées à l'échelle d'un Etat dont l'objet est de réglementer les activités. Ce sont notamment les droits de propriété, les droits du travail, ainsi que les règles de leur rémunération comme les revenus d'un capital (rente) ou ceux d'un travail (salaire). Ces normes deviennent ainsi des enjeux pour les rapports sociaux. Leur audience ou leur conception varient selon les groupes d'appartenance que retiennent les agents : depuis une communauté nationale jusqu'à une communauté associative plus réduite comme un syndicat ou une corporation, en passant par d'autres groupes suivant des critères d'appartenance ethnique, laïque ou religieuse (retenus aussi pour définir un peuple), ou encore ceux qui servent de référence à une appartenance de classe sociale. Chacune de ces représentations est inscrite dans un cadre institutionnel global qui lui confère une légitimité. Ce cadre est généralement celui de l'Etat national – notamment à cause du monopole d'exercice de la force militaire ou de battre monnaie qu'il tire de sa propre légitimité. Ce cadre et cette légitimité sont aussi inscrits dans un système de reconnaissance international que sont les Nations unies. On observe cependant certains espaces intermédiaires dans le cadre d'une confédération d'Etats comme les Etats-Unis ou d'une union politico-économique comme l'Union européenne (dont plusieurs pays ont aussi la même monnaie : l'euro). De tels espaces ménagent des formes de réglementation autonome qui suivent le principe de « subsidiarité ».

Toutes ces institutions et leurs normes sont bien entendu sujettes à des modifications, en fonction des rapports de force que les groupes ou les agents sociaux y imposent. L'activité est un objet central de ces rapports de force. Ses modifications prennent le plus souvent la forme d'une évolution des règles, mais elle peut aussi correspondre à une suppression de règles. Nous reviendrons, à l'occasion, sur toute une gamme de mesures de déréglementation des activités qu'ont décrétées ou entérinées les Etats.

La prise en compte des cadres organisés ou institutionnalisés de toute activité ne doit pas pour autant ignorer le fait qu'ils mobilisent aussi des savoirs et des connaissances, des modes de production ou des technologies dont une part est le fruit d'expériences accumulées grâce aux règles de ces cadres, et une autre est davantage en prise sur l'imaginaire. Cet imaginaire est aussi bien collectif qu'individuel. C'est en en ce sens que l'on observe à travers les rapports sociaux autant de croyances ou de mythes auxquels adhèrent les agents d'une époque, et qui peuvent apparaître comme dépassés par ceux d'une autre époque. Sans que l'on puisse pour autant écarter l'éventualité de leur retour. Certaines de ces croyances ont animé et animent encore les doctrines de chaque société. C'est notamment cette quête d'harmonie que recherchent les membres d'une même société, selon des modalités variées, dont les unes se polarisent sur les rapports entre agents, alors que d'autres font intervenir davantage un environnement extérieur, qu'il soit social ou naturel. Ce sont notamment, depuis l'Epoque moderne, toutes les formes d'accumulation des connaissances de cette recherche d'une harmonie qui ont constitué les éléments d'une appréhension de plus en plus large et fouillée des composants d'une entité nommée « l'univers ». Et c'est aussi en fonction de la prise de conscience du caractère cumulatif et dynamique de ces connaissances que certaines sociétés ont confectionné une « idéologie du progrès ». Ceci est bien entendu le versant positif des relations entre la connaissance et les rapports sociaux, mais il existe un autre versant plus agressif qui lie les progrès de la connaissance avec les activités d'armement et de guerre. La guerre ou ses préparatifs – nommés pudiquement « défense » – sont en effet des vecteurs récurrents d'une fécondation des connaissances, non seulement d'un point de vue technologique et stratégique, mais aussi comme un moyen de faire reconnaître des formes d'autorité et de pouvoir. L'histoire du siècle passé, et celle de nombreuses régions de ce début du XXIe siècle en apportent de multiples témoignages. Obéissant à des raisons d'Etat et à toutes sortes de logiques d'intérêt – depuis les plus économiques jusqu'aux sensibilités les plus symboliques –, les dépenses d'armement progressent comparativement à d'autres dépenses comme celles de la conquête spatiale, qui sont en recul.

La globalisation

Le fait d'appréhender les formations sociales, leurs activités et leurs représentations, dans un cadre d'analyse strictement national, pour les projeter ensuite à l'échelle des rapports entre Etats-nations, est une voie classique que pratiquent depuis longtemps les pouvoirs ou les institutions de nombreuses sociétés. C'est une voie qui repose à la fois sur l'appréhension d'une réalité historique effective, mais dont une partie – en regard des mutations qui agitent le monde actuel – pose question, et peut même relever, dans certains cas, du domaine de l'imaginaire. Car, comme nous le verrons, au cours de cette réflexion, en raison de la force et de l'étendue des mouvements qui ont atteint la production et les échanges de toutes les formations sociales de notre planète, depuis plusieurs décennies, et que l'on désigne par le terme de « globalisation », cette forme d'appréhension essentiellement nationale pose problème.

Par « globalisation » nous désignons essentiellement un ensemble de procès et de phénomènes, concentrés sur la division sociale du travail et les modes de production (ou d'échange), qui marquent les manières dont on mobilise les facteurs de production – le capital, le travail et l'information –, en même temps qu'ils bouleversent les rapports sociaux les plus larges. Ce point est pour nous essentiel. Il nous distancie de toute approche, selon nous réductrice, d'après laquelle la globalisation pourrait être assimilée à un phénomène de mondialisation de toutes les composantes économiques, sociales ou culturelles qui lient les hommes entre eux, et qui déboucherait à terme sur une homogénéisation sociale de la planète, permettant dès lors de ne plus traiter les phénomènes sociaux qu'à l'échelle mondiale.

Insistons aussi sur le fait que tout en fondant la réalité actuelle des rapports sociaux sur la division du travail et un mode de production dominant (qu'est le capitalisme), nous ne la réduisons pas pour autant à l'essence ou aux effets de ces deux seules entités. Nous tenons compte aussi de la pluralité des activités – matérielle ou immatérielle, concrète ou symbolique – qui traverse les sociétés, ainsi que des survivances historiques que conservent toutes les formations sociales. Survivances que ne doit pas dissimuler, par exemple, le constat d'une accélération des nouvelles technologies ou de la circulation des capitaux. En effet si la globalisation porte des formes d'organisation de la production et des échanges qui lui sont propres – par le caractère élevé et transnational des taux d'investissement et de profit (qui renforce le caractère financier de la globalisation) –, elle n'élimine pas pour autant d'autres formes plus anciennes.

C'est donc à partir de cette multidimensionnalité, mais aussi pour mieux en réduire l'hétérogénéité, que nous reviendrons dans cet ouvrage sur les travaux que nous avons plus particulièrement consacrés à trois sortes d'activités contrastées : l'activité syndicale, l'activité politique et l'activité artistique. Nous chercherons à en tirer plusieurs enseignements de deux points de vue. Le premier vise à rassembler les éléments d'une approche critique des rapports sociaux, de leurs échelles et de leurs tensions. Le second est plus épistémologique. Il touche au caractère nécessairement pluridisciplinaire qu'implique, à nos yeux, toute sociologie des rapports sociaux contemporains.

Ces deux points de vue sont d'autant plus liés qu'ils s'appliquent à un monde dont les sociétés sont aujourd'hui soumises à un processus de globalisation dont l'homogénéité ne doit pas masquer non plus les spécificités de sa réception par les formations sociales ou les Etats. Le processus de globalisation est au départ essentiellement économique et technologique, mais il revêt aussi une dimension politique et idéologique. Il a été initié en son heure par les pouvoirs économiques et politiques de la puissance dominante de la fin du XXe siècle, les Etats-Unis, et a accompagné l'émergence de nouvelles puissances continentales comme la Chine et l'Inde. Ce qui a en même temps posé la question des limites et du recul de l'Occident en tant que formation sociale jusque-là hégémonique. Cette question est le révélateur d'un paradoxe. D'un côté on remarque une diffusion des modes de production et de consommation occidentaux. En même temps qu'on relève une montée des formes d'exercice et d'expression des communautés non occidentales. Le premier aspect est perçu de deux manières : soit comme l'emprise d'un nouveau type d'exploitation capitaliste sous la forme d'un capitalisme financier dont le caractère dématérialisé et aliénant est dénoncé, soit comme le symbole particulièrement éclatant d'une synthèse réussie entre la démocratie et le marché. La montée des communautés non occidentales – non seulement dans le cadre des Etats dont l'économie est émergente, mais aussi au cœur même des sociétés occidentales –, est ressentie, pour sa part, de deux manières. Soit comme le signe d'un essor de la multiculturalité, soit comme le signe avant-coureur d'un « choc de civilisations », surtout lorsque surgissent des réactions violentes contre l'Occident, à travers toutes les régions de la planète, sur lesquelles nous reviendrons. Un défenseur patenté de cette thèse est lui-même le farouche partisan du triomphe de la démocratie marchande – en tant que valeur universelle et marque d'hégémonie de l'Occident. Il développe en ce sens une analyse réductrice dont la cible désigne principalement l'islamisme, et écarte l'Afrique de tout inventaire des civilisations. Cette approche réactualise une thèse contestable selon laquelle l'hégémonie occidentale serait le fruit d'une maîtrise des connaissances de l'univers et d'une dynamique de progrès fondées sur des valeurs endogènes comme la raison, l'individualisme, l'économie de marché et la démocratie politique. Et que ces valeurs et cette hégémonie constitueraient une « civilisation universelle » (Huntington, 2000).

L'économique, le politique et l'idéologique

Une revue de toutes ces thèses nous sensibilise fortement à une prégnance de trois champs d'activité dans les rapports sociaux : l'économique, le politique et l'idéologique. La question de leur interactivité reste donc posée. Certains analystes sont tentés de vouloir les hiérarchiser en fonction d'une approche structurale préconçue – que celle-ci soit d'inspiration matérialiste, culturaliste ou idéaliste. Tandis que d'autres – dont nous faisons partie – penchent plutôt en faveur d'une approche sur le caractère évolutif ou changeant des interactions entre ces trois champs, correspondant à des contextes d'historicité singularisés. Ce qui de notre point de vue implique ainsi de tenir compte du caractère mouvant des relations entre infrastructures et superstructures, et surtout de refuser a priori toute évolution déterministe conférant un sens à l'histoire. Cette posture méthodologique ne signifie pas pour autant que les rapports sociaux ne gardent pas un certain nombre d'invariants structurants, comme tend à le montrer l'évolution des trois champs d'activité que nous retenons. Mais si l'on tient compte du caractère actuellement prégnant de la globalisation, force est de constater le reflux, voire parfois même l'effondrement de certaines références : en particulier celles qui vantent les vertus de l'action publique. D'où notre interrogation sur la pertinence de ces références, et encore plus spécifiquement sur celle des cadres ou de l'échelle auxquels on les situe. C'est donc à partir de cette problématique que nous souhaitons rebondir sur les conditions d'une redéfinition ou d'un redéploiement des rapports entre l'économique, le politique et l'idéologique.

Plusieurs préoccupations animent donc notre recherche des rationalités et de l'évolution de chaque champ d'activité dans le contexte présent de la globalisation.

Il s'agit d'abord d'en situer les règles et le rôle dans le fonctionnement des organisations ou des institutions, ou plus largement dans le cadre des structures sociales ou sociétales. Ensuite nous tenons à mieux en apprécier les contraintes du point de vue des hiérarchies qui les fondent, mais aussi des intérêts qui animent leurs agents à chaque palier des rapports sociaux. C'est à ce stade que se posent des questions comme celle des valeurs – valeur économique, mais aussi valeur morale – ou encore celle de la légitimité qui fonde toutes ces activités. Que celles-ci soient singulières et propres à chaque activité, ou qu'elles soient transversales d'une activité à l'autre. Enfin, c'est plus récemment, qu'en introduisant les activités artistiques dans le cadre de nos recherches, nous nous sommes davantage engagé sur un terrain phénoménologique et même ontologique, afin d'atteindre l'essence de l'activité. Essence saisie du point de vue des qualités esthétiques, en termes d'harmonie ou de rythme, avec le souci de vouloir toujours les situer dans un contexte à la fois historique et sociologique. Ce qui recoupe notre projet de chercher à pénétrer la valeur symbolique de toute œuvre, sans la détacher de tout rapport social, tout en évitant de la réduire à l'une de ses fonctionnalités.

Ajoutons que notre souci constant d'ouvrir notre approche à d'autres espaces que celui de notre pays, ainsi qu'à d'autres disciplines que la sociologie remonte à nos études de licence dont une partie était orientée vers l'Afrique – avec le suivi en 1963-1964 de la première année d'existence d'un certificat de licence *Sociologie de l'Afrique noire*, en Sorbonne, et surtout la préparation et la soutenance en 1970 d'une thèse de doctorat de troisième cycle sur le syndicalisme en Afrique de l'Ouest – chaque étape étant placée sous le magistère de Georges Balandier. Nous étions donc fortement sensibilisé à l'anthropologie : anthropologie structurale et culturelle des formations claniques ou lignagères, anthropologie politique d'un spectre de formations et de pouvoirs bien plus large que ceux de nos régions – depuis ceux d'un clan ou d'une chefferie jusqu'à ceux d'une société à Etat ou d'un Empire. Avec comme conséquence de relativiser toute hiérarchisation sociale ou sociétale qui se fonderait sur des échelles de développement économique. Notre approche comparative des systèmes de relations syndicales de plusieurs pays africains anglophones et francophones nous avait aussi orienté vers les effets que pouvaient représenter des contextes politiques, économiques et idéologiques contrastés. Notre thèse profitait d'une situation historique des pays africains qui était marquée par trois sortes de bipolarité – la première entre deux formes de colonisation (l'anglaise et la française), la seconde entre des Etats dirigés par un parti unique et d'autres faisant place au multipartisme, la troisième entre des régimes tournés vers le monde occidental et d'autres vers le monde soviétique –, à partir desquelles nous débouchâmes en fait sur le constat d'un modèle unique de syndicalisme soumis aux classes dirigeantes de l'Etat. L'ensemble étant plongé dans des sociétés essentiellement rurales, et le champ de multiples jeux de pouvoir ou d'intérêt de la part des classes dirigeantes indigènes ou étrangères.

Nos premiers travaux sur les dimensions catégorielles du syndicalisme français (celui des cadres et des techniciens) au cours des années 1960 ont été suivis d'une longue séquence d'études sur la gestion de l'emploi des entreprises et le marché du travail, pendant les deux décennies suivantes. Ces études étaient aussi articulées avec une approche des relations entre la formation (initiale ou continue) et les situations d'emploi de ces mêmes catégories professionnelles. Nous nous sommes astreint à toujours tenir compte des implications économiques de chaque phénomène, avec une certaine inflexion vers les dimensions d'organisation ou de gestion d'un point de vue systémique. Soucieux d'établir des correspondances entre les formes opératoires de qualification et celles de leur contrôle pour chaque système de production, nous nous sommes progressivement dégagé de cette polarisation de nos travaux sur les paliers de l'organisation, en cherchant à mieux les resituer dans un cadre plus large : économique, politique et idéologique. Sensible aux liens systémiques entre les différents espaces sociaux d'activité que sont l'école, l'entreprise, un métier, une profession, nous nous sommes efforcé d'en rechercher les convergences ou les écarts. Que ce soit sous la forme de relations institutionnelles ou de trajectoires individuelles en fonction de la nature des règles ou des hiérarchies plus ou moins stables ou récurrentes. Précisons encore que nous avons passé les douze dernières années de notre vie professionnelle dans une unité de recherche économique tournée vers les questions d'un développement durable. Celles-ci nous ont sensibilisé aux problématiques du développement, ainsi qu'au procès de la globalisation économique.

Nous avons ponctué cet ensemble de travaux, en 1996, par un mémoire pour l'habilitation à diriger des recherches dont le sujet couvrait l'activité et ses mutations (dans les organisations et la société française). La soutenance étant coordonnée par les soins du sociologue Philippe Zarifian. Celle-ci nous incita à prolonger notre réflexion avec plusieurs ouvrages consacrés à différents paliers de la division sociale du travail, dans le but d'en saisir plus directement les mutations sous l'effet de la globalisation. C'est cette confrontation entre la division sociale du travail et la globalisation qui nous a conforté dans l'idée de fonder la structuration sociale de toute activité sur les interactions entre l'économique, le politique et l'idéologique. Précisons ici que c'est à l'occasion de cette orientation que nous sommes revenu aux écrits de la seconde moitié des années 1960 de Louis Althusser et Etienne Balibar (Althusser, Balibar, 1969). Evoquons, à ce propos, les notes non publiées – ronéotypées – du séminaire « Sociologie de l'Afrique Noire », animé par Georges Balandier, à l'Ecole Pratique des Hautes Etudes, que nous avons suivi au cours de l'année 1969. Abordant l'évolution des sociétés africaines traditionnelles, Georges Balandier revenait sur les approches que le groupe d'Althusser menait sur le mode de production et les formations sociales, pour en distinguer deux niveaux : celui des actions que développaient les agents dans le cadre de chaque structure et celui des actions qui se saisissaient globalement des structures en tant qu'objet. Il soulevait ainsi la difficulté d'en apprécier les continuités ou les ruptures, si on n'opérait pas une comparaison minutieuse entre les éléments qui se transformaient et ceux qui se dissolvaient, compte tenu de leur temporalité. Georges Balandier proposait une sociologie dynamique et structurale des rapports sociaux qui ne les réduise pas à de simples mécanismes, et qui n'en écarte pas non plus les interactions – aussi bien du point de vue des instances que de celui des rapports entre individus et collectifs.

Trois activités récurrentes de nos travaux

C'est donc pour tester le jeu des interactions entre les instances que sont l'économie, le politique et l'idéologie dans la structuration sociale des activités (tout en les resituant dans la globalisation) que nous reviendrons sur nos recherches, et que nous nous intéresserons tout particulièrement aux trois activités que nous avons retenues.

L'activité syndicale représente depuis la période industrielle l'un des leviers de toute société démocratique. Elle incarne des fonctions de représentation collective des forces de travail qui se répartissent entre une diversité d'organisations et d'institutions de la société civile, mais aussi de l'Etat. Ces fonctions sont au cœur des rapports sociaux suivant des connotations économiques, politiques et idéologiques. Elles révèlent avec acuité les tensions de nos sociétés. Le syndicalisme est porteur d'une rationalité d'échange et de confrontation entre le travail et le capital. Il se situe donc au cœur des rapports de production. Il symbolise aussi une forme de solidarité collective dont la légitimité est soumise à une appréciation des rapports sociaux. Celle-ci implique une dimension idéologique selon qu'on raisonne, par exemple, en termes de rationalité instrumentale ou de rationalité éthique, en termes d'intérêt ou de bien commun, dans un cadre corporatif, national ou dans un cadre plus étendu. Enfin l'activité syndicale s'inscrit dans un modèle politique démocratique. L'activité syndicale participe directement aux rapports de production dont l'échelle est à la fois nationale et transnationale. Elle subit de multiples effets du libre-échange, ainsi qu'une accélération des mouvements de capitaux (sans précédent). Chacun de ces mouvements commande la création, le transfert ou la suppression des activités. Le mouvement syndical se heurte, à travers toutes les économies, à des mutations qui remettent en cause les règles du travail et de l'emploi qui ont été construites dans des cadres nationaux (Guillon, 2009, 2000, 1998, 1997).

L'activité politique est généralement définie par rapport à la conquête et à l'exercice du pouvoir d'Etat, avec de nombreuses extensions vers toutes sortes de pouvoirs qui sont de son ressort ou dans son sillage. Identifiée sous des formes variables – selon la nature du régime constitutionnel –, elle reste souvent circonscrite dans le cadre et les limites d'un modèle : celui de l'Etat-nation. Elle encaisse de multiples tensions dont les unes sont liées à la manière dont on définit les critères de droit ou d'exercice de la souveraineté, et les autres à des ajustements d'ordre économique ou à des rapports de force. C'est pourquoi nombre de problèmes de droit ou de souveraineté sont inscrits dans la globalisation. Leur maîtrise est soumise à celle des rapports entre l'économique et le politique dont le champ et la continuité sont eux-mêmes dépendants d'une appréciation idéologique. Celle-ci détermine en effet les valeurs ou les références à partir desquelles on définit et on évalue ces rapports sociaux. L'activité politique est concernée aussi par les rapports de production. Mais elle l'est différemment selon les conceptions idéologiques de ses agents. L'histoire des rapports politiques est depuis longtemps celle d'une opposition entre ceux qui prônent un resserrement des liens entre l'économie et la politique à travers des formes et des temporalités définies par l'Etat (le plus souvent au nom du principe d'intérêt général), et ceux qui cherchent au contraire à en desserrer les liens, au nom du libre-échange (supposé être garant des intérêts particuliers et de l'intérêt général par la régulation du marché). Les partisans du libre-échange visent à ce que les biens ou les capitaux (et, pour certains d'entre eux, les idées) circulent le plus rapidement (Guillon, 2009, 2004, 2000). Nous reviendrons sur plusieurs dimensions du politique qui éclairent à la fois la prégnance des mouvements de capitaux et le reflux de toute action politique prospective face aux mutations et aux crises de l'économie. Nous évoquerons aussi, à plusieurs reprises, les voies de substitution ou de compensation que les politiques pensent devoir ou pouvoir suivre, pour échapper aux pressions de la globalisation. Et c'est encore sur ce registre que nous développerons, de manière récurrente, les multiples facettes que revêt l'usage du terme de « gouvernance » que font les classes dirigeantes – très souvent, aux dépens de celui de « gouvernement » (Guillon, 2009, 2008).

L'activité artistique est avec l'activité scientifique l'un des ressorts les plus créatifs de toute société. Elles avancent avec leurs propres canons, tout en étant irradiées aussi par ceux des autres champs sociaux. L'activité artistique est singulièrement orientée vers la production de représentations imagées. Elle est le support et le révélateur de l'imaginaire d'un groupe ou d'une société. Imaginaire que l'artiste comme le scientifique révèlent symboliquement bien avant les autres, par la singularité de leur appréhension du monde. L'activité artistique et l'activité scientifique sont aussi des activités dont la projection traverse non seulement la plupart des paliers de la division du travail d'une société et même de plusieurs sociétés, bousculant leurs temporalités. Vecteur de singularités et d'autonomie, ces deux activités n'en sont pas moins touchées aussi par les effets de la globalisation, lorsque celle-ci fait évoluer leurs critères (Guillon, 2010).

La place que nous réservons à la globalisation et à l'idéologie mérite encore d'être précisée. La globalisation (économique et politique) est un phénomène structurant, à partir d'un projet idéologique qui s'est fondé sur diverses ouvertures. Les agents du libre-échange ont fixé l'objectif de rentabiliser au maximum leurs investissements en capitaux grâce aux possibilités d'une circulation accélérée de l'information, mais aussi un aménagement des normes de comptabilité et de placement financier pour un nombre croissant d'activités. L'ensemble a été relayé par des agents d'Etat qui ont révisé et infléchi les réglementations en vigueur, pour se retrouver eux-mêmes contraints de le faire en partie selon les mêmes critères pour faire fonctionner les appareils d'Etat. Un trait majeur de cette orientation a eu pour effet de resserrer leurs liens de dépendance vis-à-vis des institutions financières. Phénomène au départ strictement idéologique, dirigé essentiellement contre toute intervention de l'Etat dans la sphère des activités de production ou d'échange, la globalisation est devenue au fil des décennies un univers structuré et structurant. C'est pourquoi tout projet qui viserait à en corriger, réformer ou supprimer les effets pervers doit tenir compte de cette double nature de la globalisation.

Les étapes de notre recherche

Terminons à présent cette introduction par l'énoncé des étapes qui ponctueront nos interrogations sur les fondements et les perspectives de la globalisation, à partir des contenus, mais aussi des limites de nos travaux et de nos lectures. Soit autant de manques en matière de recueil ou d'analyse des faits que rencontre inévitablement toute démarche comparative – a fortiori lorsqu'elle porte sur des « phénomènes sociaux totaux ». Rappelons que le concept de « phénomène social total » désigne toute réalité sociale qui englobe deux niveaux des rapports sociaux. Un premier niveau est microsociologique. Il concerne des formes de sociabilité dont la dimension collective est prégnante. Un second niveau macrosociologique intègre les paliers les plus structurants des rapports sociaux (Gurvitch, 1963 a). Ce sont notamment les rapports entre le capital et le travail à l'échelle des rapports de production, ou encore les rapports entre groupes comme les classes – auxquels nous ajoutons les rapports entre communautés – qui traversent à la fois la sphère économique, la sphère politique et la sphère idéologique[1]. Ajoutons que tout en étant réceptif à l'effectivité collective des dynamiques sociales, nous rejetons idéologiquement l'idée de la création d'un « homme total » qui pourrait maîtriser tous les compartiments de la division sociale du travail. Tout en acceptant l'idée qu'il puisse exister des avancées dans la division sociale du travail, à une époque donnée, dans un espace donné et pour des formations sociales identifiables, nous sommes également alerté sur le fait que les rôles et les positions de toute division du travail sont aussi le fruit des normes que définissent les classes dominantes. Et si notre souci de compréhension est d'appréhender avec mesure et sans a priori les dimensions éthiques ou morales de toute division sociale du travail, le lecteur pourra constater que les hiérarchies d'activités inscrites dans la globalisation imposent leur vision de ces dimensions dans les agendas d'activité, et qu'il en résulte davantage de tensions dans chaque collectif et entre collectifs, aux dépens d'une dynamique de coopération. Enfin, nous nous efforcerons aussi de resituer cette même division sociale du travail en longue période, afin d'en montrer les interactions avec la géopolitique.

Nous présenterons notre démarche en deux temps : les fondements de la globalisation actuelle (première partie), les perspectives d'une autre globalisation (deuxième partie).

Nous commencerons par dresser l'inventaire des critères et des références qui encadrent l'activité, et notamment ceux qui commandent à sa régulation, parce qu'ils nous apparaissent être en reflux. Cet inventaire mettra l'accent sur plusieurs traits de la globalisation qui touchent directement l'action de l'Etat, non seulement sur le plan de la gestion de ses moyens, mais aussi sur celui de sa conception des valeurs d'activité (Chapitre I).

Nous aborderons ensuite la question des invariants sociétaux que révèle l'ensemble de ces activités. C'est sur cette base que nous retrouverons plusieurs pôles de structuration des rapports sociaux : la division du travail et le mode de production capitaliste, les tensions entre l'individuel et le collectif, l'hétérogénéité des groupes ou des communautés de toute société civile, ainsi que la place qu'on y réserve à la création. C'est à propos du mode de production et des éléments favorisant la création que nous évoquerons la notion de « forces productives », dans une acception très large, afin de mieux saisir les espaces d'activité où s'exercent pleinement les intentionnalités créatrices (Chapitre II).

[1] Insistons sur l'importance que revêt cette partition entre deux niveaux sociologiques. Car, comme nous le verrons à de multiples reprises, le fait de l'ignorer entraîne trop souvent des confusions ou des malentendus pour pouvoir apprécier les activités ou les rapports sociaux.

Puis nous retrouverons plus spécifiquement la question des valeurs d'activité et de leurs contradictions que provoque la globalisation. Car celles-ci couvrent un large spectre de règles ou de normes dont les unes animent toutes les activités, alors que d'autres sont davantage spécialisées. Leurs tensions et leur hétérogénéité sont d'autant plus fortes que les valeurs de profit portées par la globalisation agissent sur les éléments les plus structurants des formations sociales, et notamment sur cette alchimie qui mêle le monde des idées et celui de la sensibilité. Ce qui concerne au premier chef tout le champ des productions symboliques et artistiques, dont le rôle est déterminant dans la dynamique créatrice de toute société [1]– bien au-delà du cercle des amateurs ou du mécénat. Et comme nous le verrons aussi, cette dialectique qui consiste à vouloir faire passer les normes en mobilisant les sensibilités est présente au cœur même des rapports de production. Elle prend souvent la forme d'une individualisation des procédures que les dirigeants organisent pour mieux valoriser le capital. Précisons encore que cette diversité des paliers d'activité et des registres qu'ils mobilisent – depuis les plus matériels jusqu'aux plus symboliques –, nous incitera à étendre la notion de capital, bien au-delà du seul capital économique ou financier. C'est ainsi que nous évoquerons les modes d'investissement ou de capitalisation dans les relations sociales qui, par leur valeur symbolique, sont au cœur des activités de production et d'échange (Chapitre III).

Nous situant à ce stade dans les perspectives d'une inflexion de la globalisation, nous tenterons dès lors de poser – le plus objectivement et le plus profondément possible – les enjeux qui nous paraissent les plus essentiels des rapports sociaux. Avec une primauté accordée aux deux facteurs que sont le travail et le capital, dont la valorisation est déterminante pour mobiliser des forces productives les plus créatrices. Cette valorisation que manipulent ou détournent à leur profit les agents de la globalisation et les partisans du libre-échange, en même temps qu'ils font pression sur les classes dirigeantes pour qu'elles réduisent toute réglementation (Chapitre IV).

Nous proposerons comme volet complémentaire plusieurs chantiers qui seraient susceptibles de redéfinir et redéployer un certain nombre d'institutions ou de normes de régulation. Au nom de ces questions incontournables que sont celles de l'échelle et de la légitimité des Etats, ainsi que celle des cibles majeures que doit retenir l'action publique pour valoriser

[1] C'est pourquoi nous évoquerons, à plusieurs reprises, nos travaux sur les arts plastiques contemporains, ainsi que sur la musique de jazz (Guillon, 2014, 2013, 2011, 2010, 2009, 2006).

les activités. Soit autant de questions qui soulèvent l'hétérogénéité ou la dispersion des conflits d'intérêts, mais aussi les formes de domination qu'exercent les agents de la globalisation. C'est à ce stade que nous poserons les limites de toute souveraineté nationale – du triple pont de vue économique, politique et idéologique. Nous élargirons notre propos à celui d'une relativité et d'une pluralité des échelles qui touchent les activités de toute formation sociale, pour mieux en fixer les limites dans le cadre de la globalisation. Cette posture nous servira de tremplin pour reposer leurs fonctions et leur articulation, en termes de coopérations expérimentales, au-delà des limites que fixent les normes de la globalisation ou les rapports de souveraineté. C'est à propos de ces questions que nous évoquerons le projet d'une Très Grande Europe (Grou, 2008), et que nous y inclurons nos réflexions sur la place que peuvent y tenir des formes de coopération entre les Etats qui longent les rives de la Méditerranée (Guillon, 2012) – (Chapitre V).

Nous achèverons notre démarche avec plusieurs interrogations épistémologiques concernant la sociologie et sa place dans les sciences sociales. Faisant référence aux disciplines que sont l'histoire, la philosophie, l'économie politique ou l'anthropologie, nous soulèverons le thème du statut qu'a tenu et tient souvent encore l'Occident en tant que figure géopolitique impériale ou hégémonique en longue période. Car, comme le montre la fureur de nombreuses réactions dans les pays de l'Est, du Moyen-Orient ou du Sud, ce thème représente un versant complémentaire et particulièrement saillant de toute approche critique de la globalisation. Et, c'est à ce stade seulement que nous chercherons à définir les lignes et les paliers qui nous paraissent être les plus pertinents pour mieux apprécier l'évolution géopolitique des rapports sociaux dans le contexte de la globalisation – dont certains viennent nourrir plusieurs traits d'une « désoccidentalisation ». Cette mise en perspective nous conduira à esquisser une géopolitique des rapports sociaux (Chapitre VI).

Enfin, c'est sur cette base que nous reposerons, en conclusion, la question centrale de la nature financière de la globalisation, en la distinguant de la mondialisation, afin d'en définir les propriétés de « phénomène social total ». Nous chercherons alors à tracer les lignes d'une inversion de valeurs de cette globalisation pour un monde multipolaire davantage coopératif, parce que soucieux du bien commun. Car c'est à ces conditions qu'il serait envisageable de construire une autre globalisation, et de refouler les ressentiments collectifs de toute nature qui se sont accumulés contre toute forme d'hégémonie occidentale.

PREMIÈRE PARTIE

LES FONDEMENTS DE LA GLOBALISATION

Notre première partie décline les fondements de la globalisation sous sa forme actuelle, pour en critiquer les ressorts et leurs retombées négatives.

Le premier chapitre pointe les reculs d'une régulation des activités, qu'imposent les adeptes du libre-échange et de la déréglementation financière. Ces agents investissent toutes sortes d'activités dont la finalité est avant tout le profit. Une part croissante d'entre elles est prise en charge par des fonds ou des entreprises dont la logique est transnationale. La réalisation de leurs projets bénéficie des mesures que prennent les gouvernements et les institutions intergouvernementales en acceptant de réduire leurs pouvoirs de réglementation.

Le second chapitre revient sur plusieurs rouages essentiels des rapports sociaux de toute société, afin d'en saisir les mutations sous l'effet du capitalisme actuel. On y retrouve, au-delà des contraintes morphologiques ou structurelles que sont la division du travail ou le mode de production, une forme de contagion des principes de gouvernement par ceux des gouvernances d'entreprise ou de l'argent. Soit autant de questions à propos des choix d'investissements et d'organisation du travail, parce qu'ils mettent sous tension non seulement l'univers de la production et de l'échange, mais aussi celui de la création scientifique ou artistique.

Le troisième chapitre aborde les normes et les valeurs qui animent la mobilisation individuelle ou collective de l'activité. Elles conditionnent idéologiquement plusieurs registres aussi déterminants que les libertés individuelles ou collectives, l'intérêt général et la créativité. Chacun d'entre eux est soumis à des inflexions en fonction de la valorisation de l'argent que porte la globalisation.

La globalisation interpelle d'autant plus le sociologue qu'elle provoque dans l'ensemble une instrumentalisation des formes de sociabilité, ainsi qu'un reflux des modes de citoyenneté active. Or cette instrumentalisation et ce reflux ne se cantonnent pas seulement au champ des rapports de production. Ils suscitent bien au-delà des réactions collectives violentes comme le détournement des valeurs communautaires religieuses ou le retour en force du nationalisme le plus intolérant. Ce retour se cale sur les idées les plus réactionnaires, en même temps qu'il se positionne contre les politiques d'ajustement que défendent les classes dirigeantes de droite comme de gauche. Il est aussi attisé par un déficit de réponse politique de ces mêmes classes face aux mouvements géopolitiques qui viennent percuter des sociétés – déjà atteintes par la globalisation. Parmi ces mouvements, on relève les flux migratoires qui sont autant de révélateurs d'une implosion des normes de régulation.

CHAPITRE I

UN REFLUX DES CRITÈRES DE RÉGLEMENTATION LIÉ AU PROFIT ET À LA RENTE

Nous commencerons ici par aborder plusieurs traits de la globalisation qui touchent directement les conditions d'activité.

Ce sont d'abord l'évolution des droits du travail et la perte de souveraineté que les Etats concèdent face aux pressions qu'exercent les pouvoirs économiques et financiers partisans d'un univers de libre-échange. Elles marquent en fait un coup d'arrêt au modèle politique, diffusé dans les pays occidentaux au lendemain de la Seconde Guerre mondiale, qui confiait à l'Etat une autorité sur l'activité économique ; celle-ci lui permettant d'instaurer une protection sociale. Ce modèle avait pour cadre institutionnel l'Etat-nation auquel correspondait un ensemble d'activités économiques suivant des règles partagées par toutes les professions.

Nous développerons ensuite l'impact des choix d'ajustement qu'ont mis en œuvre deux instances intergouvernementales : le FMI (Fonds monétaire international) et l'OMC (Organisation mondiale du commerce). Leur convergence avec les normes du libre-échange et de la capitalisation financière a produit une dynamique contradictoire avec des réglementations du travail protectrices et garanties. C'est dans le sillage des options libérales des gouvernements états-uniens que ces mêmes instances ont infléchi leur cahier des charges. Rappelons en effet qu'à l'origine, c'est-à-dire au lendemain de la Seconde Guerre mondiale, le FMI, secondé un an plus tard par la création de la Banque mondiale, avait pour fonction de réguler et stabiliser le système monétaire international et de contribuer à relancer le développement économique par ses prêts. L'OMC, de création plus récente, a succédé en 1994 à l'Accord général sur les tarifs douaniers et le commerce (GATT) ; après une longue séquence de négociations engagées depuis 1947 qui ont fait progresser le libre-échange. Le triomphe idéologique du libéralisme économique et commercial sera consacré en 1989, lors d'une conférence de Washington réunissant le FMI, la Banque mondiale, la Banque interaméricaine pour le développement et le Trésor américain, pour traiter du cas des pays d'Amérique latine. Le programme sous le titre de « Consensus de Washington » vantera la rigueur monétaire, la privatisation du marché intérieur, l'ouverture commerciale et la levée de tout contrôle des mouvements de capitaux (Graz, 2013).

Nous reviendrons enfin sur différentes manières d'être ou de penser que les agents sociaux doivent intégrer pour s'adapter à ces choix. Véhiculées par toutes sortes de médias, y compris par ceux de la sphère des loisirs ou du divertissement, elles traversent la plupart des sociétés de la planète.

Tous ces facteurs sont l'expression d'une course au profit et à la rente qui atteint de multiples registres et paliers de nos sociétés.

1. Les droits du travail

S'il est un phénomène qui atteint directement l'activité syndicale ce sont bien toutes les inflexions qui ont visé les droits du travail dans tous les pays développés, depuis les années 1990. Nous ne reviendrons pas ici sur l'inventaire de toutes les mesures de précarisation, de flexibilisation ou d'ajustement des contrats et des conditions de travail qui ont touché la main-d'œuvre de nos pays européens et, bien au-delà, celle de tous les pays développés – occidentaux ou assimilés comme le Japon –, car les analyses en sont bien connues. Le spectre des éléments qui ont été touchés est extrêmement étendu : nature et durée des contrats de travail, conditions de leur renouvellement, aménagement du temps de travail, conditions de licenciement, durée et niveau des indemnités de chômage, conditions d'accès à une formation continue, etc. Conçues à l'origine comme un socle de régulation du marché du travail et de l'emploi, les relations professionnelles entre employeurs et salariés, prolongées par leurs relations avec l'Etat, sont marquées par une diversité historique (Lallement, 1996). Or la globalisation a fortement contribué à les aligner sur les mêmes standards. Ce nivellement étant directement lié aux mesures de flexibilisation des droits du travail, ainsi qu'à leur ajustement avec les normes d'une activité toujours plus marchande. Il traverse en effet tout le spectre de syndicalismes considérés comme contrastés : syndicalisme de cogestion allemand ou nordique, syndicalisme de métier nord-américain, syndicalisme d'atelier anglais, syndicalisme d'entreprise japonais ou syndicalisme confédéral français. Ce dernier représentant une formation d'autant plus complexe et déstabilisée qu'elle croise une pluralité d'axes de structuration sectorielle ou territoriale et de fonctions (depuis la gestion paritaire de certains fonds sociaux jusqu'à la contestation sociale, en passant par de multiples paliers de négociation – dont la segmentation et l'affaiblissement sont de plus en plus sensibles[1]).

Nous nous efforcerons donc ici de revenir sur plusieurs traits généraux des déréglementations qui traversent l'économie mondiale, afin d'en souligner les articulations.

Reflux du plein-emploi

Evoquons d'abord la rupture d'un paradigme – le « plein-emploi » – en réponse à une forte progression du chômage de masse et son remplacement par un autre modèle bricolé : celui de la « pleine activité ». Cette notion franco-française tend à traduire, mais aussi à légitimer, la situation contrainte de l'emploi. Elle découle d'une convergence d'opportunité entre les réflexions de plusieurs économistes ou sociologues et les propositions d'une fraction des employeurs relayés par leurs experts (Guillon, 1998). Les premiers cherchaient dans leur analyse à dépasser les contradictions du travail salarié et celles de l'emploi marchand par une approche synthétique de la pluralité des activités (pluriactivité) ; celle-ci supposait entre autres choses de reconnaître et de rémunérer un ensemble d'activités non marchandes ou situées en dehors de la sphère de l'emploi salarié en tant qu'éléments complémentaires ou soudure d'un parcours professionnel. Les seconds en ont profité pour proposer un nouveau contrat de travail inscrit dans la durée – le « contrat d'activité » –, qui impliquerait pour chaque salarié un partage de sa gestion entre différents partenaires publics, privés ou associatifs. Un tel contrat revenait à établir une relation d'équivalence juridique entre des périodes d'activité dont le statut était contrasté : salarié, travailleur indépendant, bénévole ou stagiaire d'une formation. Cette proposition – en partie seulement mise en œuvre, du fait même que les partenaires sociaux et l'Etat prennent en charge dans la durée une partie dégressive de la rémunération des périodes de chômage d'un salarié – exprimait une posture idéologique qui consistait non seulement à niveler toutes sortes de règles contractuelles, mais aussi à reporter sur l'Etat la responsabilité d'employeur final. Ce qui n'était pas sans contradiction de la part des employeurs ou de leurs représentants qui cherchaient à flexibiliser et alléger davantage les droits du travail, au nom des vertus supposées d'une régulation par le marché.

---

[1] Pour un inventaire détaillé voir notre ouvrage *Les syndicats dans les mutations et la crise de l'emploi*, Logiques Sociales, L'Harmattan, 1997.

Précarisation versus droits fondamentaux du travail

Un autre phénomène encore plus conséquent, parce qu'il atteint la globalité des institutions dont les pays développés régulent le travail, est une révision générale de leurs codes ou de leurs droits du travail selon ces mêmes principes. On retrouve ainsi cette flexibilisation et cette précarisation à travers les codes de tous les grands pays européens du Nord ou du Sud, ainsi que les droits du travail d'autres pays comme les Etats-Unis, le Canada, l'Australie ou le Japon. Les reculs en matière de réglementation n'ont pas seulement concerné les contrats ou les conditions de travail, mais ils ont aussi touché les modes de représentation et d'action des organisations syndicales comme le droit de grève ou la négociation collective. Cette évolution s'est accompagnée d'un mouvement général d'affaiblissement des syndicats, sensible à travers la baisse des taux de syndicalisation, ainsi qu'un recul dans la plupart des pays du nombre de conflits et de leur durée (Guillon, 2000).

Les retards en matière de droit du travail des Etats émergents étaient ainsi confortés par le fait que les classes dirigeantes des pays développés acceptaient de restreindre les réglementations en vigueur, sous le prétexte de mieux réagir à une accélération de la compétition économique. Ils l'ont été encore d'autant plus que la masse des investissements mondiaux touchait ces économies émergentes. Ajoutons qu'actuellement la moitié des investissements directs étrangers irriguent leurs économies, et que plus de la moitié de ces investissements ne concernent que quatre pays : la Chine (Hong-Kong inclus), le Brésil, Singapour et l'Inde (Graz, 2013). On peut ainsi pointer les points sensibles que devrait cibler toute démarche intergouvernementale pour la défense des droits du travail.

L'Organisation internationale du travail (OIT) a néanmoins poursuivi sa tâche pour soutenir et faire avancer les droits fondamentaux du travail à travers toute la planète. Fondée en 1919 lors de la Conférence de la Paix de Paris, l'OIT avait placé la réglementation et une philosophie normative des conditions de travail au même niveau que les droits de l'homme, dans sa Déclaration de Philadelphie de 1944. Précisons que l'OIT est un organisme international formellement tripartite, regroupant les représentants de l'Etat, des employeurs et des syndicats de salariés de chaque pays de l'ONU. Mais que l'application de ses conventions de travail dans chaque pays est soumise à la ratification du gouvernement. Soucieuse de garantir l'universalité et l'applicabilité des normes de travail, l'OIT s'est retrouvée face à de nouveaux défis. C'est d'abord un recul des standards de travail que négocient les employeurs et les syndicats dans le cadre des institutions nationales (et plus rarement transnationales, comme c'est le cas pour l'Union européenne). C'est ensuite une nouvelle forme de distanciation potentielle à l'échelle internationale entre deux formations chargées de la défense des droits du travail : d'un côté les syndicats représentant un ensemble d'organisations attachées aux standards de travail négociés, et de l'autre le mouvement des organisations non gouvernementales (ONG) prenant en charge la défense des droits fondamentaux du travail selon des procédures plus hétérogènes, et surtout plus diffuses. Soit autant de formes de consultation au niveau intergouvernemental (dans le cadre du Conseil économique et social des Nations unies), mais aussi d'actions de pression comme le boycott des produits ou des services d'une firme qui ne respecte pas les droits fondamentaux. Nous avons néanmoins pu relever que cette distanciation était plus sensible dans le cadre des pays développés que dans celui des pays émergents ou en développement. Les syndicats et les ONG étant alors soumis à la nécessité de mener ensemble des actions pour lutter contre les atteintes les plus graves aux droits les plus élémentaires en matière de libertés fondamentales ou de droits de l'enfance – que ce soit sur les continents asiatique, indien ou africain ; continents dont de nombreux pays aussi ménagent moins de possibilités institutionnelles pour l'action syndicale (Guillon, 2003, 2000). On doit ainsi rester vigilant sur la superficialité de nombreuses informations concernant la vie syndicale des pays en développement. D'abord en raison des singularités juridiques dont les registres sur le travail sont souvent absents ou succincts. Ensuite, parce qu'il existe tantôt une concentration, tantôt une dispersion des organisations syndicales dont les cahiers des charges sont normés sur des revendications codées selon les critères en vigueur dans les économies développées. Enfin parce qu'il n'y a aucun relevé d'actions syndicales, en raison d'une absence de toute administration constituée. C'est ainsi que nous avons pu observer, pour le continent africain, le décalage entre l'ampleur de certains cahiers revendicatifs et l'étalement ou la dispersion des modes d'action qu'adoptent les syndicats pour les satisfaire.

Tout se passe donc comme si les salariés et leurs syndicats faisaient l'objet d'un jeu complexe entre les gouvernements des Etats développés, ceux des Etats dont l'économie est émergente et cette instance de médiation qu'est l'OIT. Deux facteurs nous semblent avoir contribué à repousser les droits et les normes de travail vers des seuils minimaux :

– d'une part, une forme de nationalisme soutenue au nom de leur souveraineté par les Etats dont l'économie est émergente (Brésil, Russie, Inde, Chine et Afrique du Sud) ;

– et d'autre part une forme de soumission de la part de la plupart des Etats aux exigences de *dumping social* émises par des investisseurs potentiels en faveur de taux de rentabilité les plus élevés. Ainsi retrouvera-t-on, tout au long de notre exposé, nombre d'indices d'une compétition économique internationale animée par les agents de la globalisation, avec le relais de gouvernements convertis aux critères de rentabilité, concentrés sur la diminution des coûts du travail. Avec pour conséquence l'extension de ces mêmes critères à l'ensemble des politiques publiques.

Ajoutons aussi que toutes ces normes de travail ne concernent qu'un versant de la vie active : celui des droits au travail. Les écarts sont encore plus larges pour ce qui est de l'assurance chômage ou des systèmes de protection sociale contre la maladie, avec aussi des secteurs encore plus démunis que les autres, comme celui des salariés agricoles.

Arrivé à ce stade, le sociologue peut chercher à creuser les formes de différenciation et d'expression de chaque situation syndicale, ou rechercher les liens structurants avec deux autres sphères d'activité : le politique et l'économique.

Chaque situation syndicale est inscrite dans un ensemble d'interactions entre les agents ou les institutions d'un appareil d'Etat et ceux d'une société civile dont une partie produit des normes de travail. Un concept forgé par un économiste états-unien permet de mieux se représenter cette fonction : celui de « système de relations professionnelles » ou « *industrial relations system* » (Dunlop, 1958). Conçu par l'auteur comme un sous-système de relations syndicales spécifique de toute société industrielle, au même titre que le système économique ou le système politique, nous insisterons pour notre part sur les dimensions économiques, politiques et idéologiques des interactions entre ces sous-systèmes, ainsi que sur les contrastes qu'elles peuvent présenter d'un pays à l'autre, d'une région à l'autre et d'un continent à l'autre. Il est également évident que lorsque ces agents et ces institutions traversent des périodes de déstabilisation comme une guerre civile, ils quittent l'épure de tout chantier que porte l'OIT. On trouve ainsi dans de telles situations les travailleurs de nombreuses régions d'Afrique de l'Ouest ou d'Afrique Centrale qui sont hors de toute protection. D'autres situations moins dramatiques placent les travailleurs et leurs syndicats entre un Etat imprévoyant ou qui est atteint par la corruption et les fourches caudines de l'ajustement prôné par les organisations intergouvernementales (sur lequel nous reviendrons).

Nos travaux sur le syndicalisme des économies développées nous ont plus directement sensibilisé aux liens qui existent entre les évolutions de la réglementation du travail ou celles de la mise à disposition de la main-d'œuvre et plusieurs phénomènes industriels comme la sous-traitance ou l'externalisation, qui ont touché un nombre croissant de productions. Soit autant de mesures qui court-circuitent des chaînes de droits. Nous avons observé aussi une emprise croissante du droit commercial sur une partie des droits du travail, avec la définition de toutes sortes de nouveaux contrats de travail intermédiaires entre un contrat de salarié et un contrat de travailleur indépendant. Ce phénomène étant très directement lié à la sous-traitance. Ces contrats servent, dans la plupart des cas, de moyen de reconversion pour des agents d'encadrement lorsqu'ils sont licenciés. Et c'est en pénétrant sur le terrain de la globalisation économique et financière que nous avons été conduit à projeter toutes nos analyses du travail et de l'emploi à une échelle plus transversale des activités.

2. Limites de la souveraineté de l'Etat en matière de réglementation économique et sociale

Au fil de la décennie 1990, les Etats occidentaux – Etats-Unis et Grande-Bretagne, en tête – relayés par les organisations intergouvernementales ont tissé un ensemble de mesures de déréglementation et de nouvelles réglementations moins contraignantes. Celles-ci ont conforté l'emprise des formations économiques multinationales et transnationales : entreprises et fonds de placements financiers.

La déréglementation au profit de la valeur financière

Les droits de propriété avaient déjà consacré une forme actionnariale de gouvernance des entreprises par la seule reconnaissance juridique d'une société de capitaux aux dépens de l'entreprise en tant que collectif de travail et de production. Ces dispositions ont été complétées par une forme de naturalisation des comptabilités d'entreprise privilégiant la rentabilité du capital. Le calcul de celle-ci étant effectué par rapport à son coût d'intérêt et d'emprunt selon un critère particularisé – l'*economic value added* – EVA (Bachet, 2007).

Ce genre de mesures a pu se développer non seulement dans le cadre de chaque économie nationale, mais surtout transversalement grâce aux déréglementations monétaires, fiscales, bancaires et commerciales –, celles-ci étant plus ou moins coordonnées à l'échelle intergouvernementale. Ce qui a d'abord formaté une « économie ouverte » pour le monde occidental, et, dans un second temps, pour le reste du monde.

Les origines de ce processus sont d'ordre monétaire. Elles résultent d'une décomposition des accords de Bretton Woods de 1945 marquée par un flottement des taux de change, puis de toute une série de révisions en matière d'allègement ou de suppression des droits de douane, qui ont eu pour effet de libérer les mouvements de capitaux et d'entraîner la montée des investissements directs étrangers, ainsi que celle des fusions-acquisitions et des opérations publiques d'achat d'entreprises, auxquelles on peut ajouter les délocalisations d'activités.

Un autre phénomène moteur, répandu sur tous les continents, est celui des zones franches que les Etats ont adoptées pour attirer les investissements. Gagées sur des exonérations fiscales, elles jouent aussi sur le moindre coût du travail. Les zones franches sont des territoires qui accueillent les entreprises aussi bien nationales qu'étrangères. Tournées vers l'exportation, elles bénéficient de toutes sortes d'exemptions qui s'inspirent du libre-échange comme la suppression des droits de douane. Les entreprises étrangères sont généralement bénéficiaires des conditions les plus favorables pour rapatrier leurs bénéfices. On trouve ce genre de libéralités à travers toutes sortes de pays, quel que soit le degré de développement de leur économie (Guillon, 2003). Justifiées pour faciliter la création d'emploi (d'autant plus qu'elles sont assorties d'exonérations sociales), les zones franches ont été aussi aménagées dans certaines zones urbaines des métropoles du Nord, touchant aussi bien des friches industrielles que des quartiers socialement sensibles, où se concentrent des masses de chômeurs.

Dans un tel contexte, on a ainsi assisté à une multiplication des produits financiers (« titrisation ») et de leurs supports que sont les fonds de placement spéculatifs, en même temps qu'à l'essor de techniques comme le *leveradge buy-out* (LBO) dont l'effet a été de resserrer les liens de toute dynamique d'entreprise avec la perspective d'un profit financier (en permettant notamment les rachats à crédit d'entreprises avec un apport initial limité). Les motivations visaient non seulement à accroître les profits mais aussi à externaliser les risques de toute gestion (à commencer par les contraintes de toute gestion du personnel).

Le syndicalisme face au mur de l'argent

Le syndicalisme dans une telle situation a dû faire face à de multiples périls qui pesaient sur l'emploi et les conditions de travail. La plupart d'entre eux étaient liés à la conjonction entre la financiarisation de la gestion des firmes et les mouvements de capitaux qui traversaient tous les continents. Celle-ci avait pour effet de mettre sans cesse en concurrence les unités de production selon des critères de profitabilité maximale et au plus court terme. La consolidation de cette dynamique redoutable met non seulement en pièce les ressorts de toute politique d'entreprise centrée sur sa production, mais elle écarte aussi toute agence décisive d'une législation nationale du travail. Elle pèse en permanence sur des comptabilités d'entreprises que les syndicats ne peuvent que dénoncer lors des réunions de comités d'entreprise. Et lorsque les syndicats tentent de dépasser l'échelle nationale pour mener des actions supranationales, ils se heurtent à un déficit de procédures harmonisées en matière de consultation, et a fortiori en matière de négociation. Et lorsque ces procédures existent, elles ne concernent que des standards minimaux dont les barèmes ne peuvent qu'intéresser les salariés des pays les moins développés – comme le montre déjà l'expérience des relations syndicales à l'échelle de l'Union européenne. En ce qui concerne plus spécifiquement les mouvements d'OPA (opération publique d'achat) lancés sur une firme, le syndicalisme reste démuni, malgré les progrès de sa représentation dans les comités d'entreprises des firmes transnationales. Les mouvements de capitaux restent complètement hors de portée de toute négociation collective, quel qu'en soit le niveau. Il existe néanmoins d'excellentes analyses que fourbissent les syndicats à l'échelle des pays de l'OCDE (Organisation de coopération et de développement économique). Mais elles ne font l'objet que d'auditions dans le cadre de réunions internationales dont la fonction essentielle est d'instruire des dossiers (Guillon, 2000).

Dans un tel contexte, il n'est pas étonnant d'assister au reflux de toute efficacité des interventions des « puissances publiques ». Ce qui libère les modes d'accumulation, sous la forme d'un développement des rentes, que renforcent des aménagements des droits de propriété. Et comme nous allons le voir, nombre d'Etats ne se contentent pas de subir cette situation, mais participent aux politiques d'ajustement qu'animent les organisations internationales.

Une économie rentière et spéculative

Dans ce contexte, il devient inévitable que les mouvements de capitaux deviennent prépondérants sur les activités, et qu'en cherchant à échapper aux réglementations – synonymes de taxation –, ils confèrent à celles-ci une dimension à la fois rentière et spéculative.

Les rentes sont gagées sur les droits de propriété que légitiment les puissances publiques. Constituées historiquement à partir de la propriété foncière, les rentes se sont multipliées avec le capitalisme pour couvrir un ensemble toujours plus large d'activités industrielles et de services. La globalisation en a étendu le champ, en même temps qu'elle en resserrait les liens à travers une multiplicité d'organisations plus ou moins articulées. Les rentes couvrent aujourd'hui des réseaux d'activités arborescents dont les cadres de gouvernance sont privés et publics, civils et militaires, nationaux et transnationaux. Ces réseaux sont soumis en dernier ressort aux normes et contraintes que fixent les intérêts financiers – représentés par toutes sortes d'investisseurs institutionnels. Ces investisseurs sont très souvent des fonds spéculatifs qui retiennent le court terme. Ils brassent d'énormes sommes d'argent qu'ils empruntent selon des canaux dont les liens avec le secteur bancaire restent dominants. Une part de ces capitaux est placée dans des paradis fiscaux. Les évaluations internationales font état du fait que 30% des investissements directs étrangers et la moitié des prêts bancaires passeraient par ce canal (Graz, 2013). De telles évaluations sont bien sûr délicates ; selon une étude, les avoirs détenus par les particuliers les plus riches dans ces paradis fiscaux pourraient atteindre la somme cumulée du PIB (produit intérieur brut) des Etats-Unis et du Japon. Les avoirs des plus grandes banques placés dans ces mêmes paradis seraient en expansion. Certains d'entre eux serviraient même au blanchiment d'une part des fonds provenant d'activités illicites ou criminelles, et cela par divers canaux, dont celui des fonds d'assurance. Evalués à près d'une centaine d'unités réparties à travers le monde, les paradis fiscaux sont plus ou moins opaques. Les plus opaques sont ceux des Bermudes, des Iles Vierges, de Bahreïn, de la Suisse, des Iles Caïmans et de Panama. L'Union européenne comprend même plusieurs pays comme le Luxembourg, les Pays-Bas ou l'Irlande dont les pratiques fiscales sont dérogatoires et proches des avantages d'un paradis fiscal. Mais la masse la plus importante des flux financiers est celle des « produits dérivés » qui circulent sur les marchés de gré à gré ; marchés qui ne sont pas régulés. Elle représentait fin 2010 une somme de 600 000 milliards de dollars, comparativement aux 4000 milliards de dollars que brassait quotidiennement le marché des changes ; ce dernier faisant intervenir un fonds financier dans 43% des cas. Ainsi la présence de ces investisseurs à la tête de la dynamique financière des économies, de même que le caractère spéculatif et transnational de leurs projets posent de nombreux problèmes à l'action politique et syndicale, quel qu'en soit le niveau (entreprise, secteur, interprofessionnel). Et, comme le montrent nombre de travaux le mouvement aurait atteint un nombre croissant de firmes transnationales de tous continents.

3. Les politiques d'ajustement structurel

« Ajustement structurel » est un terme qui désigne un ensemble de mesures macroéconomiques qui s'inspirent des principes monétaires, financiers ou commerciaux que nous venons d'évoquer. Ces mesures sont en fait coordonnées par le FMI – assisté de la Banque mondiale – et l'OMC, qui agissent en tant que gardiens des déréglementations ; les deux premiers pour la rigueur budgétaire et financière, et le troisième partenaire pour son versant commercial. Ils veillent ensemble à ce que chaque Etat suive les règles d'une bonne gouvernance d'inspiration libérale et marchande, ainsi qu'à ce qu'il se défausse au maximum de toutes les activités qui peuvent être appréciées à l'aune de la rentabilité, et donc susceptibles d'être reprises en charge par le marché. Le caractère d'autant plus prégnant, mais aussi pervers de cette doctrine tient à ce qu'on la présente comme une étape nécessaire d'un long et périlleux processus de « modernisation » des économies, au nom de la transparence et de la vérité des coûts de toute activité. Succédant à une période d'avancée où la croissance économique était en partie régulée par les Etats, l'argumentation a consisté à vouloir retrouver cette croissance par une politique inverse de réduction de ce genre de régulation, sans que les dimensions macroéconomiques, et notamment monétaires, ne soient clairement posées (en regard des présupposés libre-échangistes). Tout se passe en fait comme si ces politiques constituaient une pression organisée pour reconfigurer la répartition des activités selon les normes du marché et faire baisser leurs coûts salariaux, avec cependant certains effets différenciés selon le niveau de développement des pays. Pression à laquelle ont cédé volontairement ou non la plupart des gouvernements, quelle que soit leur orientation politique (Sapir, 2011).

L'emprise et la crise des marchés financiers

L'un des effets redoutables de ces politiques – parce qu'elles s'alignent sur la dynamique des marchés financiers – est d'avoir contribué à augmenter les dettes publiques ; avec comme contrainte pour les Etats de devoir emprunter sur ces mêmes marchés financiers (à des taux d'intérêt souvent élevés). Le paradoxe est d'autant plus fort qu'il frappe d'abord des pays développés et démocratiques, c'est-à-dire des pays qui ont une politique de prestations sociales, avec la contrainte supplémentaire de dépenser toujours plus en dépenses de fonctionnement aux dépens des dépenses d'investissement, pour lesquelles ils laissent davantage de place à des investisseurs privés, qu'ils doivent séduire, en tenant compte de l'inclination qu'ont ces mêmes investisseurs pour les régions les plus lucratives financièrement. En ce qui concerne les autres Etats, et particulièrement ceux dont l'économie est en développement, la situation se résume à une vaste défausse des services publics vers le secteur informel – hors de toute garantie statutaire pour les travailleurs.

Présenté au départ par les organismes intergouvernementaux comme une solution technique conjoncturelle (sous prétexte de répondre à l'inflation), l'ajustement est devenu structurel avec la globalisation et sa dimension financière. L'extension de ses effets n'en a pas pour autant écarté les croyances libérales. Après avoir concerné expérimentalement les Etats africains, l'ajustement a été étendu à toute la planète (Peemans, 2002).

Cette augmentation des dettes publiques a été en fait fortement accentuée par une montée des dettes privées, elles-mêmes liées à toutes sortes de spéculations financières ou immobilières. Ainsi le montre l'enchaînement de plusieurs crises monétaires ou bancaires entre les Etats-Unis, les pays asiatiques et les pays européens où se croisent – dans une spirale infernale –

dette souveraine et chantage de la part des créanciers – lesquels après avoir profité d'une fuite en-avant dans la titrisation et les spéculations finiront par se sauver sur le dos du contribuable.

Le rappel des crises bancaires ou des krachs boursiers de la période est impressionnant. Il montre l'ampleur des mouvements de capitaux :

– le krach boursier de Wall Street en 1987, accompagné d'une faillite de l'épargne états-unienne ;

– une crise de la livre et de la lire en 1992-1993 ;

– des crises financières mexicaine et turque en 1994 ;

– une crise des monnaies et des banques asiatiques en 1997 ;

– des retombées de ces crises sur le Japon et la Russie ;

– la crise des *subprimes* aux Etats-Unis en 2007-2008, avec une contagion mondiale, ponctuée par la chute de la banque Lehman Brothers.

L'un des épisodes cruciaux de cet enchaînement qui a nourri la globalisation financière est bien l'ouverture qu'ont obtenue de leurs gouvernements les banques commerciales états-uniennes. C'est pour rétablir leur taux de rentabilité affaibli par une moindre demande de prêts de la part des entreprises ou des particuliers, et surtout pour bénéficier d'une titrisation toujours plus inventive, qu'elles se sont tournées vers les produits d'investissement financier et le secteur de l'immobilier. Le mouvement a été précipité au lendemain du krach boursier de la fin des années 1980, supprimant définitivement toute barrière entre les activités de dépôt et les activités financières. Ce qui impliquait aussi une coordination entre les institutions de surveillance des deux secteurs. Ajoutons que ces décisions ont été d'autant plus souhaitées que les gouvernements et leurs affidés financiers constataient une baisse de rendement d'un secteur déterminant pour la puissance états-unienne : celui de l'armement. C'est néanmoins en raison des perspectives stratégiques du moment – liées au bilan de la Première Guerre du Golfe – que le Pentagone a pu faire prévaloir une relance des programmes d'armement. Et les événements du 11 septembre 2001 ont renforcé le poids du lobby militaro-industriel au sein même du gouvernement. Le président George Bush, entouré d'un *think tank* comportant des représentants des fabricants d'armement, a nommé aussi plusieurs d'entre eux à des postes clés du Pentagone.

L'Europe, malgré une stabilité de sa monnaie, reste au cœur de la tourmente. Elle entre même dans une récession. L'Irlande, la Grèce, le Portugal, l'Espagne et l'Italie sont les pays les plus atteints.

Toutes ces crises et leur enchaînement plongent leurs racines dans un cycle ininterrompu de suraccumulation de capitaux, où se croisent toutes sortes de manipulations de la valeur de ces capitaux que permettent les déréglementations publiques (zones franches, titrisation ou paradis fiscaux), avec comme résultat : la formation de bulles financières spéculatives.

L'ajustement structurel ne fait que leur conférer un cadre de fausse rationalité macroéconomique dont les remèdes ne finissent trop souvent qu'à recapitaliser sur l'argent public les institutions privées de crédit. Or cette démarche n'épargne ni les économies les plus puissantes comme celle des Etats-Unis, ni d'autres plus fragiles comme celles des pays de l'Union européenne. Ainsi la Réserve fédérale américaine a-t-elle engagé en 2008 le sauvetage de plusieurs grandes banques qui possédaient plusieurs milliards de dollars de produits toxiques, non sans renflouer aussi les établissements d'assurance qui étaient concernés. De même l'Union européenne a-t-elle alloué des sommes représentant près de 14 % de son PIB total pour mener ce même genre de sauvetage sur fonds publics. On peut encore ajouter à toutes ces mesures une cascade de plans de relance économique dont chacun engageait des milliards de dollars ou d'euros.

Tous ces mouvements se développent dans le contexte d'un système monétaire instable qui n'a plus de devise clé. Ainsi l'illusion de vouloir compenser les déficits états-uniens par l'épargne asiatique n'a-t-elle pas duré. La globalisation financière a multiplié les dettes toxiques. Les politiques européennes de déflation compétitive ne sont qu'un cache-misère pour combler le différentiel de l'euro avec le dollar. Elles ne compensent pas les déficits en matière d'harmonisation budgétaire, fiscale ou bancaire entre pays européens. De plus comme le montre l'histoire contemporaine, toute réforme monétaire s'inscrit dans la durée pour pouvoir agir, car elle suscite des réactions différentes de la part de chaque économie en fonction de ses structures et de ses institutions. Or l'instauration d'une monnaie unique comme l'euro est d'autant plus délicate, que toute harmonisation budgétaire des pays concernés se heurte à une accélération de leur concurrence sur chaque marché de produit ou de service – celui-ci étant lui-même projeté dans l'accélération d'un marché globalisé –, sans que la moindre perspective d'harmonisation politique n'ait été envisagée (Sapir, 2011).

Ajoutons encore que toutes ces pistes de réformes restent soumises à des pressions dans un système de gouvernance où se croisent les interventions intergouvernementales du FMI et les appréciations des agences de notation. Ces agences privées n'hésitent pas à abaisser leurs notes aussi bien pour une institution bancaire que pour un Etat. On a pu vérifier l'effectivité de toutes ces pressions à l'occasion d'une série de péripéties qui ont touché le Fonds européen de stabilité financière en 2011. Et on observe encore en 2015 ce même type de convergence d'ajustement de la part de l'Union européenne pour résoudre la crise de l'économie grecque. Alternant les réunions de l'Eurogroupe (réunion mensuelle des ministres des finances de la zone euro) avec celles de la Banque centrale européenne, on constate encore une certaine convergence avec l'intervention d'une « troïka » – associant la

Commission européenne, la Banque centrale européenne et le FMI – et même celle d'une agence privée de notation[1].

Ainsi constate-t-on dans les pays développés une dégradation des services sociaux sous la pression des charges croissantes liées à une montée du chômage de masse, mais aussi à un déficit d'investissement novateur et créateur d'emploi, au profit des rentes ou de la spéculation.

La situation des pays en développement est encore plus critique, puisqu'elle équivaut dans bien des cas à la disparition de l'Etat en tant que tel. Toutes sortes de ponctions opérées sur l'emploi public, suivant les recommandations du FMI, ont eu pour effet de relancer les activités informelles, avec leur lot de réseaux mafieux. La corruption et les trafics faisant ainsi bon ménage pour transférer les activités régaliennes de l'Etat à des chefs de clans. Ce qui n'empêche pas pour autant un renforcement des missions sécuritaires et policières de la part de ces Etats. L'observation récurrente de ce genre d'association à travers tous les continents tend à modérer la portée de certaines catégorisations classiques à propos des rapports politiques des sociétés du Sud, notamment celles qui opposent le tribalisme et l'Etat. Nombre d'exemples récents méditerranéens ou africains ont fortement contribué à relativiser cette opposition. Et comme nous l'illustrerons à plusieurs reprises, la rente occupe toujours une place centrale dans ces économies. Elle prospère sur la base des prélèvements qu'opèrent les classes dominantes sur l'exploitation des matières premières, pour alimenter à son tour les institutions financières de la globalisation. Il apparaît ainsi que, dans un tel contexte, toute perspective d'institutionnalisation des relations syndicales devient compromise – à l'exception de certaines formes d'intégration d'une fraction des dirigeants dans ces réseaux. Le reste de l'activité syndicale se réduit à des séquences de négociations avortées et déconnectées de toute obligation patronale de négocier – ponctuées par quelques grèves sauvages. Il serait utile de pouvoir disposer d'un tableau comparé entre la situation des activités syndicales dans le secteur public maintenu et celle du secteur privé, afin d'apprécier si l'action syndicale dispose de la moindre marge de manœuvre en matière de salaires, de conditions de travail et de garantie d'emploi. Car ces pays peuvent faire se succéder des moments où les relations professionnelles sont actées sur des objets conventionnels par d'autres moments où elles cèdent la place à des émeutes de la faim. De telles émeutes sont aussi le révélateur des liens qui existent entre l'abandon des cultures vivrières et la globalisation. Car bien souvent celles-ci sont délaissées au profit de cultures d'exportation comme

[1] Il s'agit de l'agence Moody's, holding de gestion des risques et d'analyse financière appliquant des critères de gouvernance non seulement à de grandes entreprises, mais aussi à des Etats.

le café, le thé, le cacao, le coton, ou, plus récemment, les biocarburants qui nourrissent tout un pan des marchés spéculatifs des matières premières. Elles projettent aussi la problématique des relations professionnelles à l'échelle des questions de développement. Marquant ainsi les limites d'une approche cantonnée au seul champ de l'entreprise ou des secteurs modernes, pour des pays dont les masses sont encore rurales. Et ces questions se posent aussi avec d'autant plus de force que ces pays font l'objet de pressions en matière d'ajustement structurel. Et, comme nous l'avons remarqué à l'occasion de nos travaux sur le syndicalisme des pays du Sud, l'histoire sociale de ces pays est fortement marquée par les luttes de pouvoir entre classes dirigeantes. On retrouve ainsi une dynamique récurrente dans laquelle les dirigeants du mouvement syndical sont alternativement en opposition ou absorbés par un appareil d'Etat. La conception globale du fonctionnement de celui-ci l'emporte alors sur toute considération des standards de régulation de l'emploi ou de la vie active. Et, comme nous le verrons plus loin, on doit encore tenir compte de l'impact que peuvent avoir sur l'histoire sociale de ces pays les traits d'une économie rentière, ainsi que les liens de vassalité clanique. En définitive, il faut resituer le syndicalisme de ces pays dans un ensemble pluridimensionnel, politique, économique et idéologique, dont le degré de démocratisation est délicat à évaluer.

Reflux syndical et politique

Le sociologue en se livrant à une analyse comparative des effets de ce genre de politique d'ajustement ne peut qu'être sensible, au premier abord, aux différences énormes de niveau de vie qui affectent les pays du Sud par rapport à ceux du Nord. Mais lorsqu'il se penche davantage sur les ressorts idéologiques de toutes leurs activités, il peut relever certains traits communs, bien au-delà des singularités d'appartenances communautaires ou sociales de chaque société. C'est notamment le cas de la part des agents de cette gouvernance d'ajustement pour la priorité qu'ils donnent aussi bien aux rapports d'organisation formelle qu'à ceux les plus informels. Ce qui revient à remettre en cause toute réalité universelle d'une rationalisation ouverte des rapports sociaux de production.

En forçant le trait, on assiste au reflux des formes de négociation collective articulées ou intégrées susceptibles de faire avancer des droits sociaux dans les pays du Nord, et à leur avortement dans ceux du Sud. On constate dans les pays européens – dont le système social est le plus avancé – une bipolarisation sur deux sortes de négociation collective. L'une tripartite – entre les employeurs, les salariés et l'Etat – porte sur des mesures très larges visant à moduler l'emploi et les salaires au nom de la compétitivité de l'économie nationale. L'autre bipartite entre salariés et employeurs reste cantonnée dans la grande entreprise pour un spectre plus large de conditions de travail et d'emploi. On assiste depuis deux décennies à une distanciation entre ces deux champs de négociation. Car l'espace de négociation intermédiaire que représentait la négociation de branche ou sectorielle est en recul dans les pays européens comme la France ou l'Allemagne. Cette évolution est la conséquence d'un redéploiement des activités sensible à travers la division internationale du travail. Car celle-ci dépend des mouvements de capitaux qui refaçonnent les liens et la localisation des activités de production et d'échange entre firmes et fonds financiers. Ces liens traversent de multiples réseaux transnationaux où se croisent les filières de produits – depuis leur conception jusqu'à leur distribution – avec celles de la collecte et de la valorisation du capital. Soit autant de choix ou de décisions qui fragilisent toute stabilité d'un système de négociation collective inscrit dans un cadre national, et qui mettent à mal toute articulation possible entre les paliers mouvants d'une réglementation des droits et des standards du travail. Et lorsque les syndicats siègent dans le comité de groupe d'une firme transnationale, ils sont aussi dans l'impossibilité de pouvoir combler cet écart. Quel que soit le cas de figure, les relations syndicales restent soumises aux décisions des investisseurs institutionnels, tant pour l'emploi que pour les rémunérations (Guillon, 2009, 2000). Le champ des relations professionnelles encaisse donc plusieurs tendances lourdes de la globalisation financière. Celles-ci apparaissent le plus nettement dans les pays développés occidentaux dont les systèmes sont les plus formalisés. Elles restent plus incertaines à travers les pays émergents, si l'on tient compte à terme des effets qu'auront la montée en puissance de leurs économies, ainsi que de nouvelles formes de mobilisation des forces productives ou des collectifs de travail. Soit toutes sortes de scénarios possibles en matière de tensions, si l'on tient compte aussi de l'échelle des masses de main-d'œuvre qu'elles recrutent.

On peut aussi relever, dans le contexte des élections politiques des pays les plus démocratiques, un reflux de l'expression citoyenne – que reflètent les taux d'abstention – face à une montée des formes d'expression identitaires, que celles-ci soient strictement claniques ou plus largement communautaires (religieuses ou régionales). C'est le cas notamment de nombreux pays européens du Sud ou de l'Est.

Enfin on ne peut qu'être sensible aux liens qui unissent les droits de propriété et les relations claniques dans de nombreux pays du Sud, et qui servent à se constituer des formes de rentes. Soit autant de normes qui tournent le dos à toute stimulation de véritables politiques publiques, non seulement en matière économique, mais aussi en matière de garanties pour les travailleurs, et qui participent activement à la globalisation financière.

Nous avons pu saisir ce genre de dynamique rentière fondée sur des liens claniques à travers des espaces aussi étendus que l'Afrique de l'Ouest, le Maghreb ou le Levant (Guillon, 2012, 2003). Et ce type d'accumulation ou de captation est d'autant plus présent qu'il couvre un champ très large de formes d'organisation : depuis les cadres informels ou traditionnels en matière de financement des activités (tontines) jusqu'à l'appropriation des ressources d'un appareil d'Etat par un clan. Car, comme nous le verrons dans le chapitre suivant, ces rentes tirent profit de ressources énergétiques ou minières. Elles perdurent et même prospèrent avec les politiques d'ajustement structurel. Elles marquent ainsi les limites d'une double rationalisation que prétendent impulser les organisations intergouvernementales – au nom de la « bonne gouvernance » :

– une rationalisation économique selon la régulation du marché,

– une rationalisation politique au nom des principes démocratiques que piétinent ces pouvoirs claniques et rentiers.

On doit, à ce propos, rester alerté sur les liens récurrents qui existent – à travers de nombreuses régions du monde – entre les rentes tirées de l'exploitation d'une ressource énergétique (le plus souvent pétrolière ou gazière) et la tournure sécuritaire ou autoritaire que prend la vie politique ; comme le montrent une montée des investissements dans l'armement et le contrôle de l'information. Le tout étant le plus souvent intégré à travers des réseaux financiers dont une partie opère de manière spéculative à l'étranger.

4. Globalisation et microdimensionnalité

On observe dans le cadre de cette déferlante de déréglementations et de compétition marchande l'émergence et la consécration d'un certain nombre de comportements ou de manières de penser qu'adoptent les agents sociaux. Les uns se justifient de vouloir rechercher le maximum de profit, les autres cherchent à s'adapter ou à survivre. Soit autant de calculs valorisant les gains d'argent à court terme selon les critères d'une philosophie de l'existence qu'un auteur définit comme un repli sur la « microdimensionnalité » (Grou, 2012). Le fait que ce repli se soit accentué avec le renforcement des procès que nous venons d'énoncer en confirme l'origine.

Ainsi se développe, dans le cadre de cette globalisation marchande, une rationalité sociale qui est concentrée sur les profits et qui vante les mérites individuels aux dépens de toute explication critique ou mobilisation collective. Une priorité est donnée à la production et à la consommation des biens reproductibles, avec pour objectif de faire consommer en permanence et le plus rapidement possible le consommateur. Celui-ci est non seulement conditionné par toutes sortes de messages publicitaires, mais aussi par une suggestion d'impératifs plus éthiques qui sont inclus dans des rapports de compétition. Il se trouve placé globalement dans une sphère de consommation hors de toute historicité ou de mémoire en longue période.

Sur un plan créatif, on remarque une montée des activités marchandes de communication aux dépens d'autres activités plus réflexives ou prospectives, et dans l'ordre des activités de consommation culturelle le divertissement règne en maître. Celui-ci est le produit de nouvelles firmes mondiales de médias dont l'essentiel des activités se déplace vers la captation des investissements financiers ainsi que la gestion des droits d'exploitation pour faire toujours plus de profit. On peut ainsi évoquer tout un ensemble de productions – « dramas », « telenovelas », feuilletons télévisés, films ou disques – que formate un ensemble de groupes de production (majors) à travers tous les continents, et qu'un auteur désigne sous le terme générique de *mainstream* (Martel, 2010). Leur qualité se rapproche de celle des biens de consommation les plus reproductibles et les plus standardisés. Elle mobilise cependant des moyens financiers ou techniques importants pour contribuer par l'étendue des marchés de leur diffusion à recueillir des chiffres d'affaires considérables. Le plaisir qu'en tire le spectateur est dicté par le cahier des charges de leur production, dont les normes cherchent à susciter une forme de sensibilité fugace et répétitive refoulant l'imaginaire. On peut ainsi tirer les traits d'une véritable géopolitique des séries ou feuilletons où se croisent toutes sortes de groupes asiatiques, indiens, arabes, nord ou sud-américains dont l'objectif est d'enchaîner la pénétration d'une multitude de marchés locaux ou régionaux. Soutenus par leurs gouvernements respectifs (sensibles au profit et au message d'une culture nationaliste que peuvent véhiculer ces médias), ils obtiennent des franchises fiscales ou des mesures de protectionnisme en matière de quotas. Ce qui peut aussi les conduire, dans certains pays arabes, à tenir compte des contraintes religieuses dans leurs cahiers des charges.

Il n'est donc pas du tout étonnant de constater, dans une telle évolution, le retour d'obscurantismes liés à plusieurs formes de repli sur les croyances les plus sommaires ou les valeurs les plus conservatrices (Grou, 2012).

Un trait particulièrement saillant de cette évolution est le lien fort qui unit nombre d'activités publiques ou privées autour des groupes de communication dont les messages sont formatés sur cette microdimensionnalité : messages de publicité marchande, mais aussi slogans vantant une politique publique en termes de sensibilité ou d'émotivité pour en assurer la réceptivité individuelle. Ces mêmes groupes sont aussi l'expression de réseaux de relations fusionnels entre les dirigeants de toutes ces sphères d'activité – tant sur le plan de leurs intérêts que sur celui de leurs références idéologiques. Ainsi se constituent à l'échelle des multiples paliers de cette globalisation les conditions d'une concentration et d'une reproduction des formes d'investissement et d'accumulation. Celles-ci concernent les classes possédantes et une partie des classes dirigeantes pour en faire des classes dominantes liées à la globalisation. Une telle configuration de réseaux met ainsi en perspective les relations d'échange entre les pouvoirs de décision de plusieurs champs d'activité économique ou politique. Elle intervient à l'échelle de leurs orientations ou de leurs investissements. Elle commande directement ou indirectement à une partie de la répartition de leurs gains ou de leurs profits. Ce genre de dynamique n'épargne aucun domaine de création. Elle irrigue toutes les activités artistiques dont les œuvres sont normées. Ainsi se développe toute une production dont les canons visent à satisfaire les besoins ou les sensibilités des membres de ces classes dominantes, et parfois même à les autocélébrer. On peut mettre en perspective tout un ensemble de formes, d'objets, de styles, mais aussi de postures qui marquent les contours du goût et les traits d'esprit d'un conformisme. Celui-ci, vécu et promu par les classes dominantes, finit pas se diffuser dans l'ensemble de nos sociétés (Bollon, 2002). Et, au-delà des différences énormes de pouvoir d'achat qui séparent les strates de consommateurs de chaque société, il s'ancre d'autant plus profondément qu'il absorbe l'imaginaire d'une multitude d'agents embarqués dans l'univers d'un monde médiatisé et tourné vers la consommation.

Une partie de ces liens (tissés entre classes dominantes autour de la communication) contribue encore à modeler les messages et les temps forts de la vie politique démocratique – aussi bien dans les cadres (locaux, régionaux ou national) de chaque Etat que dans ceux des agences intergouvernementales –, alignant ainsi celle-ci sur une compétition marchande. Un tel alignement agit sur les agendas de la vie publique en instaurant tout un ensemble de pratiques d'évaluation ou de contrôle du marché de l'opinion qui font du politique un univers où l'instantanéité refoule la prospective. Ainsi s'introduisent toutes sortes de stimuli de l'émotivité aux dépens d'un débat d'idées inscrit dans la durée. On y retrouve aussi un retour en force de certaines superstitions (à propos des liens sociaux ou des valeurs morales) qui se focalisent sur les valeurs de compétition et de l'argent pour lesquelles les agents troquent leur autonomie de pensée, fusionnant affectivement dans des croyances collectives qui leur donnent l'illusion d'agir dans une société dynamique et ouverte. Cette instantanéité et cette émotivité de la vie sociale – forgées de toutes pièces – contribuent aussi à conforter, voire même créer des problèmes identitaires, tout en permettant toutes sortes de manipulations idéologiques de la part des hiérarchies ou des pouvoirs. Enfin, cette émotivité et cette sensibilité identitaire sont susceptibles d'être projetées dans des rapports sociaux que secoue la globalisation. Pour devenir à la fois autant de vecteurs d'une consommation médiatique que des référentiels des rapports d'inclusion ou d'exclusion entre groupes sociaux.

CHAPITRE II

DES INVARIANTS SOCIÉTAUX

Lorsqu'on cherche à dépasser les singularités ou les opportunités que les agents de la globalisation financière impriment à l'économie, et veulent imposer aux institutions publiques, il est utile de revenir aux fondements que pose toute structuration de l'activité et de la vie en société. Ce sont notamment autant de problématiques qui concernent la division sociale du travail, le mode de production et ses composantes (parmi lesquelles les « forces productives » occupent une place essentielle), ainsi que plusieurs défis qui traversent toute société : les tensions entre l'individu et la collectivité, le caractère hétérogène de toute société civile, ou encore la place que tiennent les créateurs. C'est à propos de la société civile que nous retiendrons deux concepts sociologiques pour leur pertinence : les classes sociales et les communautés. Nous poserons leurs rapports en termes de complémentarité dialectique (faite de conflit et de fusion), et non en termes d'exclusion (comme le firent un moment les représentants d'une sociologie classique qui n'avaient pas été mis à l'épreuve d'un mouvement aussi large que celui de la globalisation). Enfin, sur le versant de la créativité que porte toute division sociale du travail, nous retrouverons les rapports entre individu et collectif, que nous placerons sur une trame historique en longue période – afin de mieux en saisir le caractère évolutif des tensions. La liste de ces tensions est en effet saisissante. On y relève, entre autres, un renforcement des productions d'armement, un alignement des formes de sociabilité sur la quête de profit, une dilution du politique, ainsi que de nombreuses ruptures en matière de création artistique.

5. Division du travail et mode de production

Nous abordons en premier l'un des cadres les plus structurants de toute activité sociale. Nous en évoquerons différents éléments pour en soulever aussi plusieurs externalités négatives. Les unes sont inhérentes aux rapports de production capitalistes, d'autres découlent davantage de l'accentuation de leur financiarisation. D'autres encore montrent une fusion entre la dynamique capitaliste et les pouvoirs d'Etat pour créer des rentes. On retrouve ce processus à travers toutes les sociétés. Il prend une tournure caricaturale dans les régimes politiques les plus autoritaires. La quête de profitabilité à laquelle se livrent les agents de la globalisation a comme conséquence d'exploiter au maximum les ressources qu'offre la nature et de provoquer des dégradations en chaîne de l'environnement ; avec des retombées en matière de droits de propriété. Ce sont d'ailleurs toutes ces retombées et ces dégradations qui sont des révélateurs de la multidimensionnalité et de la pluralité des paliers d'activité qu'implique toute action pour l'environnement.

La division du travail est au cœur de la problématique des deux analystes que sont Durkheim et Marx. L'un et l'autre lui réservent une place centrale dans la structuration de toute formation sociétale – en regard d'une combinaison dialectique et collective entre des éléments morphologiques et des éléments plus normatifs. Ils évoquent, l'un et l'autre, les rapports entre le travail et le capital, ainsi que les rapports marchands. Mais Durkheim adopte une perspective plus fusionnelle que celle de Marx, en ménageant une place essentielle à la formation d'une conscience collective entre les individus dans cette structuration. Il souligne plus particulièrement une complexification et une spécialisation des activités dans lesquelles interviennent des formes d'affectivité et de sociabilité collectives (Durkheim, 1998). Alors que Marx met en avant le rôle des forces productives et de leurs tensions en tant que totalités détachées des individus dans la structuration des rapports de production, à partir desquels les agents construisent et produisent leurs idées. Les « forces productives » intègrent chez Marx les techniques et l'organisation, ainsi que l'ensemble de la « division du travail social ». Elles englobent donc non seulement le machinisme dans toutes ses composantes matérielles et immatérielles, mais aussi d'autres éléments encore plus structurants de la force de travail : depuis les aptitudes les plus physiques jusqu'aux connaissances les plus pointues (incluses dans des « métiers »), en passant par toutes sortes de dispositions réglées par les droits de propriété. Soit autant d'éléments dynamiques constitutifs des rapports sociaux de production (Marx, 1965). L'enjeu de ces rapports du point de vue des capitalistes est d'accroître les capacités de production pour dégager du profit en utilisant du capital dont les formes sont variables. Ce profit est le produit de la mobilisation des forces de travail dont la valeur est elle-même soumise au processus d'accumulation et de reproduction du capital, autour d'une notion essentielle qu'est la « plus-value ». La plus-value est cette part de la valeur que prélève le capitaliste sur la valeur que produit essentiellement le travail, afin de couvrir ses frais (dont les salaires) et rémunérer son profit. Insistons bien ici sur le fait que Marx ne se contente pas de définir le rapport entre le capital et le travail à l'échelle des rapports entre patrons et ouvriers. Il en fait l'un des ressorts majeurs des rapports sociaux, dans la mesure où il le met directement en prise avec l'ensemble des forces productives, la division du travail, et bien entendu les droits de propriété. Marx se livre aussi à une analyse des modes d'intensification du travail qu'impose le capitaliste pour agir sur les variations de la plus-value. Cette maîtrise qu'a le capitaliste sur la plus-value découle directement de la propriété des moyens de production. Marx passe progressivement au stade d'une analyse de l'accumulation pour faire le lien avec la rente et la monnaie, développant ainsi une approche transversale des métamorphoses du capital. Il reste plus sommaire sur la qualification du travail, sans doute parce que la division du travail manufacturier de son époque était moins complexe que celle d'aujourd'hui. Pour Marx le capital est donc l'élément central des activités sociales parce qu'il conditionne le mode de production et qu'il cristallise les rapports sociaux (Marx, 1968, 1965). C'est ce qui en fait un élément majeur de la dynamique sociale et de ses tensions, contrairement aux définitions formelles du mode de production capitaliste en tant que régime économique, comme le souligne un économiste (Delaunay, 2007).

La répartition de la valeur ajoutée entre profits et salaires est donc un enjeu permanent de la division du travail (compte tenu aussi de la naturalisation des comptabilités d'entreprise). L'exploitation des données statistiques sur le partage de cette valeur ajoutée marque un écart entre la progression plus forte de la rémunération du capital et celle des salaires. Elle montre aussi un décrochage entre la rémunération des salaires et les gains de productivité. On retrouve ainsi l'effet d'une comptabilité qui privilégie la rentabilité des retours d'investissement. Ajoutons qu'il faut tenir compte aussi des effets qu'ont les différentiels de taux de change entre monnaies sur les coûts de production. On peut relever à cet égard des écarts considérables entre les produits d'une même branche de plusieurs pays, mais aussi entre ceux de différentes branches d'un même pays. Ces écarts ont tendance à réduire l'impact que peuvent avoir les gains de productivité. Ils expliquent aussi certaines fluctuations de l'investissement étranger à travers la planète (Sapir, 2011).

Une captation de l'investissement

L'investissement, est un maquis de normes et de procédures dont une partie défausse l'Etat de ses moyens fiscaux et une autre partie sert la spéculation. Les économistes insistent fréquemment sur les liens qui unissent l'investissement avec l'épargne : d'abord dans un cadre national, ensuite dans un espace transnational. Si l'on reste dans le premier cadre, l'importance que représente l'épargne des ménages peut conduire l'analyste à ne plus raisonner qu'en termes de régulation prudentielle, ainsi qu'à surestimer l'efficience d'une réglementation des flux bancaires, la justesse de la rémunération de tout investisseur ou la possibilité de prévenir tout risque systémique. Mais si l'on se projette dans le champ transnational, on constate encore l'ampleur et l'accélération des mouvements de l'investissement direct étranger, dont une partie bénéficie des déréglementations et de leur articulation informelle avec des droits de propriété (comme le montre le continuum entre les zones franches et l'évasion fiscale vers les paradis fiscaux). Et le fait que les instances intergouvernementales en matière de commerce soutiennent le dogme du libre-échange accentue cette situation. Ainsi a-t-on constaté, depuis plusieurs décennies, l'échec de toutes sortes d'essais pour harmoniser (et a fortiori pour réglementer) la circulation transnationale des investissements. Initiées par un projet d'accord multilatéral des investissements (AMI) d'inspiration libérale, ces tentatives n'ont abouti qu'à des agendas de normalisation commerciale limitée pour des produits et des unions régionales (comme l'Union européenne). Projetés ensuite dans la séquence des cycles de négociation de l'OMC, des thèmes comme l'investissement ou les marchés publics ont été davantage traités dans le cadre de l'Union européenne que dans celui des rapports intercontinentaux. Le cloisonnement des politiques régionales ménage une segmentation qui conforte le poids politique des entreprises multinationales en même temps que celui des droits de propriété (Graz, 2013).

La globalisation favorise donc l'essor des institutions d'une captation financière. Celle-ci, répétons-le, repose sur une rencontre fusionnelle sans précédent entre la circulation de plus en plus rapide des capitaux et une puissance des groupes financiers par une financiarisation de la structure des entreprises et une certaine concentration de leurs placements. Car comme le montre une étude menée par trois chercheurs suisses en 2011 sur la détention du capital des 43 000 plus grosses firmes mondiales, 80% de leur chiffre d'affaires était contrôlé par 737 sociétés. 40% ne l'étant plus que par 147 sociétés seulement. Ce que l'on peut apprécier comme une résultante des mouvements de fusions-concentrations d'essence spéculative – opérations publiques d'achat (OPA) –, que nous avons évoqués dans le chapitre précédent. A côté de ce « noyau », la globalisation agrège des formes de captation périphériques, au gré des mouvements de capitaux, et notamment au gré des opportunités spéculatives qu'offrent les ressources naturelles. Elle favorise ainsi celles qui tournent autour des marchés en matières premières et énergies : minerais de haute technologie et rente pétrolière ou gazière. Or la formation de ce complexe est d'autant plus redoutable pour le développement qu'elle agrège les intérêts d'Etat, et que les classes dirigeantes sont moins mobilisées sur le progrès technologique.

La pesanteur du militaro-industriel

La globalisation a aussi pour effet de consolider la centralité et la transversalité des complexes militaro-industriels. Les industries d'armement sont confortées en tant que productions nationales dans une vague de délocalisations et en tant qu'industries exportatrices. Elles sont aussi la source de rentes financières potentielles pour les investisseurs, à travers une multiplicité de réseaux publics et privés dont les connexions sont nationales et transnationales. Les industries d'armement sont en effet directement parties prenantes des réseaux capitalistiques dont les activités financières et technologiques sont imbriquées. Elles se développent dans le cadre de chaque Etat, ainsi que dans celui des relations de coopération de défense qu'il signe avec d'autres Etats. Elles constituent un vecteur d'avancée des forces productives, notamment en regard des captations importantes en moyens de recherche qu'elles exercent dans tous les grands pays. Elles sont aussi un facteur de resserrement entre les dimensions politiques et commerciales de la globalisation. Et comme le montrent les chiffres les plus récents, les cinq pays membres permanents du Conseil de sécurité de l'ONU sont les principaux vendeurs d'armes du monde. Les Etats-Unis sont largement en tête avec 36,5% en 2011, devant la Russie (19,6%). On peut ainsi marquer autant de liens concentriques qui tournent autour du plus gros complexe militaro-industriel qu'est celui des Etats-Unis. Celui-ci s'étend ainsi au fil des alliances, des échanges ou des liens de sous-traitance à travers toute la planète. Il agrège non seulement la plupart des Etats démocratiques, mais aussi une fraction de ceux qui ont un régime autoritaire et parfois même tyrannique (Guillon, 2012, 2005). La globalisation a favorisé les liens entre les fonds d'investissement privés et les activités militaro-industrielles pour couvrir *in fine* une gamme de secteurs aussi étendue que l'armement, l'énergie, la recherche-développement, la banque et même les médias. Ces liens ont resserré ceux que tissent les classes dirigeantes avec les classes possédantes. Et certains conflits armés récents ont été l'occasion pour un Etat de sous-traiter à des sociétés privées la conduite d'opérations logistiques liées au maintien de l'ordre. Rappelons, à ce propos, que la Deuxième Guerre d'Irak, conduite par les Etats-Unis en mars 2003 et suivie par la présence des troupes états-uniennes sur le sol irakien pendant une décennie, a amplifié ce phénomène. On a même évoqué une forme de privatisation de la guerre avec l'intervention de plusieurs milliers d'employés de sociétés militaires privées, dont les tâches consistaient à assurer la sécurité des chantiers civils et militaires (et tout particulièrement celle de l'exploitation des hydrocarbures ou des activités de reconstruction d'équipements), sans oublier des fonctions d'instruction ou d'assistance aux opérations militaires. Ce sont là les indices d'une globalisation au cœur même des opérations de souveraineté les plus engagées. Ils représentent une forme de pénétration des logiques d'intérêt strictement économique dans des agendas de souveraineté politique, sans que les instances intergouvernementales de l'ONU, n'aient trouvé à y redire. Et, d'un point de vue sociologique, ils interviennent dans les rapports interethniques ou religieux, dont on peut souligner le caractère sommaire ou réducteur de leurs appréhensions selon certaines partitions opposant chiites et sunnites, musulmans et chrétiens.

La multiplication des guerres locales et régionales – que l'on observe notamment sur le continent africain – n'est pas sans lien avec cette conjonction entre les intérêts pour les minerais et le commerce des armes. Elle peut aussi être le vecteur d'un resserrement de liens financiers entre des agents, des groupes ou des formations sociales aussi divers que contrastés sur le plan idéologique. Ainsi rencontre-t-on à travers les conflits du Moyen-Orient ou de l'Afrique Centrale, des liens complexes et arborescents entre des pouvoirs d'Etat, des pouvoirs claniques locaux, des pouvoirs religieux transnationaux, ainsi que ceux des sociétés d'exploitation étrangères et des fonds financiers. Outre certaines interférences avec une raison d'Etat, le ciment principal de tels réseaux est le profit. On peut en ce sens évoquer le caractère clandestin de l'exploitation des ressources minières (cuivre, cobalt, argent, diamant, coltan, cassitérite) à laquelle se livrent les sociétés minières dont les concessions ne reversent qu'une partie des droits à l'Etat. Le reste opérant en dehors de tout contrôle avec la complicité de nombreux agents. Soit autant de fonds qui servent à alimenter aussi bien des fonds financiers globalisés que le trésor de guerre des armées locales. D'autres exemples sensibles traversent le Moyen-Orient, depuis l'Irak jusqu'au Liban où la guerre s'opère sur fond d'exploitation pétrolière, et pour le second, sur fond de circulation globalisée des capitaux. Dans chacun des cas le rétablissement des infrastructures détruites est pour le capital étranger ou celui rapatrié une source de contrats juteux.

Le cas des régimes tyranniques qui bénéficient d'une rente pétrolière ou gazière grossit les effets pervers de la globalisation. Affectant en priorité leurs ressources énergétiques à l'exportation, quitte à les importer pour la consommation locale, ces régimes consacrent ce genre de rente à l'achat d'armement, aux dépenses de sécurité intérieure, ainsi que pour la partie qu'ils s'approprient à des placements sur des fonds spéculatifs étrangers. De telles pratiques mettent à mal le postulat selon lequel la globalisation et le libre-échange seraient des facteurs de démocratisation (Guillon, 2012).

Les dégâts environnementaux

On relève tout particulièrement dans ces situations nombre d'atteintes à l'environnement dont la gravité et les causes sont structurelles et souvent combinées. L'exploitation des ressources énergétiques pétrolières est de ce point de vue parfois terrifiante. Les gisements des côtes de l'Afrique Occidentale ou Centrale – Nigeria, Congo, Angola – sont autant de zones de pollutions au nom d'intérêts, qui rejettent les populations avec pour seule perspective des petits trafics, et surtout une durée de vie raccourcie. Ce genre de cycle infernal est d'autant plus ancré que le prix des matières premières ne cesse d'augmenter, en raison d'une demande croissante d'énergie, mais aussi de la valeur que prennent les matières premières par rapport à la chute du dollar. On peut encore évoquer nombre d'exodes de populations que provoque l'appropriation du sol par les sociétés d'exploitation minière, tant en Afrique que dans d'autres régions d'Asie, et qui viennent aiguiser des conflits armés. D'autres conséquences néfastes sont la dégradation des sols et la pollution de l'eau. Et sans vouloir trop charger la barque, évoquons aussi le rôle d'ajustement que remplit le travail des enfants dans toutes ces situations. On retrouve ainsi tous les problèmes que nous avons déjà évoqués à propos de la défense des droits fondamentaux du travail. On peut donc mesurer la distance qui peut exister entre de telles réalités et les agendas de coordination que soutiennent les agences intergouvernementales de l'ONU.

Sur des registres moins dramatiques, le mode de production capitaliste comporte néanmoins un large éventail d'atteintes à l'environnement dont le caractère est plus ou moins nocif. Ce sont d'abord autant de dégradations des conditions de travail et autant d'effets néfastes sur le milieu naturel et sur tous les compartiments du cadre de vie : atteintes multiples à la biodiversité, pollution de l'air, de l'eau ou des sols. Les syndicats soulèvent à ce propos de nombreux problèmes pour un spectre d'activités qui est toujours plus large : depuis l'extraction massive des matières premières ou énergétiques jusqu'aux transports les plus divers, en passant par des activités comme le traitement des matières dangereuses ou des déchets, ainsi que toute une gamme de productions industrielles plus ou moins lourdes. Ils mettent en avant comme cause principale l'absence de réglementation pour pouvoir faire face aux multiples dérives qu'entraîne la course au profit. Ainsi posent-ils tout un ensemble de questions à propos des critères d'évaluation des coûts de production, de la place réservée aux coûts du travail, des coûts d'énergie ou du rôle des services publics, ainsi que des pénalités pour atteinte à l'environnement. Ils soulèvent le risque de récupération par la logique du marché – les employeurs préférant payer plutôt que réformer leurs conditions de production. Les questions d'environnement marquent tout particulièrement la nécessité d'aborder leur réglementation à une échelle plus vaste que celle du territoire national – notamment du point de vue syndical, pour mieux articuler la protection des salariés et celle de l'environnement (Guillon, 1998).

Toute appréhension de ces problèmes ne peut donc faire abstraction des contradictions majeures que sème la globalisation financière en tissant des réseaux entre une multiplicité de groupes dont les activités sont en contradiction avec la sauvegarde de l'environnement : depuis le traitement des eaux ou des déchets jusqu'à l'exploitation des ressources énergétiques ou minières les plus polluantes, en passant par toutes sortes d'industries civiles ou militaires. La globalisation, par la soumission des forces productives à l'expansion du libre-échange, contribue à étendre les droits de propriété à des domaines dont ils étaient exclus. La globalisation soumet ainsi au marchandage et au régime d'appropriation autant de champs du vivant que la biodiversité végétale ou la génétique animale et humaine. Chacun devient l'enjeu de normes qui sont soumises au rapport de force entre puissances publiques et agents de la globalisation. La réglementation transnationale ou intergouvernementale est d'autant moins efficiente qu'elle ne couvre que très partiellement et de manière segmentée les espèces ou les éléments des espaces terrestres ou marins, et qu'elle dépend aussi des rapports de souveraineté entre Etats. Ainsi peut-on observer toutes sortes d'opportunités qui permettent la diffusion des droits de propriété publique, mais aussi privée, aux dépens de toute appréciation éthique. Cependant la conjonction entre les groupes d'intérêt aussi bien civils que militaires et les atteintes que leurs activités portent aux biens les plus vitaux comme l'air, l'eau ou les aliments orientent de nombreux débats sur les questions de risque ou de sécurité (Beck, 2001 ; Serfati, 2009). Toutes ces atteintes à l'environnement, ainsi que les tensions que provoque un spectre d'appropriation toujours plus large des composants de notre biosphère sont d'autant plus violentes, qu'elles suivent l'accélération d'un double mouvement : une croissance de la population mondiale, ainsi qu'une diffusion des grandes métropoles dont les répercussions en matière de déchets, de pollutions et de besoins en quantité d'eau potable sont sans équivalent dans toute l'histoire mondiale (McNeill, 2010).

6. Les tensions entre l'individuel et le collectif

La mobilisation des agents sociaux à travers les activités se situe sur deux registres. Le premier est collectif. Il règle les comportements sur les normes des institutions ou des organisations qui encadrent l'activité. Alors que l'autre fait davantage appel aux individus. L'histoire de la pensée occidentale a notamment été marquée par la montée en puissance de la reconnaissance de l'individu en tant que tel – depuis le « connais-toi toi-même » socratique jusqu'à l'intentionnalité husserlienne, selon laquelle chacun appréhende la réalité à partir de sa sensibilité et de ses connaissances, de son essence et de sa conscience, en passant par le « je pense donc je suis » cartésien. Mais cette montée en puissance n'a jamais été pour autant à l'écart des modes de récupération ou de manipulation au gré des dominations économiques, politiques ou idéologiques. La jonction entre ces deux registres collectif et individuel est donc par définition un terrain de tensions permanentes, notamment en ce qui concerne, par exemple, l'évaluation des qualifications et des performances, ainsi que leur rémunération. Cette jonction est en fait assurée par des agents qui sont investis institutionnellement d'une autorité : parentale dans l'ordre familial, hiérarchique dans le cadre des activités. Toutes sortes d'autres autorités interviennent dans les institutions socialisantes de l'Etat. L'autorité enseignante occupe une place spécifique dans le cursus de formation. Nous ne reviendrons pas sur toutes les étapes de la socialisation d'un individu. Nous nous polariserons sur cette partie d'existence qu'est la vie active. Toutes ces formes d'activité se combinent dans des cadres normatifs et institutionnels qui représentent un ordre social. Elles façonnent des rôles et des identités statutaires hiérarchisés dans des rapports où se mêlent les rapports de sociabilité et des rapports d'activité fortement structurés par les droits de propriété. Ajoutons encore qu'il existe de fortes convergences entre les sphères d'autorité familiale et d'autres formes d'autorité professionnelle dans certaines formations sociales que sont les communautés ou l'économie informelle (dont nous reparlerons plus loin).

Une normalisation des sociabilités au service de la gouvernance

Nous évoquerons ici un certain nombre de traits ou de tensions que provoque la globalisation. Ce sont pour la plupart les résultantes d'une normalisation des activités qui sont perceptibles à l'échelle des organisations. Elles nourrissent et se nourrissent de cette microdimensionnalité que nous avons soulevée, pour orienter un ensemble de procédures. Ces procédures visent à coordonner la mobilisation conjointe des deux facteurs de production que sont le capital et le travail, ainsi qu'à régler leur valorisation sur celle du capital, avec toutes sortes de pressions pour comprimer les coûts du travail. Et c'est essentiellement le degré de cette compression à l'échelle locale, nationale ou transnationale qui est utilisée pour apprécier le degré de compétitivité des agents de chaque marché de produit ou de service. On peut ainsi relever un certain nombre de traits qui traduisent à la fois une rigidité et une fragilisation des collectifs de travail. C'est notamment cette accentuation de l'individualisation des formes d'ajustement et de contrôle dont les critères réduisent les intentionnalités créatrices, quand elles ne servent pas cette valorisation du capital. C'est encore la domination impériale de ce modèle normatif qu'est celui de la compétitivité, qui contraint ou repousse trop souvent les segments de coopération.

La responsabilité et la compétence sont soumises aux canons de la compétitivité marchande, qui est elle-même soumise à la rentabilité financière.

On relève des formes mixtes d'allégeance et de technicité orientées vers la valorisation du capital que légitime le management par la mise en avant des critères de flexibilité et d'efficacité.

On observe une individualisation transversale des procédures de gestion pour des institutions aussi bien privées que publiques qui correspond au modèle de la gouvernance. Car l'individualisation est un levier de la compétitivité qui inspire non seulement les gouvernances privées, mais aussi un nombre croissant de segments des politiques publiques.

Une des conséquences majeures de cette dynamique composite est un recul de la « qualification collective » en tant que forme d'appréhension de la division du travail. Qualification collective qui renvoie à une autre notion – celle de « travailleur collectif ». Entité déjà fortement atteinte par les formes de parcellisation des qualifications individuelles liées au taylorisme[1], la qualification collective du travail est non seulement décomposée et recomposée au fil des impératifs du marché, mais sa valeur finale est réduite à une forme d'appréciation : celle du « retour sur investissement ». Ainsi, trop souvent les procédés de fabrication d'un produit ou ceux de la prestation d'un service sont-ils ainsi mis au second plan, pour n'être plus considérés que comme des dysfonctionnements potentiels, s'ils n'alimentent pas de manière continue les normes de profit. Toute valeur ajoutée que couvrent les formes de contrôle est ainsi soumise en termes de maîtrise des informations au seul critère du profit.

L'organisation et la gestion individualisées des activités sont orientées par la valorisation financière. Elles renforcent les paliers de contrôle ou de

[1] Le taylorisme est une doctrine sur l'organisation du travail qui a inspiré le management des entreprises sur toute la durée du XXe siècle. Conçu par l'ingénieur Frederick W. Taylor (1856-1915) pour rationaliser et intensifier le travail ouvrier, à partir d'une séparation entre le travail de conception et de préparation des tâches, d'une part, et le travail d'exécution, d'autre part. Appliqué au travail en atelier, il s'est diffusé avec la production de masse en série, tout en se mêlant à une automatisation croissante des systèmes de production et de contrôle. Symbolisant la rigidité des conditions de travail et des contrôles de production, le taylorisme a été contesté dans de nombreux pays par des mouvements de grève – aux débuts des années 1970. Les principes du taylorisme ont été repris – sous des formes plus flexibles – par de nouvelles méthodes de production en flux tendu et intégrés aux contrôles de gouvernance.

manipulation de la valeur qu'assument des agents et un encadrement qui sont soumis eux aussi aux mêmes critères. Le contrôle informatisé du travail met en œuvre tout un ensemble de procédures : depuis les procès de production jusqu'à la distribution des produits ou des services. Il peut aussi intégrer toutes les informations ou les échanges que le salarié inscrit sur sa messagerie électronique, et offrir ainsi une traçabilité inédite des activités.

L'information est devenue aux yeux de certains analystes du travail un vecteur de plus en plus sensible de la production. Certains d'entre eux n'hésitent pas, à partir de l'importance qu'ont les connaissances et les facteurs immatériels dans toute production, à qualifier celle-ci de « révolution informationnelle », ainsi qu'à la présenter comme l'étincelle d'une nouvelle division du travail qui porterait les prémices de nouveaux rapports sociaux (Lojkine, 2005, 1992). Nous nous contenterons, de notre côté, d'insister sur le rôle que joue l'information dans la promotion des logiques de financiarisation de l'économie capitaliste. Mais, pour compléter l'analyse, on doit encore resituer toutes ces formes de contrôle individualisantes du travail (et désincarnant tout travailleur collectif) dans une dynamique structurante qui règle beaucoup de rapports de production. C'est celle des productions ou des prestations de services « en flux tendu ». Car, comme le souligne un sociologue du travail, ce mode met en mouvement, de manière permanente tous les composants et les formate pour mieux assurer le taux de rotation du capital. Ce qui a pour effet d'accentuer aussi la mise à disposition de la force de travail (Durand, 2004). C'est donc sur la base de ce genre de structuration que la gouvernance peut cristalliser un mode de mise à disposition du travail en termes d'implication et de soumission dite « implication contrainte » (Durand, 2004).

La rencontre entre toutes les logiques de gouvernance – une conception exclusive de l'efficacité, une recherche de la valeur ajoutée la plus forte, un renforcement des contrôles individuels, une valorisation de la compétition, soumis aux canons de la rentabilité financière ; auxquels on peut ajouter leur inscription dans une montée du chômage de masse –, pèse très lourd dans la balance. Ce sont là autant de facteurs qui sont à l'origine de l'audience croissante d'un concept : « l'employabilité ». Celui-ci est d'abord lié, d'un point de vue idéologique, à l'approche en termes de « capital humain » selon laquelle chaque agent se formerait pour acquérir un capital de connaissances et de savoir-faire et en user – au même titre que tout investissement –, afin d'en tirer le maximum de profit au cours de sa vie active. L'employabilité est définie comme une capacité des salariés à pouvoir occuper un emploi, mais c'est aussi comme une disposition selon laquelle chaque salarié est responsable de sa qualification et de son entretien par le suivi d'une formation continue, pour pouvoir prétendre occuper un poste et surtout le conserver. Ce qui revient ainsi, dans un contexte de compétitivité, de flexibilité et de chômage, à décharger en partie l'employeur de l'obligation de devoir former le salarié (pendant son temps de travail). C'est ainsi que l'employabilité a été reprise comme une disposition générale des politiques d'emploi de l'Union européenne à partir de 1991 (Guillon, 2002). Et son ancrage idéologique est d'autant plus fort que la formalisation des organisations du travail se polarise sur des normes de flexibilité : ajustement récurrent de l'organisation productive et de son approvisionnement dans l'espace et le temps, individualisation et variabilité des compétences, ainsi que de la durée et des horaires de travail. Sans oublier les pistes qu'imposent toutes sortes de normes qui imposent diverses formes de ruptures des contrats de travail à temps partiel ou à durée déterminée.

On peut aussi se pencher sur les convergences qui rapprochent les modèles de sociabilité entre deux sortes d'organisation des activités que sont les organisations formelles et informelles. On assiste à une montée des structures de coordination et de mobilisation privées entre de petites unités, dont les canons sont souvent inspirés de ceux d'une appartenance communautaire. Fondement de la structuration des activités dans les structures claniques des pays du Sud, la sociabilité communautaire a été non seulement confortée par les relances de l'économie informelle conséquentes de l'ajustement structurel, mais aussi projetée dans nos pays par le canal des diasporas. De plus, en regard d'un durcissement des normes de compétitivité et de flexibilité, elle est devenue un modèle normatif de compensation, suivant une démarche analogique. C'est ainsi que le management des entreprises s'est mis à valoriser de nouvelles formes de mobilisation des subjectivités dont les critères sont à la fois empreints d'une éthique de service et d'une éthique dérivée du paternalisme (Guillon, 2005).

Un phénomène sensible qui traverse toutes ces formes d'organisation ou d'institution est celui de la place qui est ménagée à l'autorité et à sa légitimité. Car celle-ci est mouvante entre leur dilution et leur personnalisation. L'autorité hiérarchique au sein des organisations productives est soumise à la multiplication des paliers de contrôle de la profitabilité, en même temps qu'elle est fortement personnalisée à l'échelle des rapports de pouvoirs – que ce soit dans la sphère privée ou dans celle publique des sociétés dont le régime est démocratique. On remarque au contraire dans le cadre des régimes tyranniques le rejet de cette autorité par des mouvements de mobilisation collective qui transcendent les deux sphères. Mais dans l'ensemble, les rapports politiques finissent toujours par rencontrer le terrain des rapports sociaux de production. Réduits au registre technocratique d'un ajustement de la force de travail par les compétiteurs d'un marché politique démocratique, sur lequel on observe un reflux des choix contrastés en matière de politique macroéconomique, l'autorité revêt de plus en plus une connotation morale. Elle se prévaut d'abord des vertus de la rigueur pour rétablir les équilibres comptables publics, prolongeant ainsi une sorte d'individualisation des rapports de production en termes de confiance. Ce qui a pour effet de replacer ces rapports ainsi à la fois sur une dimension de sociabilité et dans un registre d'argumentation d'autorité. Cette double microdimensionnalité n'est pas sans effets pervers. Sous prétexte de vanter les cadres d'une participation citoyenne plus active, elle réveille des aspirations sécuritaires qui peuvent porter en elles un repli sur soi, et bien d'autres réactions collectives d'exclusion encore plus violentes. Du côté des pays du Sud, la vie politique et économique de nombreux pays est soumise aux pièges de l'économie informelle que ne tardent jamais de reprendre en main les filières d'autorité (et d'allégeance) claniques qui sont aux aguets, compte tenu d'un vide abyssal de toute politique publique. Ce vide ayant été à la fois encouragé par les mesures d'ajustement drastiques imposées par le FMI et alimenté par la cupidité d'une large fraction des classes possédantes ou dirigeantes de ces pays. On peut sur ce point évoquer tous les trafics ou les placements financiers à l'étranger qui se nourrissent d'une conjonction entre la globalisation financière, le commerce des armes et celui des ressources énergétiques ou minières (Guillon 2012, 2003).

Les prolongements dans la sphère de consommation

Un autre trait sensible des économies marchandes développées ou émergentes est une individualisation de la sphère de consommation des produits (complémentaire de celle de la sphère de production). Un caractère pervers de cette individualisation conjointe de la consommation et de la production repose sur le détournement de la valeur d'usage des produits dont l'essence est réduite à leur seule valeur marchande en fonction de caractéristiques volatiles comme leur conditionnement ou leur aspect formel. Or la satisfaction de ce genre de critère tend à aligner une large part des activités de conception de chaque produit sur la projection de sa réussite commerciale. Cette situation d'alignement n'est cependant pas sans paradoxe, car si le consommateur est enclin à suivre les normes du marché, en tant que producteur il peut en revanche être conduit à les critiquer, si elles remettent en cause son travail ou son emploi. Un autre effet pervers tient au caractère global des achats domestiques d'équipements. Celui-ci tend à privilégier un rapport instrumental et réducteur à toutes sortes de biens matériels ou culturels. Rapport qu'entretient une standardisation croissante de toutes sortes de biens reproductibles qui correspondent à une infinité de petits marchés. Chacun d'entre eux pouvant revêtir un cadre de distinction dans la sphère de consommation de masse. Cette forme de consumérisme inscrit et conforté dans de nombreux foyers par l'usage des équipements informatisés pour commander leur produits contribue à réduire la distance entre la production et la consommation, mais il peut aussi unifier les critères d'appréciation de la vie domestique, et aligner encore plus ceux des activités culturelles, comme le montrent les canons que proposent les firmes du divertissement. Le repli sur son intérêt personnel et plus extensivement l'adoption d'une posture de spectateur de soi dans une société du spectacle – que conforte l'industrie du divertissement – sont récurrents à travers tous les continents. Ils contribuent ensemble à renforcer l'offre de produits marchands dont la gamme est de plus étendue (y compris celle de biens ou de services collectifs). Ainsi se reproduit dans la sphère de consommation marchande, selon Marx, une forme d'aliénation de la conscience d'un travailleur qui écarte l'idée qu'il fait partie d'un travailleur collectif. Enfin, le fait que cette individualisation de la sphère de consommation recoupe la reproductibilité des produits, ainsi que leur forme stéréotypée, est la matrice de sensibilités qui refoulent toute appréciation des ressorts essentiels de toute formation sociale que sont les valeurs de créativité ou de bien commun. Et cela d'autant plus que ce même genre de sensibilité se situe hors de toute historicité en longue période. Projetée sur le champ de la consommation le plus immédiat, cette sensibilité participe aussi à un procès que nous évoquerons plus loin : la dilution du politique.

Nous venons d'évoquer quelques traits des tensions entre l'individuel et le collectif qui traversent les organisations de nos sociétés occidentales. Sociétés qui sont depuis longtemps imprégnées du mode de production et d'une division du travail capitalistes. On doit se représenter la violence que peuvent avoir de telles tensions dans des sociétés où l'économie capitaliste se refonde sur le socle de l'implosion d'une économie bureaucratisée comme celle de la Russie ou vient la compléter comme en Chine. Ajoutons encore que de tels bouleversements peuvent être aussi le vecteur d'un retour à des valeurs de sociabilité plus anciennes assises sur les registres de la tradition familiale, clanique ou religieuse. Soit autant de références hiérarchiques ou autoritaires qui viennent percuter celles de l'intérêt individuel ou du libre-échange. D'autres aspects recoupent aussi les tensions qui existent entre l'émergence du droit de propriété et une reconfiguration de la citoyenneté. Soit autant de traits saillants qui animent les rapports entre Etats et sociétés civiles.

7. Des sociétés civiles hétérogènes

L'hétérogénéité des sociétés civiles est un trait sociétal récurrent. C'est même en partie ce qui a justifié pour de nombreux philosophes de la modernité – Hegel en tête – le caractère novateur et irremplaçable de la rationalité de l'Etat. Mais en regard de l'évolution des rapports sociaux de la période contemporaine les débats se sont polarisés sur les tensions de l'Etat avec la société civile. Les uns prônent la supériorité et l'universalité des actions de l'Etat, alors que les autres, le plus souvent au nom du libéralisme ou du libre-échange, se mobilisent au contraire pour vanter les mérites de la société civile – en tant que lieu d'expression des talents ou du commerce, ainsi que berceau des contre-pouvoirs. Force est de constater que dans le contexte historique de la globalisation, ce débat fait rage, et qu'il penche en faveur des défenseurs de cette société civile. C'est pourquoi nous reviendrons ici sur certains invariants qu'ont tendance à gommer, pour des raisons d'opportunité idéologique, les uns et les autres. Il s'agit, notamment, de certains d'entre eux qui tiennent à la complexité croissante de toute société civile. Une partie de cette complexité a été accrue par la globalisation. Avec aussi pour conséquence ou corollaire de remettre en question certains principes dont se réclament les défenseurs de l'Etat. Cette remise en question accompagne une forme de dilution du politique sous les pressions de la globalisation qui provoquent des réactions (au sens propre et figuré du terme) et un retour des idéologies les plus conservatrices.

Les sociétés civiles d'aujourd'hui sont traversées par des réseaux formels et informels d'activité, qui sont aussi bien nationaux que transnationaux. Elles mobilisent de multiples groupes d'agents dont les solidarités sont vécues ou projetées, volontaires ou imposées – et, pour la majorité des cas, dans le cadre d'institutions ou d'organisations formelles. La sociologie classique s'intéresse principalement à deux grandes catégories de groupes que sont les classes sociales et les communautés dont elle cherche à observer la constitution et l'identification de plusieurs points de vue – réel ou imaginaire, collectif ou subjectif, conflictuel ou consensuel –, à travers un champ plus ou moins ouvert des rapports sociaux.

Les formes d'identification ou de constitution sont donc multiples. Et en ce qui concerne les deux principaux groupes d'agents, on observe actuellement un certain reflux des formes d'expression ou d'identification de classe, par rapport à une montée des formes communautaires. On observe aussi une diversification des modes de conflictualité, sans qu'il soit possible pour autant de nier la réalité des rapports de production.

Les classes sociales

Inscrites dans les tensions des rapports de production, les classes sociales le sont aussi dans d'autres rapports structurants. Elles le sont du fait que le capital en tant que source de valeur et moyen d'accumulation revêt d'autres formes que le capital financier, comme nous le verrons à propos d'une forme de capitalisation sociale – le « capital social ». Les classes sociales participent aussi aux tensions de la sphère politique en tant que vecteurs d'idéologie. Les classes sociales sont elles-mêmes le foyer d'une certaine volatilité qui découle de leur double nature objective et subjective. En effet, si leur inscription dans la division du travail et le mode de production capitaliste les ancre dans une opposition structurante entre le capital et le travail, la multiplicité des sentiments d'appartenance, des sensibilités ou des formes d'expression idéologique de leurs membres est toujours susceptible de rompre toute homogénéité. L'histoire du mouvement ouvrier ou syndical est ainsi pleine d'épisodes de rapprochement et de distanciation corporatistes, professionnels ou simplement catégoriels dont les ressorts sont complexes. Elle se présente notamment sur le registre d'une partition à plusieurs voix. Ainsi peut-on suivre le passage d'une conception unifiante de la classe ouvrière à celle d'autres polarités en termes de statut plus ou moins protégé, de niveau d'expertise reconnue ou d'appartenance à un ensemble comme celui des classes moyennes. Chacune de ces partitions est soumise au test des rapports de production et des rapports sociaux. La mise à l'épreuve la plus récente et la plus drastique est bien celle de la globalisation financière. Car elle tend à brouiller les pistes de toute unité ouvrière par les effets d'une circulation mondiale des capitaux – souvent liquidatrice de nombreuses activités, notamment celles qui sont héritées de la période industrielle. Et en réduisant les complémentarités entre la création d'emploi et la gestion des droits de l'Etat social, la globalisation contribue à contenir les conditions d'une mobilité sociale, portant ainsi atteinte au mouvement d'extension des classes moyennes – autres que celles qui tirent profit de rentes. D'autres classes moyennes des pays émergents participent même directement à l'exploitation de la classe ouvrière. C'est donc à l'aune de tous ces bouleversements et de ces changements constants de frontières que se pose la problématique des classes sociales, dont on perçoit aussi le reflux chez les sociologues ; reflux concomitant à celui du collectif. Une autre cause de ce reflux tient sans doute aussi à certaines apories que pose le fait de continuer à inscrire les rapports de classe dans un cadre sociétal et politique dominant : celui de chaque Etat-nation. Sans vouloir pousser trop loin la critique, on peut néanmoins rappeler les difficultés récurrentes qu'ont souvent rencontrées les sociologues pour dépasser le caractère statique des distinctions de classe dans ce cadre. Qu'ils cherchent à définir la place de chaque groupe dans le mode de production, la part du revenu national qui lui revient, l'homogénéité des façons de vivre de ses membres, le degré de conscience de leur propre unité ou encore leur manière de s'opposer à d'autres groupes (Aron, 1964). Ainsi, certains sociologues ont-ils été enclins à privilégier les relations d'autorité et de pouvoir pour creuser davantage les relations politiques et idéologiques avec l'appareil d'Etat, en avançant essentiellement sur le terrain d'une analyse comparative des classes dirigeantes entre la société occidentale et la société soviétique (Aron, 1964).

Nous nous sommes penché, à plusieurs reprises, sur les classes dirigeantes, pour différentes raisons. Nous leur avons attribué un statut bien plus extensif que celui des fonctions d'animateur de la sphère politique ou d'un appareil d'Etat. Nous avons intégré les représentants des instances intergouvernementales, ainsi que tous les agents des sphères dirigeantes des grandes entreprises industrielles, bancaires, ainsi que des secteurs universitaires de l'enseignement et de la recherche. Nous avons ainsi pu pointer l'effectivité et le caractère symbolique de leur agence en tant que relais des principes de gouvernance. Car tous ces agents sont en relation permanente, tant à l'échelle des organisations d'un Etat-nation qu'à celles des organisations transnationales – intergouvernementales ou privées. Constituant ainsi le foyer de multiples échanges dont une partie produit des mesures d'ajustement en phase avec la globalisation (Guillon, 2009). Nous reviendrons à ce propos, plus loin, sur certains de nos travaux consacrés au parti socialiste et surtout au capital social, pris comme relais idéologiques de cette même globalisation.

Les communautés

Les communautés ont été pour leur part trop souvent réduites par les sociologues à des sortes de microsociétés claniques ou à des formes collectives de sociabilité des sociétés modernes inspirées par des liens ethniques ou religieux. Ce genre d'appréhension peut non seulement participer à leur dévalorisation, mais aussi à les exclure a priori de toute problématique sur les rapports de production. Or la situation des sociétés contemporaines soumises à d'importantes migrations – elles-mêmes inscrites dans le cadre de la globalisation – en projette le statut vers celui de classe, si l'on tient compte de la place qu'occupent notamment les travailleurs immigrés dans la division sociale du travail. On peut encore évoquer, sur un plan plus conceptuel, les liens entre communauté et activité économique que décèle Max Weber à travers la polysémie de son concept de « communalisation » (Weber, 1995). Celle-ci en suit les traces au fil d'une multiplicité de liens d'intérêt de la vie sociale : depuis les liens familiaux jusqu'aux formes d'association les plus consacrées de la vie économique, en passant par d'autres liens des sphères politiques ou religieuses. Ainsi le sociologue ne doit-il pas prendre parti a priori – surtout s'il est acquis à l'idée de la prégnance des rapports sociaux -, pour ne voir dans les rapports sociaux actuels que des rapports de classe, à l'exclusion de toute autre forme de tension. A l'inverse, il ne doit pas prendre prétexte d'un reflux des identités affichées en termes d'appartenance de classe pour surestimer le jeu des communautés. Les unes comme les autres sont le terrain de tensions en matière de positionnement que chaque individu doit adopter, compte tenu des pressions qu'exercent les collectifs auxquels il appartient, et de toutes les pesanteurs que la globalisation exerce sur ses valeurs (individualisation, compétition ou droit de propriété) ou son activité. Les pertes d'emploi ou les difficultés pour en trouver sont ainsi l'occasion d'un resserrement des liens communautaires. Elles peuvent nourrir des réseaux d'activités informelles, en marge de toute réglementation, et même aider à cristalliser de nouvelles formes d'allégeance plus ou moins illicites. De tels réseaux concernent aussi bien des trafics ou de la contrebande que des formes d'allégeance criminelle ou violente dont les cibles sont mouvantes. Ces phénomènes sont d'autant plus présents que les institutions publiques de socialisation sont atteintes.

Sur un plan plus général, comme le montre l'histoire de la communauté noire états-unienne, en longue période, les rapports intercommunautaires sont à l'intersection des rapports de production et des droits civiques, selon des rythmes décalés. Construits sur la base d'un critère discriminatoire de race, ils ont d'abord été très longtemps esclavagistes, pour devenir ensuite salariaux, bien antérieurement au moment où la communauté noire ait pu jouir de ses droits civiques. Pour prégnante que soit cette lutte, celle-ci ne doit pas occulter une certaine perméabilité de la vie sociale états-unienne à de nombreuses formes de rhétoriques communautaires. On relève ainsi toutes sortes de revendications ou de manifestations qui mobilisent les communautés asiatiques, indiennes ou hispaniques. Les unes et les autres recoupent à la fois des registres ou des sensibilités économiques ou politiques – qu'attisent les sentiments d'être les victimes de discriminations, dans un contexte où le modèle d'un Etat-providence fait défaut. Ce qui a aussi pour effet de renforcer les liens de solidarité communautaire.

La conflictualité des rapports de production revêt donc des formes multiples. Elle n'est pas sans lien avec d'autres sphères, comme le montrent les liens qui s'établissent entre le mode de production et l'appareil d'Etat à travers les relations que tissent les classes dirigeantes et les classes possédantes, et que relaie toute une palette d'agents d'encadrement. On peut observer ce genre de réseaux, au sein des grandes entreprises, sous la forme de conduites collectives procédurières, mais aussi ritualisées, dont les normes sont souvent assimilées par leurs promoteurs à des liens communautaires. Et leur prégnance est d'autant plus vive qu'elle participe d'un système de gouvernance, dont les normes défont et refoulent toute reconnaissance des collectifs de travailleurs.

Cette même conflictualité interpelle le politique depuis l'essor des idées républicaines et la mise au premier plan d'une figure égalitaire en droit : celle du citoyen. Celle-ci est par définition fédératrice de toutes sortes de droits, depuis les droits les plus fondamentaux de la personne jusqu'aux droits d'acquérir et jouir de ses biens.

La citoyenneté et les droits de propriété sont supposés, par principe, être toujours complémentaires. Or il existe de nombreux cas où les droits de propriété peuvent contribuer à réduire le champ d'exercice de la citoyenneté entre les classes sociales. Ainsi le montre la variabilité des acceptions que l'on donne aux biens ou services (publics ou communs), comme nous le verrons plus loin

On touche ainsi aux limites de l'idée républicaine d'un Etat de droit qui pourrait établir des relations directes ou exclusives avec chacun de ses citoyens, tout en refoulant le rôle des institutions intermédiaires comme les syndicats ou les associations, ainsi que celui d'autres collectifs de la société civile que sont les classes sociales ou les communautés. Ajoutons que cette conception en croise une autre, selon laquelle l'Etat est consubstantiellement porteur de l'intérêt général suivant une approche « méta-sociale » du droit qui transcenderait toute appartenance de classe ou communautaire. Ainsi tout se passerait comme si, dans l'impossibilité de pouvoir garantir ou stabiliser des plages de coopération, liées aux rapports de production, les défenseurs de l'idéologie républicaine, au lieu d'en analyser les tensions qui sont liées à la globalisation, s'accrochaient à la fiction d'une société juridique libérale qui permettrait de transcender toutes les solidarités d'intérêt pour mieux les fusionner – au-delà de toute considération des rapports de production. Or comme nous le verrons, une question lourde et récurrente de ces rapports est bien celle de la valeur du travail. Ajoutons que toute perspective de vouloir ajuster la citoyenneté, les rapports de production et les rapports de classes s'inscrit dans une très longue durée. Il n'est donc pas surprenant d'y relever des inflexions qu'entraînent les changements de conscience identitaire – et notamment ceux d'appartenance à une classe ou ceux d'inspiration communautaire. On peut aussi observer, de la part des citoyens assimilés de longue date à partir d'une histoire coloniale, une extrême réactivité au traitement que l'on réserve aux travailleurs immigrés. D'où le retour de certaines problématiques que les classes dirigeantes (de droite, mais aussi de gauche) ont considéré comme closes, voire dépassées. On évoquera toute une vague de confrontations à propos des colonisations ou des rapports Nord-Sud, qui viennent secouer la société civile française.

Une dilution du politique

Un autre facteur qui contribue à accentuer l'hétérogénéité de nos sociétés civiles est une forme de dilution du politique. Ainsi les liens entre le politique et l'Etat-nation sont-ils à la fois resserrés par les pressions qu'exercent les forces sociales des droits de propriété et déstabilisés par le caractère national et transnational de ces mêmes forces, sans oublier l'influence qu'elles exercent à travers la communication. Car celle-ci représente bien une fraction importante des liens et des réseaux d'activités qui plongent au cœur du capitalisme financier, dont une partie recoupe le secteur des médias et du divertissement que nous venons d'évoquer. L'emprise internationale de la communication explique en partie la diffusion accélérée des convergences qui traversent les programmes gouvernementaux d'ajustement, mais elle exprime encore plus profondément une forme d'aliénation à l'éphémère qu'entretiennent toutes sortes de pratiques : dont les plus emblématiques sont le suivi et le contrôle de l'état de l'opinion, ainsi qu'un formatage de l'information et du divertissement de cette même opinion. Soit autant d'activités récurrentes et juteuses qui relèvent de ces mêmes réseaux, et qui orientent la vie politique vers les canons du marché.

En regard de toutes ces tensions et de cette hétérogénéité, auxquelles contribue la globalisation financière, nous avons étudié le déplacement du registre politique qu'opère la pensée des partis réformistes. Evoquons ainsi les liens que nous avons établis entre une certaine forme de résignation de la pensée socialiste européenne – illustrée par celle du Parti Socialiste français – face aux contraintes de l'ajustement structurel et une certaine tonalité éthique à la fois empreinte de solidarité et de libéralisme. Adoptant à l'échelle de l'action locale, régionale, nationale et même européenne, des critères sociaux-libéraux de gouvernance, celui-ci a été amené à refouler une lecture critique des rapports sociaux pour se caler sur le concept d'une société civile harmonieuse. Sensible en même temps à la montée du chômage de masse et des inégalités, désarmé idéologiquement face aux tensions communautaires qui pénétraient cette même société (sans avoir cherché à définir la position de classe que tenaient les travailleurs immigrés), ce parti s'est engagé dans une sorte d'idéologie méta-sociale. Celle-ci mettant en avant les valeurs républicaines et l'intérêt général en tant que leviers d'action susceptibles d'atténuer les effets de la gouvernance d'ajustement. Menant cette logique à l'échelle d'une pluralité de paliers territoriaux (conquis au fil des élections), le parti s'est ainsi construit la doctrine d'un « socialisme de proximité » dont les critères mêlent ceux d'une gouvernance budgétaire éclatée et ceux d'une éthique de solidarité. L'un des points les plus sensibles de cette action concerne une segmentation accélérée de la réalité sociale au nom de la légitimité de faire reculer le chômage. Entreprises par des gouvernements de droite, dès les années 1970, les politiques de traitement local de multiples publics de demandeurs d'emploi ont été relayées par les gouvernements de gauche. Elles ont progressivement vidé les représentations de la vie économique de toute consistance politique, pour les projeter dans une rationalité en termes d'ajustement et de coûts. Revenu au pouvoir de l'Etat, le Parti Socialiste s'est ainsi retrouvé encore davantage précipité dans les contraintes d'une gouvernance d'ajustement, suivant les normes d'une réduction des déficits publics imposées par les pouvoirs de la globalisation (Guillon, 2008). Et ce phénomène deviendra, au cours des années 2010, d'autant plus sensible qu'il combinera non seulement la pression des choix intergouvernementaux en matière de marges tolérables de déficits (comme le montrent les orientations de l'Union européenne), mais aussi le jeu d'organismes privés que sont les agences de notation, dont l'impact idéologique sera de plus en plus légitimé par les agents gouvernementaux et intergouvernementaux. Soit autant de signes volontaires ou non d'une véritable soumission au dogme, selon lequel le marché serait investi d'une fonction de régulation optimale. Et, comme nous le verrons plus loin, cette dépendance de l'ajustement financier ne concerne pas seulement ce parti, mais aussi la plupart des partis de gouvernement de gauche. Quant aux gouvernements de droite, ils servent de relais offensifs aux agents de la globalisation par les politiques qu'ils fixent séparément ou de manière concertée au sein des institutions intergouvernementales.

Un autre facteur de dilution du politique qui contribue aussi à creuser l'hétérogénéité d'une société civile tient à certains usages du registre religieux. Inscrit à la fois dans une histoire des rapports sociaux en très longue période et dans une autre plus récente réactive à la globalisation, nous en retrouverons plusieurs effets dans le chapitre suivant consacré aux valeurs.

8. L'univers de la création

L'univers des arts et celui des sciences ont un point commun : celui de ménager la plus grande place aux intentionnalités, ainsi qu'à leurs singularités qui sont non seulement idéelles, mais aussi émotionnelles. Ce sont deux domaines d'activité qui permettent de concevoir et de réaliser des projets dont l'essence est objectivante, dans le sens où ils conduisent les agents à dépasser leur propre subjectivité pour mieux établir une relation conscientisée avec un objet. Cette posture scientifique ou artistique marque aussi le caractère relativement formel de toute distinction stricte entre intériorité et extériorité pour aborder le champ de toute création. Tout en ménageant l'autonomie de leur démarche, chacune de ces activités n'est nullement coupée de tout encastrement social, comme le montrent certaines ouvertures qui sont liées à celles qu'assument d'autres agents des sphères économiques ou politiques, lorsqu'ils mobilisent des connaissances ou se tournent vers d'autres sociétés. Les exemples sont nombreux à travers l'histoire qui ont marqué une conjonction entre les voyages ou les expéditions commandés par un pouvoir politique ou économique et une ouverture des canons artistiques ou scientifiques sur d'autres manières de concevoir le monde. Mais en même temps, les activités artistique et scientifique peuvent cristalliser des formes de ruptures d'autant plus marquées, qu'elles refoulent les canons dominants ou les clichés que sont ceux de l'intéressement à court terme.

Révolutions scientifiques et technologiques

On évoquera ainsi plusieurs exemples tirés de la lecture des travaux de l'historien Eric Hobsbawm. Le retour qu'opère celui-ci sur l'essor des sciences sociales entre 1848 et 1875 souligne que leur polarisation sur le thème de l'évolution est à mettre en relation avec les mouvements d'intérêt qui ont suscité l'expansionnisme des Etats européens, et qu'on peut relever ainsi deux sortes d'apports. L'un représente une avancée : celle d'une démarche comparatiste positive, alors que l'autre est une forme de hiérarchisation détestable des races et des sociétés. Un autre paradoxe de l'histoire est que ce mouvement d'expansion, marqué par un effort d'équipement technologique sans précédent, a résulté de l'idéologie libérale, mais qu'en confortant ainsi la puissance des Etats, il sonnait le glas de l'époque libérale sur le plan politique (Hobsbawm, 2008). La période suivante (1875-1914) était celle d'une économie polycentrée depuis les pays du Nord jusqu'à ceux d'Extrême-Orient. Elle fut le théâtre d'une montée sans précédent des luttes sociales. Elle marquait aussi nombre de convergences en matière de réflexions prospectives pour des domaines aussi contrastés que la politique, les arts et les sciences, avec un thème convergent : celui de la révolution. Une partie des bourgeoisies avait ainsi perdu ses certitudes. Et c'est dans cette brèche que les savants avaient développé leur goût pour la recherche et réussi un certain nombre d'avancées, en rompant avec les canons d'une pensée encore trop réductrice : celle d'un monde construit sur des propriétés mécaniques parfaitement ajustées et articulées. Les avancées des mathématiciens devaient précipiter la physique vers des domaines de l'univers et de la matière encore inconnus, tandis que la génétique portait ses fruits. Les uns et les autres brisaient les cadres explicatifs établis pour mener à leur manière une forme de révolution de la pensée (Hobsbawm, 2007).

La révolution scientifique et technologique de la seconde moitié du XXe siècle a été biologique et informationnelle. Avec la découverte de l'ADN, la génétique a progressé à pas de géant. Elle a débouché sur une révision générale des connaissances en matière de chimie organique. L'ordinateur et les possibilités illimitées de calcul ont révolutionné la place de l'information en tant qu'élément fonctionnel pour appréhender le vivant et en tant que force productive. La science et les technologies ont interagi et repoussé les frontières de la connaissance dans de nombreux secteurs d'activité (Bourgeois, Grou, 2007). S'il est indéniable que ces innovations ont eu de nombreuses retombées sur la vie quotidienne – à commencer par le secteur de la santé –, elles sont aussi utilisées au service de groupes d'intérêts civils ou militaires, confortant ainsi la globalisation.

Les travaux scientifiques ont aussi pénétré le domaine de l'environnement. Objet de recherche, mais aussi thème du débat social, l'environnement est devenu un enjeu stratégique de la vie sociale, au fur et à mesure que progressaient les connaissances et que se développait une prise de conscience des menaces dont il fait l'objet. La part que tiennent les activités humaines dans sa dégradation et notamment celle qui est liée à la globalisation demeure une question ouverte. Elle recoupe plusieurs dossiers complexes en matière de génie climatique ou d'énergie qui sous-tendent les orientations que l'on donne au développement. Mais les solutions avancent d'autant moins que les classes dirigeantes restent dans l'épure de l'ajustement structurel. Que ce soit au niveau organisationnel ou à celui institutionnel, les systèmes économiques ou politiques suivent des normes qui – contrairement à celles des agendas scientifiques – écartent toute prospective et privilégient la reproductibilité à court terme. Celle-ci étant mise au service de valeurs qu'attise la globalisation et que nous aborderons dans le chapitre suivant.

Une densification des créations artistiques

Un trait commun de toute création artistique – littéraire, musicale ou plasticienne – est de chercher à traduire les compartiments de la vie et de l'univers par des représentations imagées. Celles-ci tendent à fusionner deux registres d'expression que sont l'émotion et l'idée au moyen de deux formes d'expression esthétique récurrentes : l'harmonie et le rythme. L'harmonie est l'agencement d'éléments dont les modulations tendent à marquer l'unité ou les tensions d'une œuvre comme les accords ou les contrastes d'un tableau ou d'un morceau de musique. Soit autant de tonalités, de textures ou de timbres dont l'éclat, les consonances ou les dissonances retiennent l'attention. Le rythme est une autre dimension qui singularise la dynamique de création d'une œuvre (et en conséquence de réceptivité), que ce soit la fulgurance des traits d'un dessin ou d'un tableau, ou la continuité et les ruptures du tempo d'une composition musicale. Ainsi le sociologue doit-il ne pas rompre avec la singularité de l'intentionnalité artistique – double singularité qui est celle de l'artiste créateur, mais aussi celle de l'agence qu'exerce toute œuvre d'art sur un public –, sans pour autant refouler les interactions qui la relient avec la société de son temps ; sans oublier encore le fait que tout créateur se situe intentionnellement ou non dans une filiation ou une histoire de l'art en très longue période, et qu'il en est de même pour l'agence qu'exerce son œuvre à travers le temps. Ce sont là les défis que doit relever toute « sociologie des œuvres » (Péquignot, 2007).

Un retour sur l'évolution de ces représentations depuis le milieu du XIXe siècle – pour le monde occidental –, montre que les œuvres ont gagné en intensité et en densité, notamment parce que leurs auteurs ont dépassé les faux clivages qui avaient opposé notamment très longtemps le naturalisme et le symbolisme, les formes de tonalité chromatique (picturales ou musicales) entre elles, ou encore la figuration et l'abstraction, comme nous avons pu le relever dans nos analyses sur l'histoire de l'Art contemporain ou nos travaux sur le jazz (Guillon, 2014, 2013, 2011, 2010, 2006).

Que ce soit, par exemple, à travers l'œuvre immense d'un Richard Wagner (1813-1883) ou celles d'un jazz contemporain – incarné par le pianiste Thelonious Monk (1917-1982) ou le saxophoniste ténor John Coltrane (1926-1967) –, que ce soit à travers les peintures d'un Cézanne (1839-1908) ou celles d'un Nicolas de Staël (1914-1955), le mélomane ou l'amateur de peinture peuvent saisir les fulgurances expressives et les singularités existentielles qui ont jalonné leur art. Inscrite intentionnellement au cœur des débats les plus profonds sur l'esprit de chaque époque et de chaque société, l'essence créatrice de ces artistes n'y est cependant pas réductible. Ainsi la création wagnérienne – en prise sur la réflexion des philosophes allemands comme Nietzsche ou Schopenhauer, ainsi que sur la montée du pangermanisme – présente-t-elle de multiples avancées en matière de conception harmonique, qui constituent les prémisses d'une musique contemporaine chromatique, et même parfois atonale. Elle a aussi transfiguré à sa manière la représentation des dimensions pulsionnelles des rapports humains, par une symbolique mêlant souffrance et rédemption, en les projetant dans une épure dramatique inspirée de la tragédie grecque (où l'orchestre tient la place du chœur)[1]. C'est ce caractère dramatique – contenu aussi dans le leitmotiv – qui donne à la musique de Wagner son caractère ontologique. Reposant sur une ouverture chromatique sans précédent, celle-ci est génératrice d'incertitude et d'angoisse. Le message sera repris par de nombreux compositeurs pour porter une sorte de « crépuscule de la tonalité » (Alain, 1969). Plus proche de nous, Thelonious Monk est un pianiste compositeur noir américain, inscrit dans le style de jazz be bop, dont la

---

[1] Rappelons ici que l'atachement que portait Wagner aux tragédies d'Eschyle et Sophocle, tout en étant esthétique, n'était aucunement étranger à son idéologie politique. Comme il l'écrivit dans son essai sur « L'Art et la Révolution », le compositeur considérait que la décadence de la tragédie grecque était liée à la dissolution de l'Etat athénien en tant que pouvoir fort.

singularité transcende les rapports sociaux interraciaux de son temps. Il a marqué de son génie toutes sortes d'audaces harmoniques et rythmiques. Porteuse d'une fulgurance thématique, sa musique enchaîne des moments où se succèdent le legato et le staccato, des rythmes très syncopés ou effervescents. Ecrite dans un registre polytonal, avec des effets de répétition, de dissonance jusqu'à l'atonalité, mais aussi des moments de silence, la musique de Monk est d'une densité qui revêt une dimension ontologique. C'est sans doute cette approche ontologique du blues – inspirée aussi des œuvres majeures du pianiste chef d'orchestre Duke Ellington (1899-1974) – qui a fait de Monk la source d'inspiration de nombreux pianistes de jazz, mais aussi celle d'autres instrumentistes d'un jazz d'avant-garde. John Coltrane, qui fit entre autres ses premières armes avec Monk, est aussi l'un des créateurs majeurs du jazz des années 1950 et 1960. Cofondateur d'un style prolongeant le be bop – le hard bop –, il est l'un de ceux qui incarnent un jazz noir américain d'avant-garde. Fusionnant tous les éléments harmoniques et rythmiques d'une musique expressive et profondément ancrée dans le blues, il est aussi l'un de ceux qui l'ont ouverte aux musiques non occidentales – en renouant ainsi avec les polyrythmies africaines, et en développant des motifs harmoniques tirés des musiques arabes ou indiennes. Inspiré par une vision à la fois mystique et critique des rapports humains, Coltrane a mené jusqu'au paroxysme l'expressivité et l'éclat des harmonies et des rythmes du jazz contemporain. Que ce soit à travers les productions de son fameux quartette ou celles de formations plus étoffées, l'amateur de jazz ne peut qu'être saisi par la densité et l'incandescence de cette musique. *A love supreme*, sur le premier registre orchestral, *Ascension*, pour le second, sont autant d'illustrations saisissantes enregistrées au milieu des années 1960. Elles constituent deux témoignages d'une fusion inédite entre le lyrisme et la violence expressive d'une musique intensément chromatique. Et, dans l'ensemble, le jazz états-unien des années 1950-1960 est une forme de création musicale, dont l'esthétique fortement polarisée sur les canons du blues est à la fois singulière et ouverte. Tout en développant l'intensité et la diversité de ses éléments harmoniques et rythmiques, cette musique porte en elle l'histoire identitaire et communautaire des Noirs états-uniens. Elle est aussi inscrite dans un univers social états-unien, américain et mondial dont on perçoit les influences. Que celles-ci soient le fruit d'une attention que portent ses créateurs à d'autres univers musicaux (caribéens, africains, orientaux ou extrême-orientaux) ou qu'elles répondent à des formes d'engagement politique. Le jazz de cette période illustre au plus haut point la réussite d'une fusion entre des composantes esthétiques et sociales qui sont communautaires et cosmopolites. Insistons encore sur le rôle essentiel qu'a exercé, dès leur plus tendre enfance, sur la sensibilité esthétique des futurs jazzmen de cette époque, un genre de musique religieuse expressive et intense, le gospel. C'est sans doute l'un des vecteurs communautaires les plus communicatifs de cette intensité et de cet éclat qui définit leur musique. On peut y ajouter, en ce qui concerne le versant cosmopolite de cette musique, l'adoption de tournures modales des harmonies d'inspiration arabo-andalouse, ainsi qu'un travail sur les polyrythmies d'inspiration africaine. Le jazz est une forme d'art paradigmatique parce qu'elle permet de montrer la multidimensionnalité et l'ouverture des composantes et des cadres sociaux – réels et imaginaires – de toute création. On y perçoit, à l'instar de bien d'autres domaines, le caractère réducteur de toute analyse qui chercherait à en limiter la créativité au seul cadre d'une formation sociale communautaire ou nationale repliée sur elle-même et non ouverte (Guillon, 2014, 2013).

Du côté de la peinture, on peut encore célébrer la grande singularité créatrice d'un Cézanne dont l'ancrage stylistique au sein du mouvement impressionniste l'a projeté vers une conception inédite de la peinture de paysage – la plus sensible à travers ses représentations de la Montagne Sainte-Victoire – qui en a fait l'un des fondateurs du cubisme. Un tel ancrage, au même titre que celui d'un artiste comme Manet, rompt d'abord avec tout académisme. Le mouvement traite différemment de la matière, des traits, de la couleur, ainsi que de la perspective, pour laquelle le peintre travaille la bidimensionnalité en à-plats. Ainsi se profile une approche singulièrement picturale qui rejette toute illusion du réel, afin d'atteindre l'essence de la nature en s'efforçant d'approfondir celle du genre pictural par le travail de la matière et de la lumière. Et pour cela la principale rupture est bien celle d'avoir refoulé toute représentation idéelle qui serait calée sur les registres d'un naturalisme en phase avec une idéologie sociale dominante (Bourdieu, 2013). Cézanne incarne de la manière la plus intense une peinture faite de dépouillement, de vibration, en même temps que fortement structurée. Multipliant les plans, non seulement pour la totalité d'un paysage, mais aussi pour chaque figure ou élément de celui-ci, il joue à la fois sur la fluidité ou l'épaisseur du trait ou de la matière. Il sait à la fois symboliser la matérialité (la minéralité) et l'intemporalité d'un paysage, tout en conciliant l'objectivation et la sensibilité de son regard. Plusieurs décennies après, Nicolas de Staël prolongera à sa manière cette approche, dans une fusion encore plus achevée entre la figuration et l'abstraction. Il traite aussi de manière encore plus contrastée les figures et les tonalités. Il souligne le caractère symbolique d'une série de paysages de Sicile lors d'un voyage en 1953. Exprimant la fluidité des lignes de crêtes ainsi que l'étendue des plaines, ponctuées çà et là par la verticalité de la végétation ou de certains monuments, il réussit, par ses vibrations, à symboliser la matérialité fusionnelle d'une Sicile grecque éternelle. Le peintre retrouvait ainsi, à travers la singularité de la peinture de paysage, le caractère primordial de la représentation imagée, lorsque l'artiste veut atteindre l'épaisseur du réel – bien au-delà de toute expérience de stricte perception (Merleau-Ponty, 1964). Il refusait ainsi les clivages les plus éprouvés entre figuration et abstraction, entre naturalisme et symbolisme, pour mieux travailler la matière et l'espace, et se libérer de toute pesanteur et de tout cliché.

Tous ces artistes ont donc réussi, par l'acuité de leur regard, par l'ouverture ontologique de leur sensibilité, ainsi que l'éclat et la densité de leurs motifs musicaux ou chromatiques, à transcender les canons dominants de leur temps, pour les projeter dans l'avenir. Nous retrouverons dans les chapitres suivants plusieurs indices qui indiquent des formes de récupération ou d'alignement de certains canons artistiques sur ceux de la globalisation, dont la conséquence est d'en réduire la densité ou la force symbolique.

Les agents de la globalisation sont ancrés dans un complexe de formations sociales dont les composantes d'activités s'entrecroisent à différents paliers des rapports sociaux. Certaines d'entre elles sont plus dynamiques que d'autres. Ce sont notamment les forces productives et leur créativité qui mobilisent toute une gamme de ressources – depuis les plus matérielles jusqu'aux plus symboliques –, dont les combinaisons sont différentes selon les secteurs d'activité. Un levier sur lequel se fondent transversalement les agents de la globalisation – pour tirer profit de cette division du travail – sont les droits de propriété. C'est sur ce socle que s'agrègent autant de normes et de critères de gestion privée, mais aussi publique dont les registres privilégient la libre concurrence ou la profitabilité financière. Toutes ces formes d'ajustement avec la globalisation mettent sous tension des valeurs que nous allons aborder.

CHAPITRE III

UN LARGE SPECTRE DE VALEURS SOUS TENSION DE LA GLOBALISATION

Abordons à présent plus frontalement cet espace crucial des rapports sociaux que sont les valeurs, dont nous avons déjà rencontré de nombreux indices, afin d'en souligner l'hétérogénéité et les tensions. Celles-ci tiennent à l'essence même des rapports sociaux dont les agents et les formations sociales sont eux-mêmes sous tension, en regard des invariants que nous venons d'évoquer et surtout de leur perméabilité à la globalisation.

Les valeurs sont le ressort normatif de la mobilisation individuelle ou collective de toute société. Elles en couvrent tous les registres – aussi bien matériels qu'immatériels, économiques ou politiques, réels ou imaginaires. Appliquées selon des codes hiérarchisés qui en définissent la rationalité et la légitimité, les valeurs sont soumises aux cahiers des charges que fixent les agents de la gouvernance de toutes sortes d'institutions et d'organisations – au premier rang desquels la globalisation place les valeurs d'échange ou financières. Et ces valeurs finissent aussi par atteindre les ressorts les plus profonds de la création et de la projection dans l'avenir de toutes les formations sociales.

Nous dresserons d'abord l'inventaire de toutes sortes de libertés dont les rationalités et les applications sont hétérogènes. Cette hétérogénéité est d'abord consubstantielle aux écarts qui existent entre leur définition et leur effectivité du double point de vue des individus ou des collectifs. Etablies selon les principes de la démocratie politique spécifiquement autour du concept de « citoyenneté » –, celles-ci marquent une difficulté à pénétrer le champ des activités économiques. Nous reviendrons à cet effet sur deux axes de tensions que nous tenons pour essentiels. Le premier oppose les logiques d'intérêt entre celle d'un intérêt général et celles d'intérêts particuliers. Le second distingue deux modes de rationalité qui commandent les clivages de nombreuses activités : une rationalité instrumentale ou une rationalité expressive. Soit autant de tensions qui se croisent ou se combinent, qu'accentuent la course au profit et la valorisation de l'argent – en tant que stigmates de la globalisation. Nous le constaterons, par exemple, pour le champ strictement économique, mais aussi pour des rapports sociaux bien plus larges, à propos des contradictions qui opposent nombre d'aspirations ou les droits de sécurité avec les droits de propriété. Nous le retrouverons encore sur le terrain – par définition plus ouvert – qu'est celui de la création, lorsqu'on compare la période actuelle à d'autres périodes antérieures. C'est notamment en raison de la densité des valeurs esthétiques et de leurs rapports que nous pourrons mieux percevoir les dommages d'une contraction et d'une accélération des productions artistiques lorsqu'elles s'alignent sur la valeur marchande.

Précisons enfin que c'est aussi à propos de toutes ces tensions de cette globalisation que nous évoquerons les débats en matière d'intégration que soulèvent les migrations à travers les sociétés européennes. Ils sont révélateurs des difficultés que rencontrent ces sociétés dans leurs rapports avec les communautés d'autres continents. Et, bien souvent, ils cristallisent non seulement des formes sociales de rejet, mais aussi les retombées ou les contentieux d'une histoire coloniale en longue période. Enfin, c'est encore plus globalement que cette projection des rapports sociaux et des valeurs dans une histoire en longue période permet non seulement d'en saisir les mutations, mais aussi de révéler les liens qui peuvent exister entre des registres d'activité aussi contrastés que l'accumulation ou les droits de propriété et l'adhésion ou la pratique d'une religion ou d'une éthique, sans oublier une résurgence des nationalismes.

9. Les libertés individuelles ou collectives

Un premier clivage oppose la liberté en droit et la liberté concrète. Sans poser ici la question philosophique immense du déterminisme ou du caractère contraint qui s'exerce sur le champ des libertés, nous nous contenterons d'évoquer plusieurs aspects de droit, propres à toute société démocratique, qui concernent directement les rapports d'activité et la place que peut y tenir cette institution que nous avons plus particulièrement étudiée : le syndicalisme.

Nombre de libertés sont étroitement liées au concept des droits de l'homme et à la démocratie.

L'Etat démocratique – suivant le principe d'une séparation entre les pouvoirs exécutif, législatif et judiciaire – est le garant du respect et de l'application de chaque liberté. Il est par définition soumis à une neutralité pour respecter un principe d'équivalence des droits liés à chaque liberté. Ainsi devrait-il être conduit à intervenir lorsque l'un de ces droits menace un autre droit, comme on peut le remarquer fréquemment sur le terrain des droits du travail ou de l'emploi en regard de la liberté d'entreprendre ou d'un droit de propriété. Ce qui nous semble être rarement le cas.

Les principes d'une défense universelle des libertés et des droits de l'homme sont encadrés par les règles du droit international autour de la souveraineté des Etats. Leur application varie en fonction des intérêts et plus globalement des effets pervers du libre-échange en matière de dérégulation.

Dans le cadre de chaque souveraineté, on retrouve à propos des libertés les liens particuliers qui lient la citoyenneté et les droits sociaux. La globalisation a contribué par ses effets à les resserrer, comme nous le verrons plus loin, à propos des droits qui sont réservés aux travailleurs immigrés.

Le reflux d'une citoyenneté économique

Une question qui se repose aussi de manière récurrente est celle d'une « citoyenneté économique » dont les droits comme le droit à l'emploi sont remis en cause par la globalisation. C'est là un dossier très lourd pour le syndicalisme dont les moyens d'action sont en recul depuis les années 1980.

La question des libertés et des droits ne peut être disjointe des restrictions qu'imposent les critères d'une gouvernance au nom de la rentabilité, et que relaient les classes dirigeantes en acceptant les critères d'appréciation de la valeur des activités. On retrouve à ce propos les tensions entre deux concepts : celui d'égalité et celui d'équité.

Ces questions sont l'héritage d'une histoire républicaine mêlée de socialisme. Elles soulèvent le reflux de plusieurs thèmes que nous retrouverons dans le chapitre suivant : celui de pouvoir exercer une pratique citoyenne dans les murs de l'entreprise et les conditions minimales d'un contrôle ou d'une participation à la définition des objectifs de l'entreprise.

Un retour sur l'histoire récente des politiques d'emploi montre une spirale infernale entre plusieurs valeurs d'appréciation ou mesures : flexibilité, compétitivité, employabilité, temps partiel, chômage, pleine activité. Or l'un des effets de cette spirale est de faire reculer le droit à l'égalité au profit d'une sensibilité plus favorable à l'équité. Celle-ci assumée par les classes dirigeantes marque une forme d'ajustement éthique dont les valeurs sont l'effort et la performance dans un contexte où progressent le chômage et la précarité de l'emploi. Elle tend progressivement à soumettre l'accès aux droits sociaux à cette morale de l'effort, que ce soit pour pouvoir en bénéficier dans l'emploi ou même en cas de perte de son emploi. On peut rappeler à ce propos les argumentaires qu'utilisent les classes dirigeantes de droite, mais aussi une partie de celles de gauche, selon lesquels on devrait réduire la durée d'indemnisation du chômage, pour inciter les demandeurs d'emploi à fournir davantage d'effort pour retrouver un emploi. Tout se passe comme si ces classes dirigeantes, prenant acte du caractère irréversiblement récessif des dépenses publiques, cherchaient à en redéployer les critères d'allocation selon une éthique de rigueur morale, mais aussi gestionnaire. L'introduction d'une dimension de gestion a pour effet aussi d'introduire une rationalité qui refoule toute forme de devoir de la part des responsables des politiques publiques. On relève ainsi les traces des pressions qu'exercent les agents de la globalisation sur ceux qui sont chargés de la gouvernance publique. Car les seconds remettent en cause l'intangibilité d'un principe fondateur républicain : l'égalité. Ils ne la réservent plus qu'à une partie de la vie sociale : la sphère politique démocratique. Consacrant ainsi une segmentation de l'unité de toute formation sociétale globale, introduisant aussi – au nom du principe de mérite – une certaine discrimination pour les autres sphères de pouvoir jouir de ce droit en fonction de la mobilisation ou de la réussite individuelles.

Cette forme de gouvernance marque enfin les limites de toute capacité d'expression collective, et même individuelle, lorsqu'elle est investie d'une approche critique de ces canons, que ce soit sur un plan correctif ou sur un plan plus contestataire.

L'utilité sociale

C'est donc dans ce contexte que s'est développée de la part des syndicats une réflexion sur l'utilité sociale pour contrer la domination de la rentabilité. Les syndicats français privilégient quatre logiques de réglementation (politique) qui tendent à façonner une autre approche de l'efficacité que celle qu'impose la gouvernance d'ajustement. Ils fondent d'abord toute réglementation de l'activité et des relations professionnelles sur le « droit à l'emploi ». Ils s'inscrivent dans une perspective de développement dont le cadre politique est démocratique et dont la finalité est de répondre avant tout aux besoins collectifs dans la durée. Ils mettent en avant la notion de « service public » comme moyen pour l'Etat et les collectivités territoriales d'assumer ensemble un corpus de mesures concernant les compartiments de la vie active, en les inscrivant aussi dans un cadre de vie. Ils rejettent ainsi toute conception en termes d'efficacité et de compétitivité, dans la mesure où elle se fonde sur la recherche du profit au moindre coût. Ils fixent aussi des limites à la flexibilité du travail. Ils proposent une approche extensive des critères d'évaluation des coûts de production, d'abord au niveau de l'entreprise – en désignant pour cible une réforme de la comptabilité. Ils font aussi le lien avec la comptabilité nationale – pour faire la chasse aux coûts de toutes sortes, que cherchent à transférer (« externaliser ») sur d'autres les entreprises et que sous-estiment les autorités politiques (notamment lorsqu'elles pratiquent les privatisations). Certains syndicats mettent en avant la nécessité de prendre en compte dans toute comptabilité nationale le critère de la « cohésion sociale » et proposent des « coûts socialisés » pour mieux en apprécier les retombées positives (Guillon, 2009, 1998). Mais comme le montrent les évolutions de la globalisation financière, de nombreux syndicats européens ont été contraints à refouler leurs principes pour signer des accords ou des conventions toujours plus flexibles. Et, de ce point de vue, insistons encore sur le reflux d'un thème de revendication politique, depuis la fin des années 1970 : celui de la « citoyenneté économique ». Forcés par les avancées de la finance, et soumis aux canons de la gouvernance, les gouvernements de gauche ont ainsi progressivement renoncé à l'un de leurs fondements idéologiques. Refusant toute segmentation des droits de citoyenneté selon les champs institutionnels (en l'occurrence dans l'entreprise et hors de celle-ci), les idéologues d'un socialisme démocratique avaient posé comme principe de rétablir un droit d'expression politique dans le cadre de l'entreprise, au même titre que d'autres institutions (les institutions militaires étant aussi incluses). Liant cette problématique avec celle du droit à l'emploi ou de la sécurité de l'emploi, ils établissaient des ponts avec l'intervention des travailleurs dans le gouvernement des entreprises – selon des modalités variables ou contrastées (depuis la consultation jusqu'à la codécision). Derrière une telle problématique affleuraient les questions autour d'une définition de l'intérêt général et de ses liens avec la puissance publique, ainsi que leur positionnement du point de vue des relations entre le travail et le capital. Soumis aux contraintes de la globalisation, mais aussi interpellés par l'audience d'une philosophie libérale fusionnant les principes de liberté et de droit de propriété, vantant les vertus de la société civile contre le pouvoir coercitif de l'Etat, ces gouvernements ont rapidement cédé sur ce terrain. Ils ont intégré l'adage selon lequel les profits d'aujourd'hui constituaient les investissements et l'emploi de demain. Ainsi a-t-on pu observer le sabordage d'une argumentation basée sur une conception offensive de la dynamique démocratique, selon laquelle le syndicalisme devait pouvoir tenir non seulement son rôle d'organisation et de représentation collective des intérêts des salariés, mais aussi celui d'un vecteur de mobilisation sociale entre l'organisation du travail et le champ de la société civile. Les gouvernements de plus en plus calés sur la gouvernance ont refoulé cette conception pour lui substituer une autre conception bien plus formelle d'un syndicalisme en tant que « corps intermédiaire » entre la société civile et l'Etat. Ce qui les dispensait de toute réflexion critique sur les marges d'organisation permises ou non par le droit de propriété de l'employeur ou de l'actionnaire.

10. Intérêt général versus intérêts particuliers

Le débat politique, depuis les Temps Modernes, met en avant les contradictions qui opposent l'intérêt général d'une population aux intérêts particuliers. L'intérêt général dans la plupart des cas est supposé être défendu par l'Etat, au nom d'une rationalité dogmatique qui en fait la première figure sociale porteuse (et parfois même encore plus fondamentalement une figure du « bien commun »). La montée en puissance des Etats a eu pour effet de mêler ce genre de rationalité avec celle de la raison d'Etat. La diversification des interventions étatiques, notamment sur le plan économique et celui des prestations sociales, a sans doute davantage consacré les notions de « bien public » et de « service public ». Insistons sur le fait que tous ces concepts donnent lieu à débat. La notion d'intérêt général est davantage récupérable par la raison d'Etat que celle de bien commun. La première concerne en effet des relations sociales – du point de vue économique, politique ou idéologique –, qui s'exercent entre des citoyens dans le cadre d'une souveraineté d'Etat. Elle est aussi soumise aux droits de propriété. Alors que la notion de bien commun dépasse ces droits, parce qu'elle concerne des valeurs ou des biens matériels et immatériels qui transcendent ce cadre (la paix civile ou l'intégrité des biens vitaux comme l'air ou l'eau). Mais cette distinction reste parfois l'objet de variations idéologiques, notamment de la part de ceux qui alignent la notion de bien public sur celle de bien commun, en faisant intervenir toutes sortes de modulations des formes d'appropriation. D'autre part, comme nous le verrons dans un second temps, la notion d'intérêt général est soumise aussi à l'évolution des expressions identitaires politiques ou idéologiques. Celle-ci encaisse les tensions des relations internationales, comme le montre actuellement l'importance qu'ont prise dans les discours deux thèmes : les migrations et la lutte contre le terrorisme. Ces tensions viennent souvent percuter les normes de chaque Etat ou société civile. Et elles peuvent faire resurgir des sensibilités enfouies dans une histoire en longue durée.

L'intérêt général et ses limites

Avant d'aborder plus spécifiquement le champ de l'intérêt général, porté par les figures de l'Etat et du service public, précisons que la gouvernance d'ajustement et la globalisation pèsent idéologiquement sur la manière dont on en conçoit les limites. Les agents de la globalisation et leurs relais à travers les sociétés civiles – employeurs, gestionnaires de fonds, actionnaires, etc. – ont tendance à sortir de ce champ tout un corpus de normes ou de règles de gouvernance, sous prétexte qu'elles ne concernent que l'activité marchande. Activité dont on considère à tel point la singularité qu'elle serait susceptible d'être détachable de tout encastrement sociétal. L'un des derniers avatars de cette approche concerne l'employabilité et l'application de la formation continue dans l'entreprise. Une partie des employeurs français a récemment proposé de distinguer une « employabilité interne » réservée au fonctionnement interne des entreprises qui impliquerait de leur part certains investissements en matière de formation pour leur personnel, tandis qu'une « employabilité externe » (associée à la notion de mobilité hors de l'entreprise incluant le licenciement) serait du ressort de la puissance publique en tant que responsable de l'intérêt général. Derrière cette problématique d'apparence instrumentale et gestionnaire se profile une évolution de la conception de l'intérêt général en tant qu'espace universel. Car celle-ci suppose de devoir toujours tenir compte des contraintes du marché en tant que mode de régulation incontournable, et pouvant même transcender les logiques d'intérêts particuliers. Elle ouvre ainsi des brèches dans un corpus idéologique du « contrat social » hérité des Lumières.

L'idéologie du service public – inspirée de celle de l'intérêt général ou du bien commun – est aujourd'hui liée aux canons de la gouvernance ou à l'idéologie du marché. Comme nous l'avons déjà vu, à propos de certaines inflexions de la pensée réformiste qui atteignent l'essence même du concept d'égalité. Celles-ci ont refoulé les débats de fond sur la notion de bien public, pour osciller entre la définition d'une forme de bien de consommation collective – soumise à toutes sortes de captations ou de détournements que permettent les droits de propriété – et l'acceptation du principe selon lequel chacun peut chercher à en maximiser la jouissance. Ainsi le montrent les différentiels d'utilité qui traversent les consommations de nombreux biens publics en fonction des différences de positionnement de classe. Que ce soit à propos de biens matériels indispensables comme l'eau potable, l'électricité et le gaz, ou l'accès aux transports, ou encore à des droits fondamentaux comme l'éducation ou les soins, aucune tarification n'est suffisante pour éliminer tout calcul d'optimisation ou effet d'aubaine que produit toute relation entre l'offre et la demande. Après un modèle où la puissance publique était en dernier ressort responsable de la production et de la répartition de ces biens, celui d'aujourd'hui tend à mettre l'usager en situation de client et de partie prenante de cette gestion, selon des canons mêlant l'économie et une éthique de responsabilité. Tout ceci s'inscrit dans un univers que façonnent les droits de propriété, la capitalisation et le libre-échange, et qui suscite des ajustements idéologiques comme la mise en équivalence de tout comportement de consommateur avec une rationalité d'épargnant ou d'investisseur. Une telle posture idéologique est particulièrement saisissante lorsqu'on relève la gamme des services publics que décline la technocratie de l'Union européenne. Ainsi la notion de

« service universel » refoule-t-elle les critères de continuité et d'égalité de traitement au profit de la seule garantie d'une qualité minimale à un prix acceptable.

L'action publique et celle de l'Etat font cependant aussi l'objet de réflexions plus prospectives dont les valeurs sont plus ou moins extensives, selon qu'on raisonne en termes de croissance économique ou de développement, et que l'on tient compte ou non de la durabilité. Les conceptions syndicales que nous avons rappelées s'inscrivent complètement dans cette optique. Elles prennent en compte une autre logique d'ajustement qui aligne l'exploitation des ressources, l'orientation des investissements et la gestion publique sur la satisfaction des besoins humains présents et futurs. Les syndicats sont acquis à une approche du développement industriel qui intègre les registres de la protection de l'environnement et de l'aménagement du territoire. Ils évoquent ainsi, à propos des industries chimiques, les liens qui existent entre le choix d'un mode de transport combiné ou non (mer, voie ferrée, route, voie navigable) et la prévention en matière de pollution. Ils insistent encore sur l'importance que représentent les investissements publics pour de multiples activités en matière d'approvisionnement ou de distribution d'eau potable, ou encore pour la collecte ou l'élimination des déchets domestiques et industriels.

La sensibilisation des syndicats au développement durable marque les inflexions de leur défense de l'emploi et des conditions de travail par rapport à la prise en compte d'une pluralité de registres – économique, politique, écologique – qu'ils inscrivent aussi dans une pluralité d'échelles territoriales. Les syndicats réagissent notamment aux pollutions et aux catastrophes industrielles pour mettre en avant les questions de prévention, et donc de réglementation. Ils désignent ainsi un large spectre d'activités qui subissent les conséquences néfastes d'une déréglementation concomitante du libre-échange. Ils dénoncent à ce propos les graves conséquences qu'entraîne l'essor des pavillons de complaisance en matière de transport maritime des produits pétroliers. Ils soulignent les dérives que couvrent la réduction des coûts du travail et leur externalisation par toutes sortes de sous-traitances d'activités (posant des questions de sécurité) que pratiquent les agents de la gouvernance d'entreprise (Guillon, 2009, 1998). On retrouve sur tous ces registres une critique frontale et affirmée de la compétitivité que revendiquent les directions d'entreprise, parce qu'elle implique, dans de nombreux cas, de pouvoir externaliser les coûts sur la collectivité : depuis un ensemble de coûts touchant à l'entretien de la force de travail (comme une partie plus ou moins large des frais de formation) jusqu'aux réparations des dégâts ou des pollutions conséquents de leurs activités. C'est à ce propos que les syndicats abordent les questions d'une fiscalité environnementale (sous forme d'écotaxe), tout en étant conscients que sa logique dissuasive ou incitative, en étant soumise à une logique de marché, peut avoir comme effet pervers d'accorder l'achat d'un « permis de polluer ».

Questions à propos des immigrations

Les mouvements migratoires du monde contemporain, ainsi que les formes d'expression identitaires qui les accompagnent – notamment communautaires, ethniques ou religieuses – suscitent de nouvelles interrogations qui peuvent déboucher sur la naturalisation de faux clivages en matière de réglementation sociale, au sens le plus large. Celles-ci relancent le débat autour des tensions qui opposent l'Etat avec la société civile. Dans le cadre du chômage de masse et de la crise économique, elles soulèvent à la fois des questions sur la régulation des activités économiques, l'accès aux droits sociaux et sur les prérogatives que donne plus globalement la citoyenneté. Et contrairement à d'autres pays, le débat tend à se polariser en France sur un principe, la laïcité, compte tenu des spécificités qui en font une exception française, comme le montre un retour sur les principes de la séparation de l'Eglise et de l'Etat. Celle-ci se résume pratiquement au fait d'exclure la première de la sphère de l'appareil d'Etat, sans écarter pour autant une pluralité de liens directs ou indirects dans d'autres sphères de la société civile, au nom du principe de neutralité – selon lequel l'Etat doit respecter la liberté de croyance et celle de pratiquer la religion de son choix. Concentrés sur la diffusion de l'islam dans la société française, les débats ont tendance à refouler la question sociale au profit d'argumentaires spécieux mêlant une pluralité d'arguments qui reviennent à figer l'histoire sur une vision abstraite de la souveraineté nationale ou des solidarités qui en découlent, tout en réintroduisant dans l'argumentation une sensibilité contradictoire aux communautés. Car celle-ci refoule toute sensibilité communautaire liée à une communauté religieuse, tout en exaltant d'autres formes de communautés comme celle d'une nation dont la citoyenneté porterait de manière universelle et consubstantielle l'égalité des droits et les valeurs des droits de l'homme – au-delà de toute conjoncture et de toute historicité.

Au-delà de ces connotations franco-françaises, cette conception de la laïcité s'inscrit dans une longue histoire qui tisse les liens toujours ténus entre la citoyenneté, les libertés et les droits de l'homme. Nombre d'épisodes historiques ont montré la fragilité de ces liens. Il faut se remémorer les risques que font peser les fièvres de nationalisme ou de racisme, lorsqu'elles se développent sur fond de chômage de masse et de dérégulation. Ainsi doit-on toujours mettre en perspective ces trois matrices de droits et de libertés que sont la sphère idéologique, la sphère politique et la sphère économique en fonction de certaines orientations ou formes de régulation. Nombre de tensions comme la montée de l'abstention lors des élections, la perte de confiance envers les élus ou la crise de la représentation se manifestent sous la forme d'accusations dirigées contre les communautarismes, avec comme cible principale : les musulmans. Ces derniers étant accusés de manière outrancière et détournée de symboliser un caractère allogène irréductible. L'écho que peut recevoir la remise en cause des droits sociaux pour les étrangers n'est pas sans lien avec ces postures. Ce sont autant de réactions qu'attisent les reflux de toute régulation économique. Tous ces phénomènes sont bien entendu inscrits dans une histoire nationale dont les liens avec d'autres histoires nationales ou coloniales sont également présents. Leur complexité et leur multidimensionnalité en font des phénomènes dont les solutions posent très rapidement les limites juridiques que tracent les subsidiarités et les souverainetés d'Etats-nations dont la capacité de régulation est largement amputée par la globalisation : soit autant de questions à reposer en matière d'harmonisation européenne ou à propos de chantiers expérimentaux que nous évoquerons plus loin.

On retrouve encore ici posées les questions d'intégration dont l'approche française privilégie l'« assimilation » pour la situer dans la seule perspective finale d'une acquisition (forcément restrictive) de la citoyenneté, sans chercher suffisamment à en cerner toutes les interférences avec la question sociale. De même observe-t-on les limites que représente la problématique en termes d'insertion parce qu'elle se cantonne dans la seule épure d'une régulation en termes de marché du travail ou de l'emploi. Régulation dont les cadres et les codes sont eux-mêmes contradictoires avec les fondements mêmes de la globalisation capitaliste. Un facteur sensible de cette évolution tient aussi à l'extrême hétérogénéité des conditions d'entrée que trouvent les immigrés pour venir travailler dans les pays de l'Union européenne (Guillon, 2012). Ainsi, retrouve-t-on derrière cette dispersion la question structurante qui est celle de l'intégration même des Etats-nations de cette union. Car celle-ci se pose encore actuellement selon les termes d'une compétition entre des pays dont les économies qui ne sont que partiellement nationales, et dont les gouvernements continuent d'adhérer idéologiquement au récit d'une souveraineté nationale singularisée et plus ou moins ouvert. Ainsi perçoit-on à cette échelle, l'effet conjugué, que nous retrouverons à d'autres reprises, de la dynamique de la globalisation et du poids des histoires nationales de chaque pays dont certains ont eu une histoire coloniale. Sans oublier, bien sûr, les multiples différentiels en matière de traditions parentales, communautaires, scolaires, selon la présence ou non d'une doctrine inspirée de la laïcité.

D'autres contradictions du monde contemporain, perceptibles dans l'histoire compliquée des tensions entre le Nord et le Sud, avec leur lot de conflits armés, ont suscité l'émergence de la notion de « guerre juste » pour légitimer des actions entreprises contre une tyrannie ou lutter contre le terrorisme. Ce point est très important, car il plonge au cœur des contradictions que provoque la globalisation – à travers les politiques d'ajustement, mais aussi les spéculations sur les matières premières, ainsi que le commerce des armes –, dans un univers qui encaisse encore les soubresauts d'une longue histoire des colonisations. Une partie du terrorisme se nourrit en effet des déséquilibres que provoquent ensemble tous ces facteurs. Les agents du terrorisme adoptent des formes de dénonciation réductrices dont le registre peut rejoindre formellement celui que prônent avec cynisme les adeptes de l'argent (dont une partie soutient aussi les thèses du choc des civilisations) et qui refusent toute expression de contre-pouvoirs. Nombre de conflits actuels révèlent, en outre, des convergences entre des rhétoriques qui privilégient de part et d'autre la lutte entre le bien et le mal. Celles-ci situent ainsi toute opposition selon un logique d'argumentaire qui devient purement circulaire et distante de toute solution politique (Guillon, 2005). Rhétoriques auxquelles peuvent adhérer les opinions publiques. C'est là un signe de plus de l'impact et de la tonalité émotive que prennent les valeurs de sociabilité, lorsqu'elles suivent les canons d'une microdimensionnalité – qu'entretiennent pour leur part toutes sortes de médias. La lutte contre le terrorisme s'inscrit aussi dans un ensemble d'actions intergouvernementales qui mêlent plusieurs plans : celui des droits de souveraineté et celui des droits de l'homme, avec aussi en arrière-plan deux autres que sont les droits sociaux et les droits commerciaux, que mobilisent les activités économiques, lorsqu'elles sont touchées. Or la plupart des opérations de police qui ont le feu vert de l'ONU restent non seulement soumises au rapport de force au sein du Conseil de sécurité, mais sont encore conduites par des puissances liées à l'organisation militaire hégémonique qu'est l'OTAN. Leur cahier des charges dépend d'une casuistique complexe autour d'un partage des responsabilités régionales et mondiales des intervenants. Avec pour aporie finale de ne pas pouvoir toujours trancher entre ces deux moments que sont la guerre et la paix (Beck, 2006). Les exemples de guerres qui ont été déclarées pour éliminer une menace qui pesait globalement sur la paix mondiale ou encore celles que mènent contre le terrorisme des Etats qui n'hésitent pas à le pratiquer eux-mêmes sont encore présents. Ainsi retrouve-t-on les limites d'un monde où pointeraient les perspectives de nouvelles guerres civiles globales sur la base d'une démolition des structures sociales – alors que les souverainetés ou les alliances actuelles ne pourraient y répondre sans être redéfinies ou élargies (Beck, 2006).

Il est donc essentiel de s'interroger sur les conditions sociales et territoriales dans lesquelles émergent et se confortent les terrorismes. Il est notamment utile de le faire en fonction d'une accumulation de registres économiques, politiques et idéologiques qui agit en longue période, et qui contribue à les cristalliser sous des formes multiples, dont les forces sociales ou politiques dominantes ont tendance à ne retenir que quelques traits. On peut le voir en particulier à propos de larges espaces du Moyen-Orient dont certaines dynamiques religieuses ne sont désignées que par des vocables simplifiés, susceptibles d'être assimilés à des facteurs de terrorisme (salafisme, chiisme[1]). Un autre aspect essentiel de tout regard critique est de tenir compte des bouleversements sociaux que provoque la globalisation, au cœur même des sociétés que dirigent ces mêmes forces dominantes – souvent militaires –, parce qu'ils entraînent une fraction croissante de l'opinion publique à conduire une chasse aux boucs émissaires par crainte du terrorisme. De plus l'instauration répétée d'états d'urgence est susceptible aussi de contribuer à entretenir le cercle vicieux entre répression et terrorisme, au fur et à mesure que l'arsenal juridique restreint le champ des libertés (Beck, 2006).

Tous ces traits déjà sensibles sur le plan politique et idéologique ont été précipités, depuis une décennie, par une dégradation de la situation géopolitique touchant plusieurs régions. Les unes sont liées à l'implosion de l'Union soviétique ; d'autres le sont à un effondrement des structures économiques et politiques de plusieurs Etats du Moyen-Orient. Soit autant de pressions sur lesquelles nous reviendrons dans notre seconde partie.

11. Rationalité instrumentale ou rationalité expressive

Le développement et la diffusion des critères de rentabilité financière tendent à instrumentaliser les normes des formations sociales : d'abord toutes celles qui produisent des biens ou des services, ensuite tout un ensemble d'autres activités privées ou publiques. On relève l'extension d'un certain nombre de principes ou de comportements recherchant le profit,

---

[1] Le salafisme recouvre en fait une pluralité de doctrines et de pratiques religieuses au sein du courant sunnite. Défini comme un retour à l'Islam des origines plus ou moins rigoriste, il a évolué au cours de l'histoire selon diverses versions dont les registres privilégiaient une ou plusieurs fonctions : régler la vie du croyant, résister à un pouvoir ou le combattre plus ou moins frontalement (depuis une période de colonisation jusqu'à la situation du monde arabo-musulman contemporain, dans laquelle dominent des régimes autoritaires). On relève aussi pour l'autre courant qu'est le chiisme une certaine diversité doctrinale, en fonction des registres privilégiés et des espaces communautaires ou politiques à travers les mondes arabe ou iranien. Pour tous ces aspects, nous renvoyons le lecteur à un ouvrage historique en longue période, dont la problématique croise avec culture et talent les interprétations et les applications de l'Islam avec l'évolution géopolitique du monde arabo-musulman (Hourani, 1993).

depuis la sphère des rapports d'organisation jusqu'à celle des rapports sociaux les plus fondamentaux dont la logique est non seulement instrumentale, mais n'est pas pour autant exempte de présupposés. Les recettes d'activité tournées vers le profit viennent ainsi se frotter et parfois même fusionner avec d'autres registres que sont la sociabilité ou l'éthique – au nom des valeurs comme la sécurité ou la confiance –, avec aussi comme vecteur récurrent, la religion. Ces registres marquent aussi très fortement les problématiques du développement – trop souvent réduites à la notion de croissance –, pour atteindre *in fine* les canons de l'univers de la créativité. On retrouve ainsi associés, de manière dialectique, les paliers les plus institutionnels de l'activité avec ceux qui sont les plus symboliques.

Une instrumentalisation des valeurs de sociabilité : sécurité et confiance

On retrouve déjà au sein des entreprises une approche procédurale qui réduit leur nature d'institution ou d'organisation humaine à la valorisation d'actifs matériels et immatériels dont la finalité est le profit financier. La vision d'un « capital intangible » composé d'un « capital humain » et d'un « capital intellectuel » en tant que facteur de production, au même titre que d'autres capitaux comme le capital financier, le capital matériel ou le capital commercial, est déjà critiquable, mais elle l'est encore plus lorsqu'on la projette à l'échelle des rapports sociaux. On retrouve ainsi la problématique du capital humain dont l'inspiration libérale autorise l'assimilation de toute formation et qualification de la force de travail à une forme de rationalité d'investissement que partageraient tous les agents sociaux.

Les activités sont aussi le terrain de multiples hiérarchies dont les ressorts sont soumis à des logiques d'intérêt en cascade. Elles mobilisent toutes sortes de consentements ou de loyautés dont les valeurs affichées sont la « sécurité » et la « confiance ». Celles-ci d'apparence humaniste sont en fait instrumentalisées au service des finalités que sont le profit ou le pouvoir. Ainsi que nous l'avons déjà esquissé à propos d'un resserrement des liens entre une forme de gouvernance économique et une autre forme qui est politique.

En ce qui concerne la sécurité nous ne ferons ici que rappeler la séquence des avatars conceptuels qui ont nourri successivement une gestion idéologique du marché de l'emploi, au fur et à mesure que montait le chômage de masse. Soit autant d'étapes marquant le reflux de la notion de sécurité de l'emploi, inscrite dans les relations professionnelles et les droits du travail, pour aboutir aux normes d'une « flexisécurité » et d'un modèle de mobilité professionnelle inspiré de la pleine activité : la « sécurité sociale professionnelle ». Ce modèle, imposé au départ par l'idéologie libérale et relayé par certains de ses avatars comme l'économie mixte, a pénétré les argumentaires syndicaux sous la contrainte d'une montée du chômage de masse. Nous insisterons davantage sur le caractère plus global d'une notion : celle de « risque ». Car celle-ci est devenue un concept clé de certaines analyses des rapports sociaux. C'est ainsi que le sociologue Ulrich Beck a forgé la notion de « société du risque » pour signifier que la répartition des risques était devenue le problème central de toute société moderne (contemporaine) et remplacerait à terme la centralité de la répartition des richesses du modèle des sociétés industrielles (Beck, 2001). La thèse de Beck prend en compte l'importance des externalités négatives d'un monde développé dans lequel le politique, réduit à la gestion technico-administrative d'un Etat-nation, n'est plus en mesure de faire face aux risques qu'entraîne le mode de production capitaliste actuel. Ainsi la valeur sécuritaire se trouve-t-elle projetée au carrefour de plusieurs registres qui confortent la protection des biens et des activités qui permettent de les acquérir, tout en ménageant différentes formes d'ajustement. Celle-ci tenant compte notamment des différentiels d'investissement – selon une échelle d'appréciation qui mesure les efforts ou les risques encourus. C'est sans doute ici que l'on saisit la brèche idéologique et même éthique qui permet d'opérer certaines transitions entre les normes privées de gestion et la gestion publique. Avec une double responsabilité pour l'Etat de garantir la sécurité d'exercer toute activité en introduisant non seulement un principe de précaution, mais aussi une dimension assurantielle pour apprécier et répartir les coûts sociaux. Ainsi retrouve-t-on encore ici une restriction du champ des interventions publiques au profit d'une extension de la responsabilité individuelle. Avec le paradoxe de concentrer les fonctions de l'Etat sur les domaines de la sécurité, tout en le déchargeant par le jeu d'un marché assurantiel.

En ce qui concerne les analyses sur la confiance, leur dimension est bien souvent contestable parce qu'elle reste enfermée dans les limites d'une sociabilité formelle ou celles des droits de propriété. Sur le premier versant, on peut douter, par exemple, d'une continuité de l'évolution du sentiment de l'honneur ou de la réputation à travers des sociétés aussi différentes que la Rome antique ou les sociétés européennes du XVIIIe siècle, comme le suggèrent bien des approches comparatives. Sur le second versant, on retrouve évoqué le rôle régulateur de l'Etat – en matière monétaire ou financière – comme facteur susceptible de rétablir globalement la confiance des investisseurs potentiels, sans aucune mise à plat des conditions qu'impose une compétitivité acharnée à laquelle se livrent les Etats pour établir touts sortes de franchises ou d'exemptions fiscales. Et, plus on se rapproche des lieux concrets de production, plus on ressent les tensions que génèrent les normes de flexibilité ou de rentabilité accentuées aussi par le jeu des droits de propriété. Il suffit ainsi de revenir sur les formes de déstabilisation des unités de travail. Ainsi lorsqu'on observe la manière dont on conçoit la localisation des prestations les plus complexes et les moins normées que sont par exemple celles du travail de conseil, considéré idéologiquement comme un travail d'équipe, reposant donc en partie sur des rapports de confiance, on y retrouve une extrême flexibilité du temps de travail, et même de la localisation. Celle-ci est notamment liée au coût croissant des bureaux dans des villes qui sont généralement des métropoles de la globalisation, et qui sont soumises à une forte spéculation foncière. Ainsi retrouve-t-on une atteinte de plus à la possibilité de stabiliser des travailleurs collectifs, pour des professions marchandes considérées comme plus autonomes que d'autres.

La confiance est donc une notion polysémique qui est souvent instrumentalisée. Elle sert d'abord à assimiler toute sociabilité individuelle à du collectif. Elle sert ensuite à y incorporer toute forme de transaction marchande. Elle peut enfin légitimer ou non les fonctions de délégation à l'Etat en tant que garant des règles ou des normes de transaction. C'est en raison de cette transversalité que l'on retrouve la confiance en tant que valeur des différents paliers de la gouvernance. Peut-elle pour autant nourrir toutes les formes d'ajustement macroéconomique que sont les politiques publiques qui favorisent la reproduction de rentes ?

L'extension du domaine de la gouvernance

La croissance et le profit sont deux valeurs qui servent aujourd'hui à poser l'horizon d'un développement économique selon une appréhension réductrice des rapports de production en termes de gouvernance et de droits de propriété. Et c'est cette association qui constitue le terreau des motivations pour accumuler du capital. Et l'inscription de tous ces phénomènes dans des rapports sociaux plus larges – notamment historiques et géopolitiques – contribue à faire intervenir d'autres registres de valeurs comme le religieux.

L'impact qu'a le concept de gouvernance sur la légitimation des rapports de production, – concept anciennement utilisé pour désigner le gouvernement d'un royaume, puis repris par les théories du gouvernement d'une firme (plus récemment soumis aux critères d'une comptabilité d'entreprise révisée) –, est d'autant plus redoutable qu'il refoule finalement la tradition d'un management industriel pour la fondre dans un complexe macroéconomique qu'est l'ajustement structurel. Comparativement au temps où le capitalisme industriel des grandes entreprises fonctionnait sur le mode d'interactions entre les directions de plusieurs systèmes techniques ou d'organisation dont les orientations étaient tranchées par des directions générales (après consultation de leurs directions commerciale et financière), le capitalisme financier d'aujourd'hui impose un schéma plus compact que dominent les critères financiers en tant qu'élément moteur d'une idéologie d'ajustement. Ainsi peut-on dessiner les contours d'une gouvernance d'entreprise, relayée et confortée par les politiques gouvernementales et intergouvernementales macroéconomiques. Ces mêmes politiques et cette gouvernance soumettent ensemble l'activité et ses perspectives aux critères instrumentaux d'une croissance suivant les canons de la compétitivité et du libre-échange. Elles refoulent, à l'échelle la plus globale, l'expression et le message symbolique que peuvent porter les forces sociales qui raisonnent encore en termes de développement social ou sociétal, comme le montre le moindre rôle qui est réservé aux syndicats ou aux ONG. Car tous les paliers de cette gouvernance ne débouchent qu'exceptionnellement sur une coordination des projets d'investissement publics et privés au service explicite du bien commun. Et, encore plus paradoxalement, en regard de la transversalité de cette gouvernance, au nom de la compétitivité, certains gouvernements n'hésitent pas à jouer aussi sur les ressorts les plus frileux des nationalismes.

Il faut aussi rappeler que les droits de propriété ont des relations étroites avec toute souveraineté nationale. Ils soulèvent des considérations idéologiques de type identitaire qui sont plus ou moins ouvertes ou sensibles à une hétérogénéité d'intérêts sociaux de toute nature, dont certains peuvent être repliés sur une identité ethnique ou religieuse.

Un retour sur l'histoire des droits de propriété peut révéler dans certains cas des formes de sacralisation territoriale ethniques ou religieuses qui équivalent à projeter ces droits à une échelle millénariste. Cette posture est d'autant plus fréquente qu'elle exprime une forme de continuité identitaire qui cimente l'appartenance à une communauté nationale ou transnationale (si l'on tient compte des diasporas). Elle marque juridiquement, politiquement et symboliquement un resserrement des liens économiques, politiques et idéologiques, au gré des épreuves que traversent ces communautés. On retrouve maints exemples de ce genre à travers les histoires singulières que tissent de multiples communautés entre une minorité et une mère patrie. Le monde méditerranéen – balkanique ou levantin – que nous avons abordé est plein de ce genre d'expressions identitaires. Précisons que ces minorités ou diasporas peuvent aussi être des agents actifs de la globalisation, comme en témoignent leurs contributions aux mouvements de capitaux (Guillon, 2012).

La religion par sa transversalité et sa multidimensionnalité – qui dépassent les limites d'un dogme et de son clergé ou celles des fidèles qui s'en réclament – est l'une des rationalités sociales les plus récurrentes de toute société civile. On peut le mesurer par la vivacité des croyances religieuses, y compris dans les sociétés dont les régimes politiques la combattent. Vecteur de mythes et de rituels, toute religion revêt des formes institutionnelles qui tendent à une autonomie, tout en étant ancrées dans les rapports sociaux ; comme le montrent de nombreux recoupements entre les hiérarchies religieuses et la stratification sociale (Weber, 1995). La religion est un terrain favorable pour montrer la force que tire toute institution lorsqu'elle se nourrit d'une approche symbolique. Elle écarte aussi toute forme de réductionnisme ou de correspondance simpliste entre la division matérielle du travail et les rapports sociaux. Sans pour autant exclure la présence dans toute dynamique institutionnelle d'une fonction d'accumulation – de « capitalisation » –, en tant que vecteur de reproduction. Ce qui conduit toute institution à ne pas se couper des invariants que sont, par exemple, les droits de propriété. Ainsi on ne peut nier qu'il existe des liens particulièrement serrés entre une éthique religieuse que soutiennent certaines classes ou formations sociales et leurs modes de capitalisation. Certaines formes de protestantisme d'Europe du Nord ou des Etats-Unis ne sont ainsi pas étrangères à une meilleure acceptation des normes d'effort et de rigueur qu'imposent les agents de la globalisation et leurs relais politiciens. Soit autant de postures morales profondément ancrées dans un monde de croyances qui leur confèrent une fonction rédemptrice. Et a contrario un tel registre n'est pas sans risque non plus comme le montrent les dénonciations des canons de la profitabilité de la part de hiérarchies religieuses au nom des mêmes principes. Ainsi peut apparaître au grand jour l'écart qui existe en matière normative et de temporalité entre la rationalité instrumentale à court terme d'un calcul économique et celle millénariste d'une idéologie religieuse. On voit donc aussi quelles sont les limites de la fonction régulatrice d'un Etat, lorsque son modèle collectif est la coexistence de tous les intérêts particuliers, surtout lorsqu'il réduit les mécanismes de redistribution.

La religion fait aussi l'objet de toutes sortes d'instrumentalisations à travers des relations en cascade. Elle peut ainsi servir de canal pour l'expression violente de ressentiments en longue période envers une colonisation ou un impérialisme. Elle peut ouvrir encore la voie au terrorisme et amorcer l'engrenage entre terrorisme et contre-terrorisme, pour susciter de la part de l'un comme de l'autre un argumentaire de type religieux. Ainsi le montrent de nombreux agendas contemporains dans lesquels le combat – que mènent les courants djihadistes en usant du terrorisme et ceux des coalitions armées ou non qui le combattent – revêt la forme d'une croisade contre les forces du mal. C'est là un autre aspect qui peut conforter l'argumentaire selon lequel une guerre peut être juste. Et rappelons, à ce propos, que cette conception morale de la guerre a été initiée, pour la civilisation chrétienne occidentale, par des théologiens comme saint Augustin et saint Thomas d'Aquin, et qu'elle a nourri nombre de croisades. Ainsi, voit-on grossir depuis plusieurs décennies un abcès de tensions sur plusieurs régions – levantines ou subsahariennes – dont les composantes fixent autant de conflits territoriaux nourris idéologiquement par des oppositions religieuses. Ces conflits sont inscrits dans des histoires de souverainetés impériales ou coloniales en longue période que viennent attiser les chocs d'intérêt militaro-industriels. Nous les retrouverons dans les chapitres suivants.

Les Etats démocratiques, y compris ceux qui se revendiquent comme étant les plus laïcs – et plus particulièrement par le canal des institutions intergouvernementales – ne sont pas à l'abri de nouvelles utopies instrumentales dont l'énoncé sous forme de ritournelle peut relever de la posture magique et se substituer à une approche critique en termes de développement. On observe ainsi les litanies autour de « la modernisation des rapports sociaux » ou de « la lutte contre la pauvreté » qui ne deviennent plus que des postures. Comme le rappelle l'auteur d'un monumental ouvrage critique sur le développement, ce genre de ritournelle sert de discours aux dirigeants des institutions de gouvernance. Il réduit toute approche du développement à des cibles qui tournent autour de la justification de la régulation du marché pour produire de la valeur ajoutée. La contrepartie est d'inclure les classes dirigeantes du Sud qui partagent cette optique dans l'ordre de la globalisation. Ainsi la pauvreté est-elle désignée comme autant de carences mesurées en termes monétaires qu'une croissance suivant les normes de l'ajustement structurel est susceptible d'éliminer. Au-delà d'une simple pétition de principe, ce discours a aussi pour objet de justifier au nom de la modernisation une accumulation du capital, tandis que montent les inégalités. Une partie de cet argumentaire tente aussi d'y greffer certaines formes d'usage extensif du concept de capital comme celui de capital humain ou celui de capital social (sur lequel nous reviendrons). Un autre versant de cette rhétorique tourne encore autour des vertus du micro-crédit comme forme de micro-endettement parce qu'elle est en mesure de réinsérer tout bénéficiaire dans l'activité ; avec aussi l'avantage idéologique de les projeter potentiellement dans un processus d'accumulation du capital plus ouvert (Peemans, 2002). Depuis la charte du Millénaire adoptée en matière de développement par les Nations unies en 2000, le micro-crédit est l'un des axes majeurs de la lutte contre la pauvreté. Il est au centre d'une approche des rationalités sociales matérielles et immatérielles. S'appliquent aussi bien, sous forme de prêt, à des individus qu'à de petits collectifs, dans l'économie formelle ou informelle, il recueille les suffrages de tout un spectre d'agents de la gouvernance du développement (responsables d'institutions, entrepreneurs, mécènes ou chercheurs), qui en font un vecteur de mobilisation. Mais aussi d'appréciation éthique des conditions rationnelles suivant lesquelles toute personne est susceptible de pouvoir s'assumer en tant qu'agent économique responsable de son activité. Tout se passe ainsi comme s'il offrait le moyen d'agir contre la pauvreté, en contournant le champ des rapports de production, et même ceux des rapports sociaux communautaires ou de classes, pour l'exprimer en termes de sociabilité et l'appliquer – quel que soit le degré de développement d'une formation sociale. Proposé aussi bien par des agents publics que par des agents privés, il dépasserait ainsi toute polémique ou formulation critique des rapports entre Etat et société civile. Laissant de côté toute contradiction à propos des droits sociaux ou des droits de propriété. Sans omettre non plus les questions du taux ou des délais de remboursement, ni les cadres encore plus large de toute aide au développement dont une partie est sous la contrainte de la globalisation financière.

Ajoutons que la valorisation instrumentale de la croissance qu'assument nombre de promoteurs d'une gouvernance publique est au cœur des contradictions idéologiques qui secouent les politiques macroéconomiques. Car cette valorisation – qui privilégie les indicateurs nationaux de PIB ou ceux d'un libre-échange mondial – s'inscrit dans un contexte particulier : celui d'une domination des flux de capitaux transnationaux, sans que la régulation monétaire transnationale ne soit assurée. La plupart des responsables de ces gouvernances d'ajustement reconnaissent le rôle moteur des collectifs ou des formations sociales. Ils évoquent aussi les vertus de certaines prévisions ou programmations, en même temps qu'ils cèdent aux normes d'individualisation et de compétition qu'imposent les agents de la globalisation financière. Ainsi, convertis à ces normes, tout en maintenant leur attachement au cadre de l'Etat-nation, ils sont amenés à moduler le sens des notions comme celle d'intérêt général. Et embarqués dans une logique de valorisation du capital, ils sont aussi conduits à céder aux choix des facteurs de la croissance que font les tenants d'une orthodoxie libérale : ces derniers refoulent le poids de la recherche– en tant que levier d'investissement – au profit d'autres facteurs comme les gains de productivité, une rationalisation drastique de l'organisation (elle-même combinée avec une automatisation radicale) au nom de la réduction des « coûts de transaction », et bien entendu la conquête des marchés. Ils projettent ainsi au niveau le plus macroéconomique, certaines conclusions tirées d'observations à l'échelle microéconomique d'une entreprise. C'est dans cette lignée que toute une école d'économistes, concentrée sur les recherches autour de la rationalisation des coûts et de la réduction des asymétries d'information, a gagné en audience. Certains d'entre eux ont même conçu des schémas de régulation des investissements, sans tenir suffisamment compte des phénomènes d'accumulation spéculative constitutifs des bulles financières. Tout se passe donc comme si la flexibilité de l'emploi restait la règle d'or pour faire face à une globalisation des productions qui – sur fond de dérégulation – cumulait, depuis les années 1980, plusieurs phénomènes qui avaient été jusque-là disjoints : les fusions-concentrations, une accélération des investissements dans l'automatisation, ainsi que des délocalisations dans les zones de faibles coûts de main-d'oeuvre. D'autres formes d'investissement ne correspondant plus qu'à de la spéculation.

On est ici au nœud des apories que soulève l'usage de la notion de croissance, lorsqu'il réduit la pluralité et la complexité des paliers formels et informels, des facteurs d'activité que sont la productivité du capital et celle du travail, les ressorts matériels et immatériels de l'innovation ; ou encore l'institutionnalisation, l'organisation et les critères de rémunération de tous ces facteurs.

On retrouve encore le même genre de réductionnisme dans l'appréhension et la définition des critères de compétitivité. Ainsi le montrent nombre de contractions ou de disjonctions entre la gouvernance des entreprises et les politiques publiques. Ainsi nous semble-t-il bien réducteur de vouloir enfermer dans des formules mathématiques ou des logiques institutionnelles une dynamique comme celle de la création ou de l'innovation. Car celle-ci mobilise individuellement et collectivement une multiplicité de facteurs : depuis les fondements les plus morphologiques jusqu'à l'imaginaire, en passant par quantité d'éléments inscrits dans des temporalités variables.

C'est aussi sur ce créneau d'une approche critique de la croissance, que des ONG dénoncent les effets de la déréglementation en tant que freins à la lutte contre la pauvreté. Au nom d'une éthique du développement, elles visent le paradoxe que représentent certains pays en développement qui ménagent à la fois le statut de paradis fiscaux et celui de demandeurs d'aides au développement.

On relève encore, sur le terrain politique, y compris sur le plus démocratique, d'autres modes de pensée dogmatique, d'abord de la part de ceux qui prônent les vertus d'une démocratie élective qui n'offre cependant aucune alternative aux politiques d'ajustement, et ensuite du côté de leurs adversaires lorsqu'ils réduisent les vertus populaires à celles d'un collectif historique ou d'une classe – qu'ils soient projetés ou imaginaires – ne formant qu'une masse d'opposition ou de résistance.

Cette prégnance du dogmatisme marque encore des porosités qui existent entre le religieux et l'idéologie politique : les relations entre partis politiques nourrissent des dogmes, des pratiques rituelles, la dénonciation de schismes, des syncrétismes et des personnalisations dont le formalisme n'est pas sans ressemblance avec celui de la vie des églises. Elle est aussi l'expression d'une permanence des liens communautaires ritualisés qui traversent de nombreuses sociétés. Ces phénomènes accompagnent aussi des formes de transfert affectif et éthique face aux ruptures ou à la déréglementation des activités, ainsi qu'à une désacralisation de la parole politique. Ce sont là autant de modes d'expression qui servent d'exutoire contre l'emprise des rationalités instrumentales. On en retrouve de multiples formes tant dans l'hémisphère Nord que dans l'hémisphère Sud, à l'occasion de toutes sortes d'événements collectifs qui secouent actuellement les rapports sociaux de nombreux pays. Et beaucoup d'entre eux marquent plus ou moins explicitement des réactions en cascade à la globalisation. On peut ainsi rappeler le retour en force des nationalismes religieux dans des pays d'Europe Centrale, dans des pays du Maghreb ou du Levant, et, de manière plus segmentée, en Europe occidentale ou aux Etats-Unis. Traversant ainsi toutes sortes de régimes politiques, depuis les plus tyranniques jusqu'aux plus démocratiques, ils sont plus ou moins violents selon les pressions démographiques ou économiques dont certaines sont liées à la globalisation. Nous en évoquerons certaines manifestations à propos des pays méditerranéens dans le chapitre V.

Pour conclure sur la place que tient le religieux dans les rapports entre l'Etat et la société civile, nous évoquerons le cas des pays de l'Est et du Sud dont les régimes politiques ont introduit le multipartisme et accepté l'économie de marché. On y observe actuellement une montée de la pratique religieuse sur deux registres. Le premier est celui d'une extension des libertés d'expression, alors que le second peut être la manifestation de comportements compensateurs face aux bouleversements sociaux qu'introduisent la concurrence économique et certaines mesures d'ajustement qui repoussent les droits sociaux. La situation est d'autant plus tendue que les pouvoirs de ces pays prélèvent au passage une partie des richesses. On retrouve dans ce cas l'avènement d'une sorte de « périphérie démocratique » pour laquelle l'appareil d'Etat ne joue pas de rôle dans la régulation sociale (Guillon, 2012, 2003, 2000). Le religieux peut alors devenir le champ d'action et d'expression de réseaux de solidarité ou d'entraide. Mais il peut aussi être le vecteur d'une récupération par le pouvoir d'Etat pour lancer des campagnes nationalistes dont les cibles sont variables.

Les ruptures de la pensée scientifique et de la création artistique

Du côté de la création artistique et de l'activité scientifique, on constate aussi un choc entre les rationalités instrumentale et expressive dont une partie est soumise aux mêmes phénomènes. On observe notamment des réductions budgétaires en matière de recherche fondamentale au profit des recherches plus appliquées, sous prétexte que les secondes sont plus rapidement rentables. On relève encore une accélération des productions artistiques de toute nature, lorsqu'elles sont inscrites dans les cadres d'une compétition marchande pour laquelle peuvent intervenir les mêmes agents d'investissement que pour d'autres productions. Mais au plus haut degré de la création, le rôle qu'y tient l'imaginaire tend à écarter cette domination de la logique marchande. On y retrouve alors d'autres formes de tensions plus stimulantes comme celle qui confronte une vision harmonieuse et une vision chaotique.

Ainsi le montre une revue historique sur l'évolution des connaissances scientifiques en ce qui concerne la composition de la matière et de l'univers. On y retrouve une longue séquence de recherches dont la rupture s'opère entre deux phases. La première suit les principes d'unité et de symétrie, alors que la seconde ménage une place à la diversité et même au désordre – comme le révèlent les principes de la mécanique quantique, les théories de la complexité ou celle du désordre créé par les étoiles. Le XXe siècle a vu ainsi s'écrouler les certitudes qui faisaient de la Nature un ordre. La réduction des distances entre toutes ces approches s'est opérée grâce aux mathématiques et, bien plus tard, à l'informatique, dont l'usage a permis de définir les temporalités et les lois de l'univers, ainsi que leur continuité et leur discontinuité (Trinh Xuan Thuan, 1998). Il semble que l'on soit encore bien loin du compte en ce qui concerne la réalité sociale, dont l'hétérogénéité ou les incertitudes sont refoulées par les catégorisations idéologiques qu'imposent les pouvoirs d'un ordre social. C'est notamment ce qui empêche aujourd'hui d'apprécier les valeurs du travail dans leur diversité en dehors de tout processus d'accumulation ou de capitalisation. C'est aussi ce qui est à l'origine des fausses appréciations et hiérarchisations sociales que sous-tendent nombre de préjugés identitaires ou culturels véhiculant de mauvais usages d'un concept comme celui de « civilisation ». Soit autant de procès en sorcellerie qui alimentent toute une palette de conflits – depuis les pratiques discriminatoires jusqu'aux agressions armées –, et que peuvent relayer des pouvoirs ou des intérêts qui participent à la globalisation, avec le fallacieux prétexte d'incarner des valeurs universelles. C'est aussi sur ce registre que se fonde et se cristallise la notion de « guerre juste » face aux menaces du terrorisme. Pour indéniables que soient toutes ces contraintes liées à la globalisation et à ses gouvernances aussi bien publiques que privées, on doit néanmoins rappeler que de multiples chercheurs – en physique, biologie, géologie ou climatologie – ne cessent de plaider pour une mutualisation des moyens de recherche et des savoirs, par le lancement de programmes de coopération, notamment entre les pays du Nord et les pays du Sud. Ce qui vient contredire le contexte d'une compétition économique accélérée et certaines contraintes des droits de propriété.

En ce qui concerne la création artistique, un retour sur les étapes de la construction de l'Art contemporain montre bien le caractère déterminant de cette rupture, qui a consisté à intégrer la notion de chaos pour dynamiser une vision trop statique des harmonies ou des rythmes. On peut notamment souligner le fait que cette rupture a été suscitée par l'ouverture de l'imagination à d'autres univers culturels. On retrouve d'abord une écoute réciproque entre artistes et scientifiques depuis la seconde moitié du XIXe siècle. On observe ensuite chez les artistes un intérêt porté aux mythes originels d'autres civilisations asiatiques, océaniennes ou africaines, qu'ils transcrivent dans leur propre registre harmonique ou rythmique. Le chromatisme incandescent des œuvres d'un Debussy (1862-1918) ou d'un Stravinski (1882-1971), la violence des rythmes ou la stridence des timbres du *Sacre du printemps* de Stravinski, ainsi que les peintures des Expressionnistes allemands, ou encore les fulgurances des compositeurs polonais contemporains comme Penderecki (né en 1933) ou Lutoslawski (1913-1994) sont autant de témoignages[1]. Sans omettre nombre de suites orchestrales composées par des musiciens de jazz, que nous décrirons dans le chapitre V. On retrouve çà et là les traces d'une explosion des tonalités ou des rythmes, sans oublier des moments réservés à l'aléatoire, comme le montrent certaines plages d'effervescence tonale ou rythmique (Guillon, 2010). Enfin, il est d'autres formes de chaos que charrie l'histoire elle-même : celle des guerres contemporaines, auxquelles scientifiques ou artistes sont sensibles. C'est d'abord l'achèvement de l'Ere des empires par une Première Guerre mondiale, et c'est ensuite la Guerre totale du Court XXe Siècle, suivie de la Guerre froide, et encore d'une série ininterrompue de guerres civiles ou régionales qui dure encore en ce début de XXIe siècle (Hobsbawm, 2007, 2003).

Les créateurs, lorsqu'ils prennent pour cible la guerre, produisent très souvent des œuvres dont les registres et les dimensions sont hors normes. Ainsi peut-on en premier évoquer la taille imposante et la facture puissante de la toile *Guernica* que Picasso (1881-1973) peignit en 1937, pour le pavillon du gouvernement républicain espagnol lors de l'Exposition universelle de Paris. Le peintre y dénonçait l'horreur du bombardement allemand de cette petite cité basque dont la population soutenait ce

[1] Il suffit, pour s'en convaincre, d'être saisi par le caractère aléatoire des ponctuations rythmiques et des plages sonores scintillantes des *Jeux vénitiens*, composés en 1961 par Lutoslawski. Ou encore d'écouter la force des secousses rythmiques et le caractère inexorable de la montée des cuivres du Quatrième mouvement – *Passacaglia*, écrit en 1988 – de la *Troisième symphonie* de Penderecki, achevée en 1995.

gouvernement contre Franco. Fusionnant cubisme et expressionnisme, l'artiste avait placé de la manière la plus saisissante les figures d'une population massacrée, en même temps qu'il y mêlait le symbolisme d'un cheval et d'un taureau de corrida en train d'expirer.

Une autre œuvre de la création musicale contemporaine est la Septième symphonie *Leningrad* que le compositeur Dimitri Chostakovitch (1906-1975) avait écrite sur place, dès le début de l'invasion allemande, et, pour une partie, pendant le siège de la ville. Deux mouvements exprimaient la violence de la guerre et la situation dramatique d'une population affamée, pour déboucher ensuite sur deux autres mouvements qui exaltaient la patrie et une issue victorieuse. Symphonie d'une orchestration gigantesque, la marche du premier mouvement en résume toute la dynamique de la manière la plus symbolique.

Pour compléter l'illustration des liens entre la création artistique et la réactivité des artistes à la guerre, nous rappellerons encore le caractère extrême de la tessiture et la stridence des timbres d'une petite pièce pour orchestre à cordes que le compositeur polonais Penderecki – déjà cité – écrivit en 1961, pour rendre hommage aux victimes d'Hiroshima : *Thrène à la mémoire des victimes d'Hiroshima pour cinquante-deux cordes.*

Mais en dehors de toutes ces périodes paroxystiques, il est aussi instructif de mettre en perspective les ressorts de la création contemporaine avec une dynamique sociétale essentielle qui mêle l'ordre et le désordre. Ainsi comme le souligne Georges Balandier, les deux sources d'inspiration que sont l'harmonie (versant apollinien) et le chaos (versant dionysien) s'inscrivent-elles dans cette dynamique où la lutte est l'essence même de la vie. La capacité de maîtriser la vie par la technique ou les arts est faite de ruptures qui constituent à terme un nouvel ordre. Adossées à des mythes avec le sentiment de transgression (chez ceux qui croient à une puissance extérieure), les œuvres créatrices ouvrent de nouvelles voies expérimentales dont les effets de brouillage et de rupture se révéleront plus tard pour leur syncrétisme comme des éléments d'équilibre. Ce type d'appréhension et de décalage est l'un des versants des rapports sociaux que révèle le monde des créateurs, et qui explique nombre de désarrois individuels ou collectifs. C'est là une autre manière d'introduire une problématique sociale du risque. Deux réponses peuvent alors être proposées par les sociétés. L'une est totalitaire : elle impose un ordre social. L'autre est plus ouverte : elle mise sur la compréhension par la formation et l'éducation (Balandier, 1988). Or c'est bien cette dynamique de réduction de ce genre de tensions – perceptible dans l'évolution des œuvres artistiques depuis le milieu du XIXe siècle –, que remet en cause la globalisation.

Les signes d'une récupération marchande

Un regard critique sur les tensions entre différentes formes de rationalité qui animent les activités, nous sensibilise au fait de nous situer en longue période, pour mieux saisir la place qu'y occupe l'imaginaire en tant que vecteur des avancées de l'activité humaine, ainsi que la transversalité de leur projection. Cette transversalité est néanmoins soumise aux tensions normatives des intérêts de toutes sortes. Lorsqu'on observe, pour les périodes antérieures à la globalisation financière, des espaces de créativité autonome qui ont bénéficié ou résisté à toutes sortes de pressions de la part des pouvoirs religieux, politiques, économiques ou marchands, on est saisi, pour la période actuelle, par l'ampleur des pressions qu'exercent les agents de la globalisation financière ; à travers toutes sortes de vecteurs que sont les commandes ou les moyens de diffusion des œuvres qui les soumettent aux normes du marché de l'art. Ainsi se forment des convergences et des réseaux entre des fonds financiers, des espaces d'exposition (galeries ou biennales) ou les grandes salles de vente aux enchères dont l'échelle croît sans cesse et peut donner l'illusion d'une universalité. Ce sont bien des enjeux de profitabilité qui poussent une fraction des artistes de renom à accélérer le rythme de leur production pour répondre aux demandes du marché de l'art. Cette accélération – dont certains effets sont sensibles comme la moindre densité ou intensité de leurs œuvres, perceptible selon divers critères (Guillon, 2010) – est même consignée par les labels que délivrent les experts de ce marché. On relève ça et là une multiplication des appellations qui servent à consacrer des styles de peinture ou de musique dont la moindre durée est souvent rythmée par de faux concepts qui se réduisent à l'ajout de suffixes ou d'épithètes : néo-impressionnisme, néo-expressionnisme, néo-fauvisme, nouvelle figuration, nouvelle abstraction, etc.

Cette dynamique est donc bien différente de celle que nous avons relevée pour plusieurs siècles : celle d'une contraction des œuvres artistiques en très longue durée – selon laquelle chaque œuvre a fini par resserrer les liens entre les composantes d'une représentation imagée. Notamment en ce qui concerne le projet d'exprimer par l'image – picturalement, musicalement ou littérairement – une idée et une émotion, comme nous l'avons souligné dans la lente maturation des harmonies et du rythme d'un Art contemporain. Initié par plusieurs écoles successives, ce genre de contraction a fini, au cours du XXe siècle, par toucher globalement chaque cycle de création (Guillon, 2010). On peut ainsi souligner que les artistes se sont positionnés au cours d'une longue séquence d'évolution de la pensée, en bénéficiant du développement et de la diversification des forces productives du capitalisme. Sans que pour autant les droits de propriété ou la marchandisation ne déterminent strictement leurs intentionnalités créatrices.

Animé encore par les agents états-uniens et européens, le marché mondial de l'art s'est ouvert à ceux des économies émergentes. Si les grandes sociétés de ventes aux enchères comme Christie's et Sotheby's continuent de couvrir la moitié des ventes, on assiste à la montée en puissance de plusieurs sociétés chinoises qui confortent le rang de Hong-Kong et Pékin, en tant que nouvelles places fortes du marché mondial de l'art. Celui-ci fonctionne essentiellement autour des productions contemporaines, tandis que l'art ancien représente une valeur refuge pour battre les records de prix. Une partie importante des ventes aux enchères s'opère en ligne. C'est pourquoi Sotheby's s'est associé à eBay pour lancer une plate-forme spécialisée dans les transactions en ligne d'objets d'art. Ciblant ainsi les perspectives de progression des ventes dans une fourchette de prix ente 5000 et 10 000 dollars, la firme se positionnait sur le marché face à son principal concurrent, Christie's. Ainsi si l'on remarque bien depuis le XIXe l'émergence d'une marchandisation institutionnalisée des œuvres d'art, il semble bien que la dynamique actuelle refoule nombre de tensions qui perduraient : notamment les chocs entre intentionnalités créatrices, jugements de la critique et codification des instances académiques. Soit autant de conflits entre divers registres. Tout se passe ainsi comme si on assistait à une forme d'alignement entre tous ces jugements ou intentionnalités dont la cristallisation est celle d'une marchandisation des biens symboliques – marquant ainsi la rupture de toute séparation entre valeur esthétique et valeur marchande. Et cette forme d'alignement est d'autant plus prégnante qu'elle traverse les champs imagés et les cultures. Enfin, contrairement à ce que l'on peut attendre des politiques publiques – en tant que mécanisme d'incitation à une création distanciée de toute contrainte marchande –, on constate de leur part un certain alignement. Ne serait-ce qu'à travers la participation de leurs dirigeants ou de leurs experts à tout un ensemble d'institutions qui rapprochent les critères d'évaluation ou de promotion des artistes et de leurs œuvres. Ainsi retrouve-t-on au sein même du monde de l'art la prégnance des critères de compétitivité que défendent non seulement les agents du secteur privé, mais aussi ceux du public – au nom de la promotion de l'économie nationale –, et parfois même aussi une fraction des artistes.

L'argent, équivalent général

Insistons bien ici sur l'impact qu'exerce la globalisation sur toutes les valeurs que nous avons rencontrées. L'étendue et la diversité de leur registre, aussi bien économique, politique, idéologique qu'éthique ou culturel, montrent bien la force de cette dynamique qu'est la globalisation financière. La globalisation financière – par ses multiples pressions (depuis les promesses d'investissement jusqu'aux sanctions des politiques publiques) est une dynamique qui a précipité la fusion de nombreuses notions éthiques (comme la responsabilité ou l'équité) dans le chaudron de la marchandisation et de la rentabilité. Ainsi le montre la diffusion de toutes sortes de concepts comme ceux de capital humain ou d'employabilité, dont l'essence idéologique revient à ramener toute intentionnalité d'activité à une forme d'investissement dont la finalité vise le gain ou le profit. La globalisation financière est d'autant plus délicate, d'un point de vue éthique ou moral, qu'elle réussit à récupérer en les instrumentalisant des valeurs d'universalité ou d'intérêt général – à travers le vecteur d'organisations et d'institutions publiques comme l'école. Elle permet ainsi de révéler qu'une partie de leur essence est liée à des choix idéologiques. La globalisation financière tend aussi, par la multidimensionnalité de ses registres et de ses interférences, à aligner un nombre de pans toujours plus grand de politiques gouvernementales sur les critères d'une gouvernance privée. Elle met ainsi à jour nombre d'impasses ou d'apories que ne parviennent plus à masquer, ni à réduire des idéologies politiques qui se revendiquent de ces critères, tout en se présentant comme universalistes ou intégratrices ; surtout lorsqu'elles se cantonnent sur le seul terrain de la souveraineté nationale ou sur celui d'une vision figée d'un héritage culturel réduit à des clichés identitaires. L'impact – qui revient à une fonction d'équivalent général – que la globalisation confère à l'argent, par son intensité et l'extension de sa diffusion, bouleverse tous les compartiments normatifs que les classes dominantes des pays du Nord avaient patiemment dressés, dans les limites d'une division internationale du travail leur assurant de la croissance ; une large partie de la population mondiale en était cependant totalement exclue, ou, au mieux, subordonnée. Ainsi retrouve-t-on, en plus des effets d'une financiarisation de l'économie globale, les traces des rapports Nord-Sud en très longue période, que viennent attiser les phénomènes migratoires.

Un retour d'un nationalisme intolérant

Toutes les tensions de valeurs, auxquelles sont soumis les rapports sociaux dans la globalisation, sont tantôt cumulatives (autour de la valeur de l'argent), tantôt disjointes (dispersions identitaires Nord-Sud). C'est en raison de cette dialectique qu'on observe les manifestations d'un attachement à des institutions considérées comme garantes des sécurités publiques ou collectives, en même temps qu'un retour à des formes de désignation qui rappellent celles du bouc émissaire, et que relancent les peurs face aux immigrations.

Le cadre institutionnel qui est le plus souvent retenu est celui de l'Etat-nation, en tant que figure mythique d'une homogénéité des valeurs et d'une convergence des intérêts sociaux. Une partie de l'opinion lui associe la nécessité de durcir les critères d'accès pour ceux qui prétendent bénéficier d'une solidarité sociale, en même temps qu'elle valorise l'exercice du droit de propriété. Or cette figure d'un Etat-nation resserré est d'autant plus repliée sur elle-même, qu'elle ne tient aucunement compte des registres d'ouverture d'une idéologie de progrès que sont la recherche et la création artistique. Elle exprime de manière contrastée l'adhésion à des valeurs nationales face au caractère transnational de la globalisation : une reconnaissance des vertus de l'Etat-providence incarné par une administration publique, une soumission à l'autorité politique de l'Etat en tant que garant de la protection des biens, mais aussi une vision réductrice des valeurs culturelles permettant d'accéder aux droits sociaux. Une telle adhésion tend aussi à souligner qu'il n'existe plus de lien organique entre la nature ou le sens de l'Etat et ceux de la division sociale du travail, alors qu'elle veut réduire celle-ci au seul champ d'un Etat-nation et d'une société civile correspondante. La structuration de cette même division du travail n'implique que partiellement l'agence de ses classes dirigeantes, en fonction de leur projection dans la globalisation. Ainsi le montrent les formes d'ajustement ou de déréglementation qu'elles adoptent. Celles-ci étant soumises à des rationalités ou des valeurs de propriété dont les normes de profitabilité sont contraintes par une philosophie instrumentale de l'efficacité qui est rationalisée par des instances intergouvernementales. On entrevoit donc ici sur quels jeux de dupes peuvent déboucher les chassés-croisés nationalistes auxquels se livrent ces mêmes classes dirigeantes avec une partie de leur opinion publique, lorsqu'elles en partagent quelques moments d'idéologie. On débouche ainsi sur la consécration de projets qui soumettent le bénéfice des droits sociaux à une intégration dont l'étape ultime est la citoyenneté. Ce qui a pour effet redoutable d'enfoncer le coin d'une segmentation sociale de la citoyenneté, et de consacrer les ruptures idéologiques entre l'économique et le social que soutiennent les pratiques de gouvernance. De plus, observe-t-on, paradoxalement, au moment où la globalisation court-circuite toute institutionnalisation des activités calée sur la démocratie d'un Etat-nation, une forme de polarisation du débat politique sur la défense du « tissu sociétal » ; sans que soit posée la question d'un seuil ou d'une échelle suffisamment critique. Et cette sensibilité semble d'autant plus confortée qu'on assiste à une disparité croissante entre les performances économiques – locales, régionales, urbaines ou rurales – de chaque Etat-nation. Une partie des ressorts communautaires qui animent cette confrontation sont largement attisés par les analogies que véhiculent les perceptions de cette mutation. On y relève en effet des modes de désindustrialisation dont les conséquences évoquent des formes de « tiers-mondisation », qu'accompagne une relance des activités informelles. En même temps qu'un chômage de masse frappe aussi bien des travailleurs nationaux que des travailleurs immigrés. Et l'écart qui marque l'impact croissant de la globalisation financière, en même temps que les retards de toute ré-industrialisation, tendent à accentuer les réactivités en termes de sociabilité culturelle ; et cela d'autant plus que l'Etat-nation ne parvient plus à renouveler les registres d'une définition de la citoyenneté, parce qu'il tend à la réduire au seul critère d'une nationalité étanche à toute diversité culturelle. Aussi, dans une telle situation, ne peut-on repérer que certaines ouvertures en matière d'intégration qui dépendent très strictement des capacités ou des dispositions qu'ont les agents à se fondre dans l'univers dominant de la gouvernance.

On retrouve sur l'échiquier politique de tous les continents la présence et l'impact de mouvements qui se réclament d'un nationalisme intolérant. En ce qui concerne les seuls pays membres de l'Union européenne, nous nous contenterons de citer ici les partis de cette obédience qui ont obtenu plus de 10% des voix aux dernières élections européennes de 2014 : l'UKIP du Royaume-Uni (27,5%), le Parti populaire danois (26,6%), le Front national (24,8%), le FPÖ autrichien (19,7%), le parti Jobbik de Hongrie (14,6%), Ordre et Justice de Lituanie (14,2%), ainsi que le PVV néerlandais (13,2%). Tous ces partis ont pour programme commun la « préférence nationale » en matière d'accès à l'emploi et aux droits sociaux. Ils rejettent aussi toute forme de multiculturalité. Certains d'entre eux peuvent être sensibles aux traits culturels d'une histoire européenne reconstruite. Cette reconstruction mettant l'accent sur les racines occidentales – philosophiques, religieuses et parfois même ethniques –, et excluant tout apport extérieur qu'il soit ou non la résultante d'expériences passées impériales ou coloniales. L'immigré reste en tout état de cause une cible de rejet privilégiée de tous ces mouvements. Il incarne toutes sortes de menaces où se mêlent la peur de l'étranger, en même temps qu'une vision défensive et déformée des rapports sociaux : rapports de production perçus en termes de concurrence déloyale entre salariés nationaux et salariés étrangers, rapports juridiques et droits sociaux resserrés sur les seules valeurs nationales. Et ce sont aussi ces mêmes registres qui conduisent tous ces partis à faire des classes dirigeantes d'autres boucs émissaires, en tant que promoteurs de ces formes de concurrence ou relais de l'étranger. Exploitant les tensions sociales qu'engendre la globalisation relayée par les politiques d'ajustement, la plupart de ces mouvements relancent nombre de thématiques dont les registres sont tous anciens. Mais le caractère jusque-là inédit tient au fait qu'ils font le tri autant dans les registres d'une idéologie ultraconservatrice et fascisante que dans ceux d'une idéologie nationaliste du mouvement ouvrier. Ce qui les conduit, avec des variantes selon les pays, à se placer en marge du libéralisme que pratiquent la plupart des classes dirigeantes de droite comme de gauche.

DEUXIÈME PARTIE

VERS UNE AUTRE GLOBALISATION

Tirant les conséquences des constats que nous avons dressés dans la première partie, nous tentons, dans cette seconde partie, de poser plusieurs jalons d'une autre globalisation. Ceux-ci reposent essentiellement sur la redéfinition et un redéploiement d'échelle des politiques publiques, ainsi qu'une approche plus ouverte et coopérative des relations internationales. Soit autant de projets qui impliquent aussi une approche qui apprécie davantage la pluralité des cultures. C'est pourquoi nous insistons, à plusieurs reprises, sur l'importance de la création artistique en tant que vecteur d'une expression symbolique des forces sociales.

Dans le quatrième chapitre, nous recensons d'abord plusieurs enjeux des rapports sociaux actuels dont l'inflexion serait déterminante pour inverser le sens de la globalisation. Ils concernent un registre étendu de la mobilisation des forces productives : depuis la définition des rapports entre le travail et le capital – codifiée juridiquement par les droits de propriété – jusqu'à la valorisation des savoirs et des imaginaires – que refoule trop souvent leur marchandisation. Car c'est cette marchandisation, soumise à la rentabilité financière, qui anime les gouvernances d'entreprises, pèse sur les politiques publiques et finit par tarir nombre de gisements de créativité.

Dans le chapitre suivant, plus politique, nous esquissons quelques pistes d'une réorientation des investissements et d'un redéploiement spatial des actions publiques. Nous l'envisageons à une échelle suffisamment critique : l'échelle continentale. C'est pourquoi nous projetons les cadres actuels de l'Union européenne dans ceux d'un ensemble plus dynamique, parce que plus ouvert vers le monde méditerranéen et la Russie. Ce qui rend incontournable le fait de devoir prendre en compte plusieurs dimensions géopolitiques en longue période – afin de mieux évaluer l'origine et l'ampleur des tensions qui secouent cet ensemble. Et, c'est à ce stade que nous proposons de nouveaux chantiers de coopération – sur des espaces territoriaux ouverts –, afin de relever les défis que posent les chocs de souveraineté et la pression qu'exercent de nouvelles formes d'impérialisme d'inspiration économique ou clanique.

Enfin, dans le sixième chapitre, plus épistémologique, nous tentons de mieux situer la globalisation en tant que moment géopolitique d'une histoire contemporaine en longue durée. Celle-ci cumule les effets pervers des colonisations, des impérialismes et de la Guerre froide dont les manifestations sont souvent violentes. Nous y décelons les prémisses d'une « désoccidentalisation » dont une partie est étroitement liée à l'entrée de nouvelles économies dites émergentes dans cette globalisation, alors qu'une autre découle des retombées politiques des colonisations et des impérialismes. Retombées qu'attisent les investissements en armement dont le centre de gravité reste encore l'OTAN – non sans contradictions –, comme le montrent les indices d'une « désoccidentalisation » du monde. Nous retrouvons également l'agence d'autres dimensions symboliques que les sciences sociales peuvent nous aider à mieux cerner, au-delà des seuls principes de gouvernance que suivent les politiques.

Notre conclusion reprend les valeurs et les leviers qui nous paraissent les plus essentiels pour concevoir une autre globalisation. Celle-ci devant être davantage multipolaire et orientée vers le développement et le bien commun. Projetée dans les tensions d'une histoire en longue période, elle nous permet de légitimer la démarche d'une géopolitique des rapports sociaux. Soit une sociologie qui resitue toujours ces rapports dans leur trame historique, afin de mieux en saisir les continuités et les ruptures.

CHAPITRE IV

PLUSIEURS ENJEUX ESSENTIELS DES RAPPORTS SOCIAUX

Les enjeux que nous avons retenus concernent essentiellement la place et la valeur de ces deux invariants des rapports de production capitalistes – le travail et le capital – que la globalisation réduit à de simples facteurs de deux procès : la marchandisation et l'accumulation financière. Nous n'excluons cependant pas de les situer à d'autres niveaux bien plus larges des rapports sociaux, ni d'en rechercher les ressorts politiques ou les plus symboliques. C'est à cette occasion que nous évoquerons d'autres approches des procès d'accumulation en termes de liens ou de réseaux sociaux grâce au concept de « capital social ». La diversité et la récurrence des réseaux dans les rapports sociaux sont peut-être moins des singularités liées formellement à la globalisation qu'à la manière dont ces mêmes réseaux la sustentent en convertissant et cumulant les bénéfices de plusieurs sortes de capitaux. Et c'est bien cette capacité de conversion et de cumul qu'ont les agents de ces réseaux qui pose des problèmes au mouvement syndical et aux politiques. Ce qui limite conjointement le champ des relations professionnelles et celui du politique. Ce qui amène plus globalement les politiciens à rechercher certaines formes de compensation sur le plan idéologique, ainsi qu'à se placer progressivement sur le seul terrain de la sociabilité ou de la morale – aux dépens d'une logique de mobilisation collective que ne leur permet pas le rapport des forces. C'est à titre d'illustration que nous reviendrons d'une part sur les difficultés que rencontre le mouvement syndical, et d'autre part sur les ajustements que la gauche politique adopte. Ils marquent un reflux historique de toute pensée socialiste, et plus spécifiquement celui d'une réflexion critique à propos des rapports de production. Ils marquent la force de pénétration des critères d'ajustement et de gouvernance que véhiculent les agents de la globalisation.

Enfin, ajoutons que nous intégrons aussi dans cette revue encore d'autres composantes comme le fait de ménager davantage de place à l'imagination et à la créativité pour un spectre d'activités le plus large possible – depuis l'activité économique jusqu'à l'activité artistique, en passant par l'activité politique –, avec pour finalité de notre démarche de chercher à mieux les répartir dans la division sociale du travail, selon des critères de compétence et de talent. Il s'agit bien là de la partie la plus dense et la plus stimulante des forces productives, que s'efforcent de canaliser et de récupérer les pouvoirs économiques, avec les limites qu'imposent les valeurs marchandes et financières.

Notre choix ne couvre en fait qu'une partie seulement des valeurs d'activité que soumet la globalisation. Car le reste est potentiellement visé par des dynamiques macroéconomiques dont l'évolution à venir échappe à notre compétence. C'est pourquoi nous développerons ici plus spécifiquement certains vecteurs d'accumulation que les sociologues ont mis en avant (comme les réseaux ou le capital social), afin de creuser les liens entre l'économique et le politique. Nous ne les cantonnerons pas aux seuls paliers de sociabilité, mais nous tiendrons compte d'autres paliers macro-sociaux, parce qu'ils agissent aussi pour « faire société ».

12. Travail et capital

Le travail et sa valeur sont soumis dans le cadre des rapports de production capitalistes à la valorisation du capital. Cette valorisation fait aussi partie d'un procès d'accumulation qui englobe d'autres formes de capitalisation davantage relationnelles. Celles-ci sont d'autant plus agissantes qu'elles plongent au cœur de structures familiales, claniques ou religieuses tout en mobilisant des configurations d'entreprises et même d'Etats. Et ce sont bien ces convergences qui, en accompagnant l'émergence de nouvelles forces productives orientales ou asiatiques, soulèvent de nouveaux défis aux économies occidentales.

Aux origines de l'accumulation

Le travail et sa valorisation sont d'abord inscrits dans une longue histoire des droits de propriété dont l'origine aurait été fondée sur l'appropriation des terres par ceux qui la travaillent – si l'on en croit la théorie de Locke (Locke, 2008). En fait la terre, après avoir fait l'objet d'une appropriation par des pouvoirs féodaux, est devenue un objet de capitalisation comme d'autres biens. Rappelons que cette appropriation a eu pour corollaires deux systèmes d'exploitation que sont l'esclavage et le servage. Ainsi l'esclavage pratiqué, entre autres, par les grands propriétaires romains devait perdurer et même se renouveler avec la Traite des Noirs. De même que le servage en vigueur en Europe occidentale jusqu'au XIIIe siècle ne devait être aboli en Russie qu'en 1861. Fondée sur les concepts de « droit naturel » et de « droit positif » – le premier reposant sur le travail, et le second sur la notion de contrat –, la théorie de Locke consacre juridiquement le statut de la personne en fonction de celui que lui confèrent ses biens, suivant une logique qui est celle d'un droit d'en jouir. Cette logique est étendue à l'ensemble des rapports sociaux dans la mesure où chacun peut acheter le travail d'autrui et s'en approprier le fruit. La société est ainsi définie *in fine* comme un ensemble de relations institutionnalisées entre des propriétaires. Ceux qui ne sont pas propriétaires occupent donc dès le départ une place secondaire, et dans certains cas – comme l'esclavage – pas de place du tout. L'histoire des droits de propriété capitalistes a bien entendu aussi suivi celle de la monnaie et de sa convertibilité en biens matériels ou immatériels, dans le cadre d'une recherche fusionnelle entre la dynamique de l'accumulation et celle du marché. Les réglementations de la propriété des moyens de production et du travail ont nourri cette dynamique par une subordination du travail au capital. Et celle-ci est devenue d'autant plus aiguë que l'agence du capital est aujourd'hui dominée par des institutions financières, dont les critères singuliers pèsent lourdement sur les critères d'appréciation de la valeur du travail et de ses produits. Ainsi peut-on reconstituer une certaine continuité – surtout à l'échelle des firmes transnationales – entre les critères d'une multiplicité de paliers de comptabilité et la diffusion des critères d'ajustement. Celle-ci étant assumée par un nombre croissant d'agents gouvernementaux et intergouvernementaux. Imposant la valorisation de la rentabilité du capital à de multiples paliers de l'activité économique, la finance bénéficie d'une libéralisation globale des charges fiscales que pratiquent nombre d'Etats, pour attirer les investissements directs étrangers, depuis un processus amorcé avec les zones franches.

La valeur pour l'actionnaire finit même par agir contre le travail et même, dans de nombreux cas, sur la survie de l'entreprise, en raison de la pesanteur juridique des droits de propriété ; pesanteur qu'ont accentuée la promotion de la société de capitaux, ainsi qu'une révision des modes de comptabilité des entreprises qui les autorise à aligner le calcul du bénéfice sur celui des capitaux investis (compte tenu des intérêts des banques et des dividendes des actionnaires) aux dépens de toute appréciation globale de la valeur ajoutée (Bachet, 2007). Soit autant d'évaluations que le mouvement syndical mondial a ciblées, car celles-ci concentrent l'essence même des droits de propriété sur la seule appréciation de la rentabilité. Plusieurs organisations s'exprimaient ainsi, en septembre 1999, lors de la réunion annuelle des gouverneurs du FMI et de la Banque mondiale pour réclamer une commission internationale indépendante qui aurait pour mandat de réglementer les marchés financiers internationaux. Ils proposaient, entre autres, une coordination des politiques fiscales et monétaires entre les monnaies de réserve (dollar, yen, euro), la reconnaissance du droit des Etats à contrôler les entrées et les sorties de capitaux étrangers à court terme, ainsi que de nouvelles normes internationales plus contraignantes en matière de réglementation des marchés financiers (produits dérivés, formes d'investissement « à effet de levier ») ou des systèmes bancaires. Ils ajoutaient de meilleures normes de comptabilité des entreprises (Guillon, 2000). On est ainsi au cœur stratégique du procès d'accumulation du capital pour lequel la genèse et la rémunération des dividendes d'entreprise sont importantes, mais représentent en même temps une partie seulement d'un ensemble bien plus large de procédures de valorisation plus ou moins spéculatives. Ce qui conduit à reposer les rapports entre le politique et l'économique bien au-delà du seul champ de l'entreprise. Et c'est dans ce cadre que se pose toute régulation sociale de l'investissement. Ce qui repousse les frontières de l'action syndicale, et a fortiori celle du politique, non seulement à l'échelle d'un Etat-nation, mais aussi bien au-delà. C'est d'ailleurs ce que suggérait, dès les années 1990, un travail universitaire de recension des questions d'emploi. Il dressait un inventaire fouillé et articulé entre les tensions et les axes d'une politique d'emploi à l'échelle de la France et ceux d'une Union européenne qui ne regroupait alors qu'une douzaine de pays (Caire, 1994).

Les convergences entre la déréglementation et la promotion des critères d'ajustement financier dopent les formations transnationales de spéculation ou d'accumulation (fonds spéculatifs et multinationales). Elles réduisent donc les capacités d'intervention publique, en même temps qu'elles brouillent une césure qu'avait conçue l'économie politique : la cristallisation d'un « centre » de pouvoir et celle de sa « périphérie ». Ce brouillage est particulièrement sensible du fait même des difficultés que rencontrent tous les Etats – y compris les plus puissants – à maîtriser par leur fiscalité les investissements nationaux à l'étranger. C'est alors qu'on observe une sorte de fonction compensatoire que tient en matière d'accumulation – tant sur le plan de l'affirmation d'une puissance que sur celui de la profitabilité – la production d'armement (en tant qu'élément central de nombreux complexes militaro-industriels). Or tout se passe comme si cette fonction était en quelque sorte idéologiquement légitimée par l'état du monde actuel que produit le choc entre la globalisation et un redéploiement géopolitique. Choc sur lequel nous reviendrons dans les deux derniers chapitres. Ajoutons encore que ce sont là les signes de bouleversements que ne peuvent résoudre à terme ni les chocs de souveraineté nationale, ni une fuite en avant dans toute forme de compétitivité. Mais qu'ils rendent nécessaire de concevoir de nouvelles ouvertures et formes de coopération internationales.

Le capital social

D'autres approches sociologiques que celles des rapports entre le capital et le travail sont aussi pertinentes pour éclairer plus largement les fondements sociaux de l'accumulation. Ainsi nos travaux sur l'activité nous ont-ils conduit à en élargir le champ d'étude depuis les organisations ou les relations professionnelles jusqu'à des formations sociales comme les communautés de parenté ou des confréries religieuses dont les liens agissent. La coordination avec l'économiste Jérôme Ballet d'un ouvrage collectif sur le capital social nous a sensibilisé au fait que d'autres liens transversaux que les liens financiers, professionnels ou corporatistes sont susceptibles d'intervenir dans la capitalisation et l'accumulation des biens ou des richesses (Ballet, Guillon, 2003).

Cette diversité et cette transversalité de la capitalisation et de l'accumulation sont d'autant plus marquées que la globalisation étend les droits de propriété en tant que machines à faire du profit à travers tous les continents. Elles n'empruntent pas toujours des chemins balisés et formalisés, comme le montrent les effets pervers des relais qu'assurent des politiques publiques. C'est le cas des politiques d'ajustement structurel prônées par le FMI qui ont suscité une relance des activités informelles d'abord au Sud, mais aussi dans les pays du Nord. Celle-ci avance d'autant plus que monte le chômage de masse. La globalisation a ainsi pour effet de favoriser l'essor de toutes sortes de captations claniques qui viennent grossir les placements spéculatifs, et qu'encouragent ces espaces juridiques d'exception que sont les zones franches ou les paradis fiscaux, ainsi que les marchés de ressources énergétiques ou minières. Ainsi la globalisation, contrairement à ce que prônent les agendas officiels des instances intergouvernementales, a-t-elle pour effet de resserrer les liens entre économie formelle et économie informelle, aux dépens de toute transparence ou réglementation démocratique.

Sur le plan sociologique, cette relance des activités informelles présente néanmoins l'opportunité de pouvoir observer la vitalité et la permanence dans toutes les sociétés que représente une captation des relations sociales dont les effets sont sensibles à travers les phénomènes économiques.

La notion de « capital social » a été définie par le sociologue Pierre Bourdieu comme une forme de capitalisation ou d'accumulation des liens sociaux susceptible de procurer à un agent ou à un collectif un revenu ou plus largement de l'utilité (Bourdieu, 1980). Présenté à la fois comme une sorte d'actif et d'investissement potentiel, le capital social est ainsi susceptible d'être imprégné d'une multiplicité de codes correspondant à chacune des formations sociales concernées. On le retrouve en effet à tous les paliers de la division sociale du travail et dans la plupart des institutions : depuis la famille jusqu'à l'Etat, en passant par l'école, l'entreprise, etc. Concept sociologique, le capital social a aussi séduit des économistes libéraux pour devenir un vecteur de promotion de l'économie capitaliste. Ce qui en a fait au regard de certains marxistes un objet controversé, chargé d'une tonalité instrumentale contraire à son essence originelle.

La notion de capital social en tant qu'équivalent général sociologique peut aussi permettre de mieux saisir les valeurs symbolique et politique de toute accumulation (Bourdieu, 1984), afin d'en comprendre certains ressorts qui lui servent de légitimation (Bourdieu, 1994). Ce qui ne refoule pas pour autant les tensions frontales entre le capital et le travail qu'attise la globalisation, mais ce qui permet aussi de dépasser la dimension fonctionnelle ou utilitaire des rapports de production, pour la projeter dans des rapports sociaux plus larges où se croisent, par exemple, la séduction et la domination.

Il reste donc beaucoup de questions à propos des vertus normatives du capital social, non seulement en tant que bien collectif, mais aussi en tant que bien commun. Une approche comparative des activités formelles et informelles de l'Afrique de l'Ouest nous a révélé le caractère collectif et ancien que revêt la mobilisation du capital social à travers une diversité de formations sociales. Mais nous y avons aussi remarqué le fait que cette mobilisation était toujours orientée au service d'intérêts particuliers, et qu'elle reposait sur un déficit de reconnaissance de la valeur du travail : depuis les activités les plus traditionnelles financées par des tontines communautaires, jusqu'à celles d'un secteur informel relancé par les mesures d'ajustement structurel, en passant par nombre d'aménagements des activités formelles privées ou publiques. Ce déficit accentuait le caractère de gain individuel du capital social, aux dépens de tout bénéfice collectif. Tout en représentant l'échec des politiques publiques, ces activités informelles ménageaient encore de solides liens avec l'Etat, notamment grâce à des exemptions fiscales, à des participations du personnel politique aux réseaux d'affaires, mais aussi un ensemble d'affinités subtiles entre les liens de parenté, les liens d'allégeance et d'assistance couvrant une gamme diversifiée d'activités (Guillon, 2003). Et, comme le montrent les phénomènes de migrations, le capital social peut en être le vecteur. Avec pour versant positif de mobiliser les ressources et les énergies d'une communauté, mais aussi pour versant négatif de défausser une fraction des investissements locaux et d'entretenir les activités criminelles des « passeurs ».

La négociation sociale et ses registres

D'autres enjeux à propos de la valeur du travail concernent aussi plus spécifiquement la manière dont on règle les conflits du travail. Ils posent en fait la question d'une articulation entre les relations professionnelles au cœur des rapports de production avec une conception des rapports politiques. Et cette articulation ne s'est véritablement posée que dans le seul cadre de l'Etat-nation, car comme le montre même le cas le plus avancé qu'est celui de l'Union européenne, il n'existe pas d'Etat européen. Dans les pays démocratiques où cette articulation se pose, les relations de travail sont le plus souvent proposées en termes de consensus plutôt que de compromis, sans que soit réellement acquise une authentique reconnaissance de l'utilité de la négociation collective, au-delà des discours convenus en termes de « dialogue social ». Cette question est longtemps restée réduite à l'inventaire des pratiques de négociation conventionnelle entre syndicats et employeurs, ainsi qu'aux possibilités de leur articulation entre plusieurs paliers d'activité, tant qu'existait un rapport de force syndical. Rapport de force qu'autorisait, selon nous, la perception d'un ordre fusionnel national – politique, économique et social. Rapport de force et perception qu'ont réduit aussi bien la montée d'une gouvernance financière des entreprises que la fonction de relais qu'ont jouée les classes dirigeantes.

Certains pays démocratiques comme la France ménagent encore une place à l'Etat dans la négociation collective, d'abord en tant que législateur, mais aussi en tant qu'employeur d'un ensemble d'activités bien plus large que la seule fonction publique. La question d'une continuité ou d'une discontinuité entre les dispositions réglementaires issues d'un compromis négocié et celles consacrées par la légitimation de la puissance publique est restée une question réservée aux seuls spécialistes du droit, sans donner véritablement corps à un débat social plus large, ni à une doctrine syndicale véritablement approfondie. On peut aussi émettre l'hypothèse de l'agence qu'ont exercée et exercent encore plusieurs mythes depuis la fin de la Seconde Guerre mondiale comme celui qui fait de l'Etat-nation le seul représentant de l'intérêt général, ou encore le caractère paritaire de la gestion d'un certain nombre d'institutions sociales comme la sécurité sociale ou les allocations de chômage.

Une comparaison des limites respectives entre le bipartisme (entre employeurs et salariés) et le tripartisme (avec la présence de l'Etat) peut être encore utile, à condition de la situer sur un continuum de mesures qui vont de l'application des normes fondamentales de travail jusqu'à la négociation des standards de travail, afin de tenir compte des écarts de valorisation du travail. Derrière la multidimensionnalité des questions normatives de ces débats – monétaire, fiscale, industrielle, commerciale, sociale ou environnementale –, on relève leur soumission aux logiques instrumentales qu'imposent les pressions du capital. Celles-ci se plaçant à une multiplicité de paliers d'investissements potentiels dont l'échelle est elle-même dispersée. Toute cette pression est d'ordre économique, politique et idéologique. Elle met sous tension autant de négociateurs potentiels en regard de la pression structurelle de la financiarisation des firmes (menacées d'OPA), ainsi que de celle qu'exercent des gouvernements saisis par la problématique des déficits publics, ou encore d'opinions publiques suivant les normes du capital au nom des droits de propriété. Or c'est bien ces mêmes droits qui sont le vecteur d'une convergence d'intérêts entre différents marchés au nom de la prééminence des valeurs mobilières (valorisées par la globalisation). Les défenseurs de la globalisation financière accordent une prééminence aussi à la fongibilité de leurs biens aux dépens de leur essence ou de leur utilité. Si on ajoute que tous ces facteurs se croisent et s'entrecroisent à de multiples paliers d'une division du travail qui est de plus en plus mouvante et déstabilisée, il est dès lors bien formel de vouloir figer les règles de toute négociation collective dans les seuls cadres d'un Etat-nation, sans prêter la moindre attention au caractère structurant de tels phénomènes.

Une autre question délicate qui découle de cette situation est donc celle de l'articulation des négociations et des réglementations à différents paliers d'activité d'un cadre national, mais aussi celle de leur articulation à une échelle transnationale, compte tenu des mouvements de capitaux. Ces mouvements, que ne régulent pas les pouvoirs politiques, notamment ceux des pays dont le droit social est le plus avancé, ont aussi tendance à suivre les voies de retours sur investissements les plus juteux. Celles-ci étant le plus souvent localisées dans des économies dont les normes sociales ou environnementales sont inexistantes ou minimalistes. D'où de nombreux débats syndicaux ou politiques sur l'ouverture ou le protectionnisme des marchés.

D'un point de vue encore plus essentiel, il s'agit de refonder les chaînes de valeur et de solidarité suivant les principes de justice et d'égalité qui restent sous tension des évaluations marchandes et financières de la globalisation. Ce qui passe par une critique de la réduction des solidarités au domaine instrumental et managérial des relations humaines ou à celui de toute intervention privée ou publique, inscrite dans une gouvernance d'ajustement. Soit autant de formes d'interventions actuelles qui oscillent entre une éthique de l'entreprise et une segmentation des aides de l'Etat-providence sous couvert de cibler des publics.

On ne peut d'abord ignorer sur tous ces aspects la pression idéologique que représentent les agents de la globalisation financière qui ont repris les vieux thèmes du combat contre l'Etat-providence en tant que formation d'assistance anti-économique, parce qu'elle serait porteuse des effets pervers d'une application généralisée des principes de justice sociale ou d'égalité. Les critiques ont été les plus vives de la part des milieux libéraux et conservateurs états-uniens ou anglais, mais elles ont été aussi relayées par les conservateurs européens. Elles ont fini par peser sur les conceptions nationales et même intergouvernementales en matière de politiques sociales pour qu'elles ne décollent plus d'une logique d'ajustement, même lorsqu'elles refusent le principe de la déréglementation. Ainsi les concepteurs de toute politique sociale se trouvent-ils le plus souvent démunis pour redéfinir des espaces d'intervention publique en matière d'assurance-chômage ou de pensions de retraite, dans un contexte où le capital financier reste globalisé. Taraudés par les menaces de fuite des capitaux, traumatisés par les accusations de déficits publics, tous les gouvernements finissent par céder à des programmes de révisions restrictives : depuis la fiscalisation des prestations jusqu'à leur suppression ou leur transfert sur le marché privé. On peut encore rapprocher cette évolution d'autres avatars que subit dans le cadre européen la réflexion autour des notions de service public ou de bien public. Loin de toucher la seule sphère politique, toutes ces révisions idéologiques concernent aussi une part croissante du mouvement syndical. Ainsi le montrent l'extension et la convergence d'un thème comme celui d'une « sécurité sociale professionnelle » qui vient se substituer à celui de « sécurité de l'emploi ». Ce sont là autant d'indices de la pénétration des thématiques du marché et du capital dans la pensée sur l'intervention publique en matière de politique sociale. Ce qui semble découler logiquement de toutes les restrictions que les Etats ont acceptées de s'imposer en matière de politique macroéconomique, et que les syndicats ont été contraints d'intégrer dans leurs plates-formes revendicatives. Quittant une posture d'observateurs de la gestion publique, pour devenir des partenaires, comme le montrent de multiples exemples à propos de la gestion territoriale des dispositifs de formation et d'emploi, les syndicats ont dû participer au processus d'une fusion entre une montée des contrats d'emploi et de formation pour les jeunes et celle des emplois précaires pour toutes les tranches d'âge. Cette situation a particulièrement concerné le mouvement syndical français à partir des années 1980, comparativement aux autres mouvements syndicaux européens qui étaient davantage intégrés depuis longtemps dans cette gestion territoriale (Guillon, 2000, 1998). On peut rappeler, à ce propos, comment la mise en place, dès 1983, d'un dispositif de développement territorial localisé à l'échelle des cantons ou districts urbains qui associait tout une gamme d'agents publics et privés (administrations, corps d'Etat, employeurs, syndicats et associations) dans une institution, les « comités de bassin d'emploi », a rapidement stagné pour des raisons économiques, politiques et même idéologiques. On relevait une dispersion des projets et des moyens qui était impuissante face à une cohabitation stérile entre des normes de gestion technocratique et un déficit d'investissement. En fait alors que le projet d'une mobilisation territoriale pour la création d'emploi impliquait qu'une pluralité d'agents soit coordonnée à plusieurs paliers territoriaux, on a encaissé un décalage de registres : depuis des règles de fonctionnement différentes d'une série d'institutions consultatives jusqu'aux résurgences de certaines solidarités régionales anciennes, en passant par une multiplication des formes de contrôle bureaucratique. Il était donc probable que dans un tel contexte les syndicats trouvent difficilement leur place, d'autant plus que leurs représentants ne bénéficiaient d'aucune décharge pour justifier de leur participation. Quant aux associations, leur intervention était réglementée pour un champ excessivement étendu d'activités : depuis des tâches de conseil ou d'assistance jusqu'à des interventions subventionnées pour des activités marchandes, grâce à de nouveaux statuts comme celui d'entreprise intermédiaire.

La critique passe aussi par celle des modes de production et de leurs produits qui sont censés se développer dans un champ de formations sociales, compte tenu des droits de propriété. Ainsi passe-t-on d'une réflexion autour de la négociation collective à une autre sur la place de l'Etat, avec aussi les possibilités d'instaurer des paliers entre le service public et le secteur marchand, dits « secteurs intermédiaires ».

Un thème qui cherche à la fois à surmonter ces deux paliers de l'activité que sont le capital et le travail, ainsi qu'à promouvoir la négociation collective est celui de la « cogestion ». La cogestion est un thème complexe qui s'inscrit dans une longue histoire idéologique des rapports entre le capital et le travail. Confortée dans les pays d'Europe du Nord et en Allemagne comme un modèle de codécision négociée entre employeurs et syndicats, elle porte sur un certain nombre de domaines comme l'emploi, le partage de la valeur ajoutée, les salaires ou les investissements. Or la globalisation, depuis quelques années, a entamé fortement ce modèle, comme le montrent les reflux des négociations de branche, ainsi que les multiples conflits que la cogestion suscite dans les entreprises. Une autre perspective affichée de longue date par le mouvement ouvrier européen, reprise aussi par une fraction des sociaux-démocrates européens est l'« autogestion ». Héritée plus directement d'une aspiration au pouvoir ouvrier impliquant une forme d'appropriation collective des moyens de production, cette école de pensée a été l'un des vecteurs du mouvement coopératif représenté par les coopératives ouvrières. On peut y repérer toute une série de registres gestionnaires et politiques à propos de la répartition ou du contrôle des bénéfices et des investissements, et plus largement encore à propos des rapports entre le mouvement associatif, le rôle de l'Etat et la place du marché. Soit autant de questions qui ont été largement submergées par le rouleau compresseur de la globalisation financière. Rappelons à ce propos que le Parti socialiste français avait entrepris une recension de toutes ces questions dans le cadre d'une large réflexion sur les implications d'un projet autogestionnaire, au milieu des années 1970. Alerté sur les évolutions du capitalisme, et en particulier sur les tensions que faisait peser sur les Etats, la montée des firmes multinationales, ce même parti avait réduit progressivement toute problématique de contrôle autogestionnaire au cadre général d'une planification démocratique nationale. Ce qui avait aussi pour corollaire de réduire la critique de toute comptabilité d'entreprise au profit d'une vision abstraite de la division sociale du travail. Celle-ci ne privilégiant plus que les quotas d'une représentation catégorielle des salariés dans des instances de contrôle des entreprises. Ainsi le formalisme d'une conception sur la répartition des pouvoirs dans l'entreprise ignorait-il le caractère structurant de la gouvernance du capital pour fixer la valeur du travail. On retrouve aussi les traces de ces problématiques dans une formule plus édulcorée : celle d'une participation financière qui est accordée aux salariés de certaines entreprises sous la forme de l'actionnariat ouvrier. Cet actionnariat représente en fait un pécule de salaire différé (le plus souvent limité à une fraction du salaire brut), qui est généralement concédé dans une dynamique de contrôle de la masse salariale de l'entreprise. Se présentant sous des formules différentes – intéressement, placement ou épargne –, il est déductible des bénéfices imposables des entreprises et donne lieu à des exonérations de charges sociales. L'autogestion, la cogestion et même la participation sont les variantes d'une philosophie politique et sociale dont les sources de classe sont extrêmement diverses, pour ne pas dire hétérogènes[1]. La globalisation met en exergue certaines de leurs limites – et tout particulièrement celle qui consisterait à vouloir établir un lien entre l'économique et le politique –, non seulement en regard de son agence financière, mais aussi parce qu'elle révèle les contraintes qu'imposent les droits de propriété polarisés sur l'actionnariat, ainsi que le seul cadre de l'Etat-nation. Le poids du libre-échange et de la globalisation est tel qu'il a refoulé progressivement l'idéologie même d'un tiers secteur entre public et privé à propos des grands investissements d'équipement. Toutefois la

[1] Ainsi, il y aurait beaucoup à dire sur la diversité des références à l'autogestion, si on les considère du point de vue des paliers sociaux. Elles nourrissent une approche sociétale des rapports entre le capital et le travail, entre la production et la distribution selon des connotations réformistes ou révolutionnaires. Les unes sont conçues à l'échelle d'un pays comme la Yougoslavie, alors que d'autres ne le sont qu'à celle d'une entreprise, généralement du type « coopérative ». Elles marquent aussi le plus souvent davantage de précisions concernant les formes de mobilisation des travailleurs, qu'elles ne le font pour les droits de propriété. Un ouvrage symbolisant ce décalage nous semble avoir été une talentueuse critique institutionnelle et gauchiste que fit un sociologue, à propos des évènements qui secouèrent l'entreprise Lip, dans la première moitié des années 1970 (Lourau, 1974).

manière de drainer l'investissement public vers la satisfaction des besoins sociaux restera toujours posée. C'est dans ce sens qu'on assiste à un retour de l'idée d'un « secteur socialisé » dont l'un des agendas serait de pouvoir relier plus étroitement l'épargne des ménages avec l'abondement d'activités mobilisées et contrôlées par des collectifs de travailleurs, en supposant qu'ils puissent être hors de toute emprise actionnariale. Mais la conception de tels espaces ne fait que nous aider à avancer dans une recension des effets pervers de la globalisation. Elle laisse entière la question des interventions publiques dans l'affectation d'une partie des investissements.

D'autres avatars inspirés de ces philosophies à la fois pragmatiques et utopiques concernent un versant des rapports sociaux encore plus ambitieux : celui de vouloir resserrer la production et la distribution selon une éthique fusionnelle entre la satisfaction des besoins collectifs et une forme d'échange solidaire. Plongées dans un univers marchand globalisé, les formules proposées ont beaucoup de mal à décoller d'un palier local, comme le montrent les « systèmes d'échange locaux ». Ajoutons que la gamme des produits ou des services proposés est aussi fortement limitée par ce genre d'espace. Ainsi, en dehors des fonctions de distribution plus rapide en produits frais ou de conversion d'équipements ménagers pour des publics nécessiteux, ou encore de prestations de services à la personne, ces dispositifs sont davantage porteurs d'un message éthique de proximité, qu'il n'offrent des alternatives même localisées à la globalisation marchande. Ce message n'a qu'une finalité de communication pour faire passer l'idée que seules les actions locales sont susceptibles de mieux répondre aux besoins des populations. Ce qui rejoint le registre d'une partition morale d'une sociabilité en tant que concept fondamental de toute action politique. Cela explique aussi une partie des libéralités publiques que représentent les exonérations de charges qui sont attachées aux zones franches. Ainsi le fait que la critique sociale des liens entre la production et la distribution capitaliste reste trop souvent cantonnée aux registres d'une vision procédurale – locale ou coopérative – marque bien le désarroi qui saisit nombre d'agents sociaux face à la complexité que couvre toute accumulation de capital dans les cadres de la globalisation. Les liens qui sont aussi établis entre l'activité et la création d'emploi l'expriment tout autant, lorsqu'on les réduit à une relation mécanique avec un taux de croissance. Ce que relaient les discours politiques dans une sorte de fuite en avant.

Activité et progrès technique

La durabilité de l'activité et la maîtrise du travail passent par celle du progrès technique qui conditionne aussi une part de l'accumulation. On relève à ce propos des effets pervers de la déréglementation financière et de la marchandisation sur les activités de conception. Les pressions que la globalisation exerce en termes de compétitivité et de profitabilité expliquent largement la place qu'occupent les fonctions de recherche dans les entreprises : des fonctions limitées au développement des produits sur des marchés qui restent à court terme[1]. Elles s'exercent aussi sur les politiques publiques dont les créneaux de recherche sont principalement technologiques aux dépens de la recherche fondamentale. Certes les temporalités de la recherche théorique sont incertaines. Mais elles conditionnent néanmoins un ensemble d'effets induits dont les avantages concernent potentiellement toutes les sociétés. Représentée trop souvent comme une aventure singulière et même individuelle, la recherche scientifique est alors refoulée dans l'espace académique. Elle y encaisse plus que d'autres activités d'enseignement les déficits de moyens ou de coordination, dont certains sont des déficits d'échelle. On constate en effet entre les pays occidentaux une hétérogénéité de situations, selon les traditions et la taille des Etats. Les pays anglo-saxons recourent plus que les autres à toutes sortes de mécénats dont une partie est d'origine communautaire. Cette option tend à renforcer la conception des activités de recherche fondamentale comme des activités à part et détachées de tout projet de développement collectif. Elle tend à conforter le caractère à part de leur financement dans une sorte de compétition intercommunautaire, à laquelle se livrent les classes possédantes pour légitimer leur prestige. Ainsi les agendas d'une politique d'investissement public pour le progrès sont-ils refoulés. Ajoutons qu'on observe en plus, comme trait convergent entre de nombreux Etats, la priorité accordée à la recherche militaire, en tant qu'espace de récupération potentiellement lucratif des recherches fondamentales. Ce trait traverse aussi bien des économies développées qu'émergentes. Il y a donc là un espace de tensions permanentes et difficilement réductibles entre les intentionnalités des chercheurs et les canons qu'imposent les classes dominantes au nom de la globalisation. C'est en cela aussi un défi qui se pose aux classes dirigeantes de l'Etat, si elles veulent reprendre la main pour impulser une dynamique d'innovation. Nombre d'Etats de l'hémisphère Sud sont aussi touchés par d'autres tensions qu'exercent des autorités religieuses sur les agendas ou les finalités de la recherche (Guillon, 2012, 2004). La relation temporelle établie entre la

[1] Or, comme nous avons pu le vérifier à l'occasion d'études de postes de cadres supérieurs de la grande industrie, leurs fonctions sont multiples et complexes à coordonner. Elles impliquent, pour la seule filière développement, une quantité d'unités de marketing et de développement technologique et de produits. Elles mettent en scène plusieurs phases de conception et de lancement. Et cela d'autant plus qu'elles concernent un groupe multinational dont les unités traversent un réseau de filiales. On relève aussi la montée en puissance des fonctions de calcul des prix de revient ou de vente – au détriment des fonctions de rationalisation ou d'enrichissement des tâches (Guillon, 1998).

recherche, le progrès technique et l'activité ne s'inscrit pas seulement dans une approche économique, elle participe aussi d'une philosophie de la société. Elle est susceptible ou non de conforter un pôle de recherche en tant qu'élément sensible d'un contrat social dans lequel la maîtrise, la transmission des savoirs et la coopération sont des facteurs déterminants. Elle peut ainsi nourrir de multiples paliers de la division sociale du travail, et susciter de nouvelles qualifications, instaurant ainsi une autre logique que celle d'une compétitivité marchande. C'est là aussi un aspect crucial des limites qu'il faudrait imposer à la globalisation financière – tant à l'échelle des firmes transnationales, qu'à celle des relations entre Etats-nations. Ce qui reposerait aussi la question d'une régulation de la brevetabilité des innovations.

La notion de brevet s'inscrit historiquement dans un modèle d'application industrielle, inclus dans des rapports marchands et des rapports de souveraineté entre Etats. Ce modèle couvre des procédures qui mobilisent des droits de propriété à l'échelle nationale, européenne ou mondiale (OMC). D'où des tensions entre deux logiques : le libre-échange et le protectionnisme. Si la globalisation marque encore une domination des pays occidentaux développés sur le nombre de brevets déposés, on relève leur montée en puissance dans les grands pays émergents comme la Chine ou l'Inde. Toutes ces procédures concernent aussi bien des particuliers que des entreprises. Or ces dernières, lorsqu'elles sont transnationales, jouent sur les opérations d'achat qui leur permettent des transferts de droits de propriété et de technologies. Ajoutons que nombre de procédures sont particularisées lorsqu'une innovation est susceptible de concerner la défense d'un Etat.

Une autre dimension sociale que comporte la brevetabilité des équipements ou des systèmes d'activité tient à ce qu'elle peut déterminer ou non des modes d'utilisation ou de répartition des tâches. Ce qui soulève la question de faire intervenir ou non, dès la conception, des formes de consultation des utilisateurs potentiels. Ce qui tend aussi à ouvrir davantage la manière dont on aborde les problématiques sur la négociation sociale.

Certains économistes, face à toutes ces contraintes, n'hésitent pas à poser le problème des limites de toute problématique sociale de l'activité ou du progrès qui oscille entre l'intérêt et le désintéressement, pour suggérer un retour à une problématique du don, celle-ci étant référée à la réciprocité du contrat social, inspirée de Marcel Mauss (Lordon, 2011). Ouvrons ici une courte parenthèse pour nuancer la portée universelle que l'on confère à l'*Essai sur le don* de Marcel Mauss. En effet si celui-ci marque avec éclat une dialectique de réciprocité entre trois obligations – *donner*, *recevoir* et *rendre* –, dont les dimensions interactives sont institutionnellement économiques et politiques, on doit prendre en compte le fait que l'analyse couvre essentiellement une forme de compétition, le *potlatch*, qui met en scène des acteurs dont le statut est chargé de pouvoir et d'autorité dans des sociétés singulières (Mauss, 1960). L'introduction de cette problématique marque des changements dans les rapports aux choses et à autrui dont les canons sont mouvants (suivant les intérêts) et plus ou moins symboliques. Ces changements ménagent toutes sortes de substitutions ou d'équivalences de valeur dont la régulation ne peut être que politique. Celle-ci doit avant tout écarter toute violence. Mais il reste à maîtriser, dans nos sociétés, un ensemble de dispositions et d'affects individuels et collectifs qui sont modelés par les principes marchands ou la quête de rentabilité, que ne peuvent réduire seuls les principes moraux de justice et d'égalité ; et cela d'autant plus que la rationalité de ce type de don en est éloignée.

On doit ainsi tenir compte des évolutions qui touchent la conception même des serveurs numériques qui équipent de nombreux appareils de communication. On constate l'introduction systématique de « témoins de connexion » dont la fonction de mémorisation est finalement marchande. Car elle permet de déduire les thèmes d'intérêt ou les habitudes de consommation de leurs utilisateurs. Sur un plan plus normatif et juridique – celui de la régulation contractuelle – des rapports de force pèsent encore aujourd'hui sur les principes d'une obligation et d'une réciprocité des contrats. On retrouve alors les mêmes contraintes, en matière de protection des droits individuels ou collectifs, que nous avons recensées tout au long de notre lecture critique de la globalisation financière. Car ces rapports de force, cette obligation ou cette réciprocité contractuelle renvoient à la nécessité d'un cadre juridique dont la légitimité et l'applicabilité demeurent le plus souvent liées au cadre de l'Etat-nation – cadre que refoulent économiquement et idéologiquement les agents de la globalisation financière. Ainsi entrevoit-on, dans cette perspective qui demeure malgré tout utopique, l'aporie que représente la recherche de toute valeur d'activité universelle, si l'on reste figé sur le seul cadre national. On perçoit aussi l'ardente obligation de se placer sur les voies du bien commun. Ce qui est distancié de toute logique de marché ou de puissance portée par un jeu de don et de contre-don. La recherche du bien commun, pour être anthropologiquement structurante, impliquerait de projeter les problématiques du progrès technique ou de l'innovation à une échelle territoriale susceptible de le servir, au-delà de toute rhétorique éthique inscrite dans les cadres d'une compétition économique, politique ou idéologique entre Etats-nations. Ainsi le montrent les avatars ou les manipulations qu'opèrent des gauches de gouvernement, pour mieux assumer des politiques d'ajustement, dont nous évoquerons plus loin quelques singularités sémantiques.

Le reflux du politique est sensible sur le plan des rapports de production, dans la mesure où toute notion de citoyenneté économique a été refoulée de l'entreprise. C'est sans doute lié à cette préséance qui est accordée à la propriété du capital. Préséance que l'on retrouve à l'échelle la plus vaste en tant que vecteur de la globalisation.

Ainsi doit-on revenir sur les limites auxquelles se heurtent toutes les formules d'autogestion, de coopérative et même de cogestion, que nous avons évoquées plus haut. On peut ainsi s'interroger sur les principes que soutiennent les partisans d'une citoyenneté active au cœur même des rapports de production, car cette fixation sur l'action citoyenne les conduit à surestimer les marges d'action économique et politique dont peut disposer toute formation sociale. On retrouve l'effet des pressions qu'exercent les agents de l'ajustement et de la dérégulation pour convaincre la gauche des apories des nationalisations, ainsi qu'une autre version d'une sensibilité solidariste d'un socialisme de proximité. Coincée entre le marteau et l'enclume que sont la dérégulation financière et le libre-échange – tant au niveau global qu'à celui de l'Union européenne –, cette sensibilité peine à retrouver les voies politiques d'un internationalisme, pour valoriser l'action locale ou nationale. On évoquera ainsi les propositions d'un « nouveau secteur socialisé » reposant sur l'association des travailleurs et un financement gagé sur l'épargne des ménages qui serait totalement déconnecté des marchés financiers, et qui se situerait à l'intersection du secteur capitaliste et de l'économie solidaire (Andréani, 2011). Renouant avec les traditions du mouvement ouvrier – à l'époque où celui-ci rejetait le secteur public d'Etat –, intégrant une approche autogestionnaire, ainsi qu'une autre sensibilité républicaine solidaire, cette résurgence idéologique tente en fait d'introduire des éléments de « citoyenneté économique » (au nom de l'intérêt général) au cœur même d'une gouvernance d'entreprise (porteuse d'intérêts particuliers). Cette approche laisse en suspens la question des relations professionnelles. Elle ne l'aborde pas du point de vue de son articulation entre des formations autogestionnaires. Et elle reste, consciemment ou non, prisonnière d'une projection des rapports de production dans un espace social strictement inscrit dans celui d'un Etat-nation. Ce qui, à notre sens, tourne le dos aux défis que lancent les agents de la globalisation financière et leurs relais. Car, comme le montre une revue critique de la finance capitaliste, vouloir promouvoir des formes de financement plus solidaires ou plus coopératives implique de prendre en compte plusieurs paliers. L'un est celui des valeurs d'usage ou d'échange que l'on cherche à fixer, ainsi que les modes de leur comptabilité dont la plupart qui sont en vigueur privilégient exclusivement la finance. Un autre palier est celui des coordinations ou des ouvertures qu'autorisent ou non les institutions gouvernementales ou intergouvernementales qui fixent les droits de propriété ou la monnaie. Surtout lorsque celles-ci restent acquises au libre-échange (Bachet, 2015).

Ce reflux du politique est d'autant plus sensible qu'il touche la sphère même du politique. Sensible à travers les difficultés que rencontre l'Etat face aux pressions de la globalisation, le phénomène est présent dès l'élaboration des programmes électoraux et a fortiori lors de leur application de la part de tous les partis politiques qui participent aux régimes démocratiques. Ce reflux n'épargne aucune formation, que celle-ci se réclame ouvertement ou non du capitalisme. Et, comme nous allons le voir, il frappe d'autant plus sèchement la mouvance socialiste qu'il s'inscrit dans une sorte de désagrégation des corpus idéologiques qui cimentaient cette mouvance. Révélant en cela une sorte d'absorption de toute conflictualité ou tension par des discours gestionnaires ou communautaires dont les manques de coordination rejoignent ceux que prônent les adeptes du libéralisme. Ainsi le montre l'évolution des organisations qui se réclament du socialisme ou de la social-démocratie, et qui, au fil de leurs expériences gouvernementales, ont adopté des pratiques de gouvernance et d'ajustement. Cherchant à les justifier idéologiquement, ces organisations ont révisé les principes d'une doctrine qui s'opposait frontalement au mode de production capitaliste et souvent au marché. Une conséquence de l'adoption de ce genre de posture a été de vider le débat social d'une partie importante de sa substance, et de réduire l'amplitude du débat politique.

Les signes d'une polarisation et, parfois même, d'un repli de la gauche française sur les seuls fondements républicains nous interpellent. Ils marquent le reflux d'une pensée socialiste dont les canons économiques, politiques et idéologiques fondés sur la notion originelle d'appropriation collective des moyens de production, ont été soumis au rouleau compresseur de la globalisation et du libre-échange. Ils conduisent à ne plus situer les relations démocratiques que sur le plan des institutions politiques, ainsi qu'à instaurer une étanchéité entre celles-ci et les institutions économiques comme l'entreprise. Ils réduisent en cela le champ de tout compromis social. Ils traduisent aussi une certaine forme de désarroi idéologique face à la déstabilisation de l'Etat-providence, ainsi qu'aux apories des régulations nationales et transnationales. L'un des signes les plus tangibles est le caractère extrêmement volatil des définitions que pratiquent les médias et les appareils de partis pour distinguer les formes de socialisme ou de social-démocratie. Détournés de toute connaissance historique en longue période, réduits à une vision sommaire de la pluralité des échelles et des dimensions que mobilisent les rapports politiques (en relation avec les rapports sociaux), les registres d'un parti comme le Parti Socialiste sont soumis à la pression de ceux de la gouvernance et de l'ajustement. Ce qui l'a conduit à écarter toute mesure – même exceptionnelle – se rapprochant d'une forme d'appropriation collective, ainsi qu'à adopter la notion de compétitivité, avec toutes ses implications en matière de salaire et de coût du travail. Ce même parti tente cependant de tempérer cette orientation par des valeurs de sociabilité comme la solidarité[1]. Restant en même temps fermement attaché aux valeurs républicaines telles que l'égalité, il oscille entre une conception de l'égalité des droits et la tentation d'appliquer le principe d'équité. Or le principe d'équité, au-delà de son caractère éthique, introduit une dimension de méritocratie que peut très bien récupérer l'éthique d'utilité que pratiquent selon leurs propres critères les agents de la globalisation financière, notamment dans le cadre des procédures de la rentabilité actionnariale. L'adoption du principe d'équité n'est nullement étrangère à de multiples pressions qu'exercent les agents de la globalisation, et dont l'expression conjugue les notions d'efficacité, de compétitivité et de rentabilité (ou de profitabilité). Celle-ci nourrit et se nourrit aussi d'une dialectique de séparation entre l'économique et le social qu'assument toutes sortes de gouvernances publiques. Ainsi les héritiers d'une pensée socialiste sont-ils conduits, alors qu'ils usent du terme de « justice sociale », à se projeter dans le registre de cette dialectique, pour finir par l'assumer, et même à la légitimer. Ce qui revient encore à subir autant d'agences qui participent à des groupes de pression, et plus particulièrement à ceux qu'on retrouve à l'échelle des institutions intergouvernementales ou de l'Union européenne. Ainsi le Parti Socialiste est-il écartelé entre deux univers. L'un est celui qu'exerce l'attraction de l'Union européenne que lui imposent les relais d'une gouvernance au service de la globalisation. L'autre est celui d'une entité nationale républicaine plus mythique dans laquelle il retrouve une partie de ses racines historiques. Au fil des évolutions institutionnelles et de ses succès électoraux, le Parti Socialiste s'est alors réfugié dans la gouvernance d'une pluralité de paliers locaux et régionaux – au risque d'y être confronté à des particularismes. Appliquant ainsi les principes d'un « socialisme de proximité » (inscrit dans une geste historique qu'est celle d'un solidarisme républicain), il peut pratiquer à ces niveaux la gouvernance au nom de ces principes et témoigner du sérieux de sa gestion, sans être culpabilisé d'avoir cédé à la gouvernance. Mais là où le bât blesse, c'est qu'en cas de revers électoraux, ce genre de bastide territoriale au service de la gouvernance se défait, pour mieux marquer encore l'absence de coordination avec les autres paliers de gestion – notamment avec le national

[1] En fait, il faut entendre derrière cette notion une acception du concept de « lien social », plus ou moins assise institutionnellement (au sens d'assurance ou de sécurité sociale), sans qu'il y ait la moindre connotation mobilisatrice, et encore moins de lutte.

et l'européen. Ce qui a pour effet d'en renforcer le caractère strictement instrumental et déconnecté de tout projet de régulation sociale. On retrouve d'autant plus les traces de cette « indétermination politique et idéologique » lors des périodes où les responsables socialistes sont au gouvernement. Ils se laissent alors entraînés sur les chemins du libre-échange. Ils valident sans argumentaire de fond le concept d'économie nationale pour adopter empiriquement celui de compétitivité face aux contraintes de la concurrence internationale. Cette posture, au nom d'un réalisme de gouvernance publique, prolonge et cautionne de facto l'individualisation des gestions de travail et le refoulement des vertus créatrices des collectifs de travail que pratiquent les gouvernances financières d'entreprise

Ce genre de tension idéologique traverse en fait tous les partis de gauche de gouvernement, selon des modulations qui varient en fonction des traditions idéologiques et historiques. Et ces partis sont d'autant plus touchés que leurs relations avec les syndicats – en tant que représentants symboliques du monde du travail – sont distantes. Après avoir refusé toute neutralité politique de la part du mouvement syndical, le Parti Socialiste, embarqué dans les cadres de l'ajustement, a dû réviser son approche pour refouler cette thèse de son argumentaire idéologique. Or cette consubstantialité politique est plus ou moins manifeste selon les secteurs d'activité. On la retrouve, par exemple, pour le secteur des transports dont la mobilisation syndicale est la plus forte. On y observe un rôle décisif des questions d'aménagement du territoire qui contribuent à politiser l'action syndicale. Ajoutons encore que si toute une palette de dispositions et de revendications comme celle des cheminots est considérée comme corporatiste (règles de recrutement, de promotion ou de rémunération), c'est parce qu'elle repose sur une conception globale et politique que les syndicats se font de l'unité d'une régie nationale du transport ferroviaire. Rompant avec toute critique sociale de fond assise sur les perspectives d'une mobilisation sociale, le Parti Socialiste s'est retrouvé dans la posture de porte-parole d'une fraction des classes moyennes, et de plus en plus éloigné des classes populaires. Avec un double risque : celui de mécontenter les unes et les autres par sa politique d'ajustement. Un signe tangible de la perméabilité de cette approche aux critères de gouvernance d'ajustement – refoulant toute mobilisation sociale – est la valorisation de la croissance pour la croissance, en privilégiant le rôle du pouvoir d'achat et la consommation populaire, sans mener une réforme fiscale radicale pour mobiliser l'investissement. Car une telle démarche revient à se contenter de mesures ponctuelles de taxation des rentes, sans qu'une hiérarchisation de leur ampleur structurelle ne soit véritablement posée. On peut évoquer à ce propos les choix d'une fiscalité gouvernementale en 2015, prenant pour cibles les rentes de plusieurs professions libérales (celles-ci étant par ailleurs avalisées par délégation de l'Etat, depuis des lustres), sans chercher à les resituer dans un ensemble de rentes beaucoup plus conséquent que sont, entre autres, celles que produit le complexe étatique militaro-énergétique-industriel, ni poser encore plus largement la question des droits de propriété. Ce qui supposerait que ces classes dirigeantes mettent en perspective les droits de propriété avec le domaine des biens et des services publics civils ou militaires, pour mieux fixer les limites en matière de sous-traitance, de concession et de délégation que ne peut franchir une autorité publique soucieuse du bien commun[1]. C'est d'ailleurs sur ce registre qu'une partie de la pensée critique contemporaine a reposé la pertinence du concept de « commun » – inspiré d'une histoire critique des droits de propriété foncière –, pour le projeter sur le terrain des droits de propriété intellectuelle. Mais les réserves que l'on peut formuler tiennent à ce que cette approche reste dans les cadres d'un partage des droits de propriété privée ou publique à l'échelle du seul Etat-nation. Et qu'en ce qui concerne l'échelle supranationale, elle demeure captive de l'agence combinée de la globalisation financière et du libre-échange, comme le montrent les limites d'une régulation interétatique des biens et services – réduite aux registres de leur « normalisation » (Graz, 2013). De plus peu d'auteurs se saisissent pour cette approche du domaine de la défense en tant que « bien commun » (Serfati, 2009, 2004).

---

[1] Il est tentant de rapprocher cette « indétermination gouvernementale » de l'hétérogénéité doctrinale qu'affirme le Parti socialiste depuis sa nouvelle déclaration de principes de 2008, dans laquelle il mêle des concepts d'inspiration socialiste avec un vocabulaire de gouvernance. Ainsi l'article 6 de cette déclaration énonce-t-il se prévaloir d'une « *économie sociale et écologique de marché* régulée par la puissance publique, ainsi que par les partenaires sociaux ». Celle-ci étant portée par une « économie mixte, combinant un secteur privé dynamique, des services publics de qualité, un tiers secteur d'économie sociale ». Selon le même article : « certains domaines de l'activité ne peuvent relever du fonctionnement du marché quand ils concernent des droits essentiels. Les socialistes font de la création durable et de la redistribution des richesses un enjeu majeur de l'action politique. Ils pensent que les politiques participant aux enjeux environnementaux doivent être coordonnés par la puissance publique, garante du long terme et de l'intérêt général ». L'article 7 soutient « un modèle de développement durable qui conjugue la croissance, l'innovation technologique, l'impératif écologique, la création d'emplois, la protection sociale ». Il affirme aussi que les socialistes veulent construire « une société nouvelle qui dépasse les contradictions du capitalisme, faisant toute sa place au secteur non-marchand », et que « le travail est un moyen individuel et collectif d'insertion, de reconnaissance et d'émancipation ». L'article 8 prône une réactualisation de l'Etat social « qui permet aux réponses collectives de satisfaire les besoins individuels dans leur diversité », en privilégiant l'investissement productif au détriment de la rente, en assurant une protection contre les risques sociaux, en assumant une redistribution, et en garantissant la sécurité des personnes et des biens. L'Etat a aussi pour rôle majeur la régulation afin de concilier l'économie de marché, la démocratie et la cohésion sociale. Et, pour être moderne, il doit investir et émanciper en privilégiant l'éducation, la recherche, l'innovation, la culture.

La situation n'est guère plus brillante sur les terres des autres partis socialistes européens, comme le montrent un affaiblissement des liens originels entre la social-démocratie allemande (SPD) et la centrale syndicale allemande (DGB) et celui des liens encore plus organiques qui intègrent les représentants du mouvement syndical britannique (TUC) dans le parti travailliste Labour Party)[1]. En fait toute forme de correctif de ces évolutions impliquerait une mobilisation politique et idéologique davantage offensive et resserrée entre toutes ces formations, à l'échelle de l'Union européenne (Guillon, 2008). On mesure là encore l'impact qu'exercent les agents de la globalisation, non seulement à travers le reflux des canons idéologiques socialistes, mais aussi à travers une pénétration des critères de réglementation par ceux de la gestion financière. Cet impact est d'autant plus marquant, qu'il entame aussi d'autres fondements encore plus substantiels que sont ceux d'une éthique citoyenne héritée des Lumières.

Un trait que révèle la convergence entre le reflux d'audience des canons socialistes et l'emprise du libéralisme est d'abord sa dimension mondiale. Elle accompagne l'effondrement historique de l'URSS – dont le système était fortement critiqué par les partis socialistes, mais qui leur permettait de se présenter comme une troisième voie possible –, ainsi qu'une forme de désarroi idéologique de la part des classes dirigeantes occidentales dites de gauche face aux pressions structurelles de la globalisation financière et à l'irruption des économies émergentes dont les références idéologiques sont extrêmement diverses. Et l'agence de cette forme de décomposition idéologique est d'autant plus forte qu'elle revient à assimiler paradoxalement deux versions de la critique du socialisme pour chercher à les dépasser au nom d'une sorte de réalisme économique démocratique. L'une vise le modèle de bureaucratie autoritaire incarné par l'URSS, alors que l'autre marque l'échec d'un politique sociale libérale face aux exigences du capitalisme financier. Ajoutons encore que cette forme de désertion

---

[1] Le parti travailliste anglais est originellement un groupe de représentation parlementaire créé en 1899 par le Trade Union Congress. Aussi ce parti a-t-il bénéficié très longtemps d'un financement direct jusqu'au Trade Union Act de 1984, sous le gouvernement Thatcher. De la même façon, les syndicats anglais ont-ils été statutairement présents au sein du Comité exécutif travailliste. Depuis le ralliement des gouvernements Blair à des politiques d'ajustement, tous ces liens se sont distendus jusqu'au congrès du Labour en septembre 2015. Celui-ci inversant la donne avec l'élection de Jeremy Corbyn, en tant que premier secrétaire. Les relations entre la première centrale syndicale allemande et le parti social-démocrate allemand n'ont jamais été aussi organiques mais seulement en termes d'accords programmatiques. Ils sont inscrits, depuis la fin des années 1950, dans une dynamique de croissance suivant les principes d'une « économie sociale de marché », et privilégient le développement industriel. Celui-ci est gagé sur la cogestion en entreprise et un renouvellement des accords de branche. Cette dynamique de compromis a été atteinte par les tensions de la gouvernance actionnariale et celles d'un redéploiement de la division internationale du travail.

idéologique est d'autant plus active qu'elle participe aussi d'une microdimensionnalité qui repose sur la mobilisation de toutes sortes de registres affectifs. Cette microdimensionnalité est le champ d'une forme de capitalisation que nous avons évoquée à propos du capital social. Polarisée sur l'acquisition de toutes sortes de services différenciés (depuis les services de confort jusqu'aux services plus essentiels comme l'éducation ou la santé), elle mobilise les classes dominantes de chaque société. Elle représente aussi un modèle de distinction auquel aspirent les classes moyennes. Elle fait partie de leurs revendications, pour s'introduire dans le cahier des charges de la gouvernance publique – soumis aux tensions de la globalisation financière. La pression et le caractère irréductible de celles-ci, ainsi que leur décalage avec les revendications des classes populaires sont des facteurs qui tirent le débat politique vers les registres d'une sociabilité microdimensionnelle, autour de laquelle les normes morales viennent se substituer aux objectifs de répartition. Ainsi les normes de justice sociale cèdent-elles la place à la vision d'une harmonie sociale tournée vers la gouvernance en tant que source de valeur ajoutée (et même d'enrichissement général). Rappelons aussi que cette forme de sensibilité est encouragée par la gouvernance des entreprises – dont de nombreuses procédures sont marquées par leur individualisation au nom de la compétitivité. Il n'est pas du tout surprenant qu'elle pénètre la sphère publique. Ne serait-ce que par le canal des échanges et des mobilités de dirigeants entre le monde de l'entreprise et le monde politique (Guillon, 2008). Or, sur ce plan, les agendas politiques ne sont pas exempts de paradoxes. On peut ainsi émettre l'hypothèse d'une agence certaine qu'ont exercée les cycles d'alternance entre les nationalisations et les privatisations dans la diffusion des normes d'ajustement. C'est ainsi qu'en France les nationalisations de 1982 ont promu puis conforté des managers et des dirigeants d'entreprise cooptés par la gauche. Les privatisations – opérées par la suite par des gouvernements de droite (en 1986-1988 et 1993-1997), mais aussi par la gauche (en 1997-2002) – ont réduit les écarts idéologiques entre toutes les composantes des classes dirigeantes. Il est possible de reconstituer autant d'étapes significatives qui ont resserré les liens entre l'appareil industriel, l'appareil financier et l'appareil d'Etat pour l'essentiel de la grande industrie et du système bancaire. On relèvera aussi la formation de « noyaux durs » dont les connections traversent de multiples activités croisées et sont alimentées par des pôles d'actionnaires privilégiés. Enfin on ne peut isoler cette dynamique de celle qui a perduré aux Etats-Unis, elle-même rejointe par un déferlement de privatisations qui a saisi toute l'Europe de l'Est et la Russie au cours de la décennie 1990. L'extension de cette dynamique est un signe de plus de l'agence qu'exerce la globalisation financière. Elle montre la diffusion des critères de gouvernance. Elle souligne aussi l'importance que tiennent les investissements relationnels – le capital social – dans les rapports entre les agents de cette gouvernance et les classes dirigeantes. Et elle pose encore plus largement la question de l'échelle à laquelle on peut envisager toute régulation publique. Celle-ci débordant non seulement les cadres de toute sociabilité, mais aussi ceux institutionnels d'un Etat-nation. Surtout si ce dernier a une échelle de petite ou moyenne portée, ou, en d'autres termes, une influence politique, économique et même idéologique de portée infrarégionale.

Un trait commun de toutes ces évolutions aboutit à polariser les vertus de l'action publique sur la recherche instrumentale d'une pseudo valeur qu'est la croissance. Cette action est ainsi progressivement vidée de ses finalités sociales, dans la mesure où des objectifs comme la poursuite du plein-emploi, la réduction des inégalités ou la transformation du travail sont repoussés comme des objectifs devenus utopiques ou promis à long terme, en regard des contraintes. Ainsi conforte-t-on la séparation idéologique entre le politique et l'économique, pour les distinguer d'un autre domaine : celui de la gestion sociale. Ainsi se réalise, dans les cadres mêmes de la politique publique cette segmentation sociale – que n'auraient pas reniée les pires bourgeois du XIXe siècle. Ce sont là, à notre sens, les leviers idéologiques les plus sensibles, sur lesquels joue la globalisation. Ils s'offrent comme un modèle de rapports sociaux réglés par la rationalité supposée fusionnelle entre les normes du libéralisme et celles de la démocratie. Cette rationalité cultive l'effort et le lien social au service d'une harmonie obtenue par une association entre les gouvernances d'entreprise et les gouvernances publiques. Mais les difficultés commencent avec les destructions d'emplois, lorsqu'elles sont soumises à des mouvements de capitaux dont la rationalité sociale est absente. On touche alors les limites d'un discours politique, dans les sociétés démocratiques, dont l'une des contrefaçons est d'accentuer la part de communication aux dépens de projets plus déterminés et évalués. Mais concevoir une telle détermination ou évaluation ne peut faire l'économe d'une critique serrée des logiques qui animent la vie politique des démocraties. On y retrouve en effet, de manière récurrente, les signes d'une capitalisation et d'une marchandisation. Ainsi le montrent les modes de scrutin ou les procédures d'accès et d'exercice du pouvoir qui privilégient une forme de compétition dans laquelle la captation des moyens de communication et la perspective d'une reconduction l'emportent sur toute considération programmatique. Or cette dérive de sens est d'autant plus assise qu'elle alimente toute une sphère de profits, elle-même consolidée par l'essor transnational des activités de communication en relation fusionnelle avec le monde financier (Martel, 2010). Ce sont sans doute là autant de pressions qui viennent percuter d'autres dérives que les partis soit disant réformistes adoptent en matière de gouvernance, et qui agissent sur le caractère de plus en plus réducteur qu'ils laissent à la fonction du syndicalisme hors de toute perspective de mobilisation collective pour une transformation sociale (Guillon, 20008).

Une consolidation des groupes et holdings

S'il est encore une figure qui marque dans toutes ces évolutions l'emprise des registres de la gouvernance financière, tant au moment des privatisations qu'à celui des nationalisations, c'est celle de « groupe ». On la retrouve aussi bien comme catégorisation pour affirmer les projets d'une maîtrise publique d'un avenir industriel, technologique, organisationnel ou financier énoncés par un Etat dans les années 1980 qu'en tant que concept d'une fusion achevée et multiforme d'entreprise profitable des années 1990. Elle a sans doute contribué à céder la place au financier et à limiter la place de toute gestion sociale. Et cette même figure, supposée porter un double message de puissance nationale et de conquête des marchés mondiaux, a finalement conforté les stratégies de pouvoir des firmes transnationales. Avec des formes d'interventions variables sur les pouvoirs politiques. Mais que ce soit aux Etats-Unis, en Europe, au Japon, en Inde, en Corée du Sud ou en Chine, on retrouve ces « entreprises mondiales » ou ces « internationales capitalistes ». On en comptait une centaine, dès la fin des années 1990, grâce aux opérations de fusions-acquisitions[1]. Ce sont bien là encore autant de pesanteurs qui nous interrogent sur la pertinence des raisonnements politiques en termes d'ajustement. Notamment ceux qui considèrent toujours possible de fusionner dans un schéma idéalisé : le libre-échange, la structuration d'une économie nationale compétitive et l'extension de ses firmes transnationales. Toutes ces tensions révèlent aussi l'émergence, dans plusieurs régions du Moyen-Orient ou de l'Asie, de nouvelles formations capitalistiques dont les ressorts sont familiaux, claniques ou même religieux. Soit autant de structures financières ou entrepreneuriales à vocation transnationale qui cumulent une palette d'activités primaires, secondaires et tertiaires – à travers de multiples sociétés constituées en holdings (Guillon, 2005). On relève ainsi des formations de ce type concurrentes des firmes occidentales comme des chaebols coréens, des groupes japonais, indiens, malais, indonésiens ou chinois, ainsi que plusieurs formations des pays du Golfe.

[1] Ce qui représentait plus d'un millier de milliards de dollars consacrés chaque année à ce genre d'opération. Avec des taux de retour d'investissement conséquents, sans qu'il y ait toujours une réelle création de valeur.

13. La créativité

La créativité et sa reconnaissance impliquent une pluralité de temporalités et de registres que réduit leur marchandisation, dans la mesure où elles sont aussi soumises aux mêmes critères de rentabilité que les autres activités. On relève ainsi leur impact sur une partie des activités de recherche, mais aussi sur d'autres activités dont la représentation est encore plus en prise sur l'imaginaire comme les activités artistiques.

La recherche fondamentale

Comme nous venons de l'évoquer plus haut, une partie de l'activité économique est liée aux progrès de la recherche : recherche fondamentale et recherche appliquée dont les liens sont largement établis, mais repoussés pour leur temporalité, jugée trop longue par les agents de la production marchande, sous la contrainte d'une rentabilité financière à court terme. Ainsi nombre d'entreprises privilégient-elles la recherche de développement de leurs produits. L'Etat se retrouve seul pour financer la recherche fondamentale dans un cadre où les pressions du complexe militaro-industriel sont fortes, dans la mesure où elles permettent de concilier les activités de recherche fondamentale avec un renouvellement de la puissance régalienne de l'Etat et des perspectives de dividendes pour les investisseurs privés. Mais l'agenda qui est imposé aux Etats les plus performants derrière les Etats-Unis (autres que la Russie) est de s'intégrer en tant que sous-traitants des Etats-Unis dans le cadre de l'OTAN. Les produits de l'aéronautique et de l'électronique militaires, le traitement de l'information sont les principales cibles de cette recherche. Ainsi se construit une nébuleuse de réseaux entrecroisés et hiérarchisés entre un centre et sa périphérie, dont la logique mêle les rapports de souveraineté et diverses formes de gouvernance technologique et financière. Il y a là une preuve de plus de l'emprise de la globalisation financière sur l'activité régalienne de l'Etat (Serfati, 2004). On retrouve ainsi, à travers de nombreux régimes politiques – depuis les plus démocratiques jusqu'aux plus tyranniques – enchevêtrées de multiples considérations politiques d'ordre stratégique dont les ressorts de l'investissement sont la promesse de rentes. Fondée sur tout un ensemble d'activités civiles ou militaires qui mobilisent des qualifications en matière de recherche-développement et de production technologiquement performante, la distribution de leurs produits entraîne de multiples effets pervers. Ces derniers sont en contradiction avec un développement des connaissances au service du plus grand nombre que soutiennent les agendas intergouvernementaux. Le « vivant », à travers nombre de recherches sur les espèces végétales ou animales, est un autre domaine sensible où l'on relève ces croisements entre la recherche sur fonds publics et la production de rentes. On y observe en effet une appropriation de la production des connaissances par le canal des brevets d'exploitation. L'exemple des groupes pharmaceutiques illustre depuis longtemps ce que tirent les formations privées des avancées de la recherche publique. Aussi observe-t-on des exonérations fiscales qui sont accordées aux entreprises qui augmentent la part de leurs dépenses de recherche-développement. On relève ainsi encore plus globalement le rôle que peuvent jouer les activités de recherche pour légitimer une extension des droits de propriété à un spectre toujours plus large d'activités (Serfati, 2004). On retrouve dès lors les liens qu'il faudrait établir entre les limites des droits de propriété et la nature de « bien commun » que sont le savoir et le caractère coopératif d'une division sociale du travail susceptible de rapprocher les collectifs ou les formations sociales. Ce qui rejoint cette problématique sociétale que nous avons déjà posée, à propos du choix de la temporalité des recherches.

La question des besoins de nouvelles avancées en matière de recherche implique de favoriser toujours plus la recherche fondamentale et la pluridisciplinarité. D'abord en raison du caractère global de certains défis que posent, entre autres, des phénomènes comme le changement climatique ou la globalisation économique elle-même, du fait de la multiplicité et de la transversalité de ses paliers. Nous esquisserons spécifiquement à ce propos plusieurs jalons dans notre dernier chapitre. On ne doit pas non plus écarter de ces besoins en recherche fondamentale et en pluridisciplinarité d'autres motifs plus épistémologiques, dans la mesure où il y a toujours une nécessité d'établir des passerelles entre des champs théoriques dont les concepts ou les liens de causalité sont encore trop segmentés. Les neurosciences sont un champ de recherche qui montre les potentialités d'une telle voie. Situées à l'intersection des sciences de la vie et de la cybernétique, de la biologie et de l'informatique, les recherches sur l'activité cérébrale sont focalisées sur la neurobiologie pour déboucher sur des travaux consacrés à l'imagerie cérébrale dont la portée nourrit d'autres travaux sur la vie psychique. Enfin s'il est un domaine de recherche qui justifie pleinement cette problématique c'est celui de la recherche spatiale. Car il pose encore plus fondamentalement autant d'articulations entre la compréhension de la matière sous toutes ses formes et celle d'un univers en expansion.

La production artistique

La production marchande des œuvres d'art, par son extension, son accélération et les brassages qu'elle opère, devient le vecteur de nouvelles chimères d'une hétérogénéité fusionnelle créatrice. Or celle-ci produit des formes d'hybridation réductrice et statique, si on les compare à une dynamique que nous avons plus spécifiquement testée à propos de l'histoire du jazz moderne : celle de l'« entre-deux ».

L'entre-deux révèle la dynamique d'allers-retours qui anime les échanges entre des musiciens ou des plasticiens. Il permet ainsi de dépasser le caractère étanche des classifications stylistiques que formulent trop souvent les critiques ou les historiens d'art. C'est ainsi qu'en revenant sur la production des musiciens de jazz des années 1950 et 1960 – estampillée pour les uns comme du hard bop et pour les autres comme du free jazz –, nous avons relevé quantité d'œuvres que nous qualifions de « New Wave », dont les caractéristiques harmoniques et rythmiques apparaissaient comme la résultante d'échanges entre ces deux pôles. Elles étaient le fruit d'une authentique appropriation que les musiciens de chaque pôle opéraient sur les canons de l'autre pôle. Maîtrisant ensemble les dissonances harmoniques, ainsi que l'effervescence rythmique, ces musiciens avaient réussi à produire un jazz plus dense et plus intense. Ils avaient resserré les liens entre les fondamentaux que sont le blues, le gospel et la syncope par un ressourcement à la fois savant et empathique vers des musiques encore plus originelles. Une comparaison avec les musiques actuelles tendrait à montrer que les modes d'échange entre musiciens sont moins fusionnels et plus superficiels (Guillon, 2009, 2006). On peut dans ce sens comparer le flottement des appellations de genre ou de style musicaux – *funk*, *groove*, *soul* ou *fusion* – dont usent actuellement les producteurs ou les critiques en regard des nuances qu'elles revêtaient dans les décennies 1950 et 1960 (Guillon, 2013). Tout se passe donc comme si la globalisation et l'accélération d'une production musicale liée au divertissement refoulaient la créativité d'un jazz instrumental vers de nouvelles marges comme le rap ou le hip hop. La force de ces nouvelles musiques – toujours en prise sur un vécu social – reposant davantage sur le caractère expressif de leurs scansions que sur de nouvelles approches des harmonies ou des tonalités. Ces dernières sont en effet réduites intentionnellement à une sorte de minimalisme. On peut donc s'interroger sur une certaine distanciation chez ces musiciens entre leur volonté d'exprimer la réalité d'une violence sociale irréductible et tout projet visant à la sublimer sur un plan musical. S'il est un facteur qui nous semble déterminant dans cette nouvelle musique, c'est bien la force qu'elle tire de son ancrage en longue période dans une réalité communautaire. Au même titre que la création des années 1960, elle peut être ainsi reçue comme une nouvelle étape d'une dynamique de résilience collective des Noirs états-uniens ; dynamique mobilisatrice de plusieurs registres essentiels d'un champ social communautaire – familial, paroissial, musical, religieux ou politique –, afin de mieux combattre positivement les préjugés et le racisme, tout en valorisant les spécificités d'une culture, ainsi qu'en réussissant à la rendre plus universelle, par ses ouvertures à d'autres cultures d'autres continents. Cette ouverture contient donc plusieurs registres d'identité et de sensibilité. Elle marque aussi les limites de vouloir réduire toute création artistique aux registres d'une communauté, tout en montrant aussi qu'elle prend racine dans la conscience collective de cette communauté[1].

Un retour plus large sur l'histoire de l'Art contemporain nous a sensibilisé au fait qu'on pouvait étendre cette notion d'entre-deux à divers registres de la création musicale ou plasticienne comme le montrent les œuvres qui intègrent des éléments de tonalité chromatique, en même temps qu'elles pénètrent l'atonalité musicale ou l'abstraction picturale (Guillon, 2010). Une réflexion sur les avancées fusionnelles de l'Art contemporain et certaines ruptures de la période actuelle, nous conduit à resituer les intentionnalités de tous les créateurs dans leur contexte socio-historique. On peut ainsi relever des moments auxquels elles ont réussi à le transcender – sans pour autant en effacer l'agence –, contrairement à d'autres périodes, comme celle de la globalisation, où elles apparaissent moins maîtrisées et davantage perméables aux critères dominants de l'argent. Ainsi le montrent les modes de diffusion et donc de promotion d'œuvres cinématographiques, littéraires, musicales ou plasticiennes dont la structure et les critères participent à la globalisation financière (Guillon, 2010).

Une question que poserait le projet de garantir l'authenticité de toute création artistique serait de la soustraire à la globalisation, pour la projeter dans le domaine du bien commun. C'est là un champ potentiel de multiples coopérations publiques et associatives qui supposeraient de sortir de l'emprise marchande les pans d'autres secteurs d'activité qui lui sont liés, comme par exemple le tourisme. On peut à ce propos souligner nombre d'effets pervers qu'ont le tourisme de masse ou le tourisme de luxe sur la manière dont sont orientés les investissements culturels dans de nombreuses zones touristiques (Guillon, 2012). Et, comme nous l'avons déjà souligné dès notre premier chapitre, de telles productions se réduisent à reproduire voire symboliser les affects d'un public, parce qu'il représente une part de marché potentiel. Un trait caractéristique de ce genre de production est une certaine hétérogénéité des composants harmoniques ou rythmiques, avec comme conséquence d'en réduire la densité et l'éclat. En ce qui concerne le reflux de cette substance qu'est l'entre-deux dans une partie de la production artistique d'aujourd'hui, on peut même parler de fausse hybridation, comme le montrent certains traits d'une *World music*, qui juxtaposent des registres

[1] Le blues apparaît bien, dans cette perspective, comme un vecteur essentiel de ces musiques. Non seulement parce qu'il a su ménager par ses multiples fonctions sociales cet ancrage communautaire, mais aussi cette ouverture sur d'autres corpus harmoniques ou rythmiques. Il permit aux Noirs américains – dès leur période d'esclavage – de pouvoir exprimer et communiquer leur expérience. Les incitant ainsi à se confectionner, souvent de manière détournée puis ironique, les registres d'une authentique culture – dans lesquels devaient puiser des générations de créateurs à venir (Guillon, 2013).

d'inspirations diverses au gré des productions de labels discographiques sans cesse renouvelées. De même peut-on observer, notamment au rythme des biennales d'art, une forte dispersion des références stylistiques pour des œuvres dont les matériaux ou l'échelle sont extrêmement variables : depuis l'incorporation de matériaux naturels les plus bruts jusqu'aux composants les plus synthétiques ou électroniques, ou encore nombre d'agencements microscopiques ou macroscopiques dont l'inspiration est cinétique, numérique, systémique, architecturale ou environnementale (Land Art).

Nous apporterons quelques nuances à nos critiques, pour évoquer – plus spécifiquement, en ce qui concerne le champ de la musique de jazz –, différents espaces indépendants des canaux les plus globalisés. Ce sont notamment plusieurs labels ou équipes de festivals animés par des passionnés dont la mobilisation s'efforce de maintenir la voie d'une création authentique.

Ces quelques traits que nous évoquons à propos de la recherche ou de l'art ne font qu'évoquer une partie seulement des problèmes que soulève la quête de leur rentabilité marchande ou financière. Nous n'abordons pas d'autres questions, encore plus complexes, comme celle de la reconnaissance des temporalités ou de la valeur de toute activité créatrice. Une partie de cette reconnaissance est soumise aux canons de chaque institution dont dépend tout créateur dans son pays, alors qu'une autre est directement projetée dans un espace transnational. Une partie même de cet espace – tant sont forts ses liens avec l'imaginaire – échappe à toute forme d'appréhension sociale en termes de valeurs dominantes. Ce que les agents de la marchandisation des œuvres d'art peuvent chercher à récupérer tout en critiquant et rejetant idéologiquement toute forme de subvention publique, au nom de la liberté du créateur. La voie redevient ainsi très étroite pour pouvoir apprécier la valeur d'une production sans la lier à une demande formatée et révisable. Ce que l'on observe à propos du rétrécissement de la temporalité et du registre des activités les plus créatives est, bien entendu, encore plus accentué pour toutes les activités de production industrielle ou de service, dont l'organisation est de plus en plus strictement conditionnée par des procédures qui sont souvent soumises à une flexibilité en flux tendu, afin de mieux coller à la variabilité de la demande.

CHAPITRE V

LES VOIES D'UNE REDÉFINITION ET D'UN REDÉPLOIEMENT DES POLITIQUES

Nous abordons maintenant deux volets essentiels d'une action contre les effets pervers de la globalisation. Le premier touche à un renouveau de l'action publique, et le second à une manière différente de s'ouvrir au monde. Etant donné la transversalité et la complexité de ces questions, il est prudent de les poser de la manière la moins fermée possible. Notamment en raison de la multiplicité des facteurs économiques, politiques et idéologiques qui contredisent toute naturalisation de nombreux concepts que pratiquent les partisans de l'ajustement. Chacun de ces volets implique donc une redéfinition et un redéploiement d'autres moyens d'action que ceux de l'ajustement structurel.

En ce qui concerne la dimension strictement politique, nous sommes conscient de l'urgence qu'il y aurait à mieux lier celle-ci avec l'activité économique à une échelle suffisamment critique, pour faire face non seulement à la globalisation financière, mais aussi à une montée des périls géopolitiques. Nous n'aborderons cependant pas ici les questions de l'avenir institutionnel de deux entités continentales qui nous concernent le plus directement : l'Union européenne et la zone euro. Nous estimons en effet qu'elles restent encore trop soumises idéologiquement aux principes du libre-échange et de l'ajustement structurel – en termes de compétitivité –, pour que nous nous prononcions, par exemple, sur l'avancée que représenterait un fédéralisme européen. Ainsi les difficultés que rencontre l'Union européenne, à travers le rôle de sa banque centrale, pour corriger à la fois des déficits qui sont aussi bien publics que bancaires, sont bien les signes des contradictions qui marquent les rapports entre tous ces principes et ceux d'un modèle formel de compétition entre souverainetés nationales[1].

[1] Ce sont toutes ces contradictions accumulées – mêlant ajustement structurel, compétitivité libérale, compromis de souverainetés, rentabilité des capitaux, démocratie politique plus que démocratie économique, etc. -, qui sont à l'origine d'un flottement institutionnel de l'Union européenne. C'est notamment dans cette brèche que prennent place les interventions du FMI qui ont concerné un pays membre comme la Grèce. Celles-ci s'ajoutaient aux traitements endogènes du dossier par les institutions de l'Union ; et tout en suivant les mêmes principes

Une chose est cependant certaine : il faut tout faire pour refouler le retour à des crispations nationales dont l'essence est souvent religieuse ou ethnique, et rester attentif à la valeur du travail, ainsi qu'à celle du bien commun en tant que valeur centrale de toute régulation. Une attention portée à cette autre forme de concurrence larvée que connaît actuellement l'économie mondiale entre deux grands secteurs d'activité – l'un formel et l'autre informel – est sur ce plan une démarche instructive, car elle révèle à la fois la multidimensionnalité des comportements et des positions idéologiques qu'adoptent les groupes, les communautés ou leurs diasporas.

Ce sont là autant de pistes qui plaident en faveur d'un effort de réflexion sur les potentialités d'activité, à condition de les inscrire dans des projets de coopération distanciés des canons et d'une temporalité strictement marchands, tout en les projetant dans un espace géopolitique ouvert ; espace qui ne peut ni être réduit à une communauté ou à une souveraineté strictement nationale, ni à une quelconque entité définie a priori selon des critères identitaires. C'est en ce sens que nous ne nous satisfaisons pas d'une approche segmentée entre les dimensions économique et écologique, ni d'une perspective européenne qui ne serait pas tournée vers d'autres horizons que sont, par exemple, l'Orient ou l'Afrique (contrairement à ce que montre l'histoire). C'est là une démarche qui tient non seulement compte des rapports de domination que l'Europe a établis dans le passé, mais qui cherche en même temps à les dégager de tout contentieux ou de toute repentance, pour mieux les projeter dans une autre perspective : celle du bien commun. Un espace apparaît sur ce plan significatif, en regard de la prégnance de son histoire et des liens que tissent les migrations qui le traversent : l'espace méditerranéen. Un resserrement des liens entre les peuples ou les communautés qui l'occupent et ceux de l'Union européenne nous parait revêtir de ce point de vue une importance stratégique. Il est cependant fortement soumis actuellement à de graves tensions dans l'espace du Levant, dont les unes sont directement imputables à la globalisation, alors que d'autres interfèrent avec des traditions ou des rapports de domination beaucoup plus anciens. Cette approche peut aussi être transposée pour d'autres continents en vue de nourrir de nouvelles relations transcontinentales.

---

que ceux de l'ajustement, elles envisageaient l'éventualité d'une réduction de la dette à long terme – contrairement à l'Union dont le plan d'aide ne privilégiait que des mesures de privatisation assorties de nouvelles réductions des dépenses sociales sans la moindre perspective de plan d'investissement public. Précisons encore qu'une partie des réformes structurelles que l'Union exigeait de la part du gouvernement grec en matière de fiscalité aurait dû pouvoir bénéficier d'une offensive globale de l'Union contre les fuites de capitaux et les paradis fiscaux que cette dernière n'avait jamais engagée.

Enfin, ajoutons que le spectre des activités que nous couvrons inclut les activités de création artistique. Ce sont en effet des activités qui permettent de mieux tester les rapports entre l'ouverture, le cosmopolitisme et l'approfondissement de la valeur d'une production, parce qu'elles expriment le plus profondément les racines de toute créativité. C'est pourquoi nous reviendrons pour cet aspect sur un versant de la création musicale dont nous avons particulièrement traité : le jazz états-unien des années 1960.

14. Les conditions d'un renouveau de l'action publique

Ce renouveau est fortement lié aux principes d'action de l'Etat, ainsi qu'à l'échelle à laquelle on les situe, mais il implique aussi de ne pas ignorer certaines apories qui touchent la mobilisation des forces productives du point de vue de ces principes et du rôle que l'on réserve à la maîtrise de plusieurs formes d'investissements civils ou militaires. Après avoir posé quelques jalons en matière d'orientation et d'échelle du développement, nous évoquerons les limites des politiques que conduit l'Union européenne. Nous reviendrons ensuite sur plusieurs facteurs de la crise de l'emploi – avant de nous situer sur un terrain géopolitique pour mieux aborder les perspectives d'une autre ouverture.

Principes et échelles d'un nouveau développement

La valorisation du travail au service de la justice et de la créativité reste pour nous un objectif premier. Elle commande d'autres registres que sont ceux de la sécurité ou de la confiance que développent en tant que substituts des pensées soumises ou résignées face à une éthique de l'ajustement, elle-même soumise à une rentabilité à court terme que sert la globalisation financière. L'application de ces principes a des conséquences. Elle refoule d'abord toute stratégie et notion même de « développement », avec des références constantes au terme de « croissance » croisé avec celui de « compétitivité ». Elle mobilise les forces productives au service d'une conception du profit, avec aussi des retours de volontés de puissance que conforte une structuration des complexes militaro-industriels. On constate en même temps un déficit d'autorité politique qui se traduit par une dispersion des moyens d'intervention publique et une incapacité à assumer la diversité des paliers d'activité. Toutes ces dysfonctions atteignent les projets d'unions intergouvernementales, au premier rang desquels se trouve l'Union européenne – si on considère le caractère d'intégration et d'harmonisation du message qu'elle portait initialement.

Les pressions de la pensée néolibérale, l'agence économique, politique et idéologique des pouvoirs de la globalisation – se saisissant de toutes les opportunités que leur fournissait l'effondrement de l'URSS – ont écarté toute perspective de renouveau ou de coordination en matière d'intervention économique de l'Etat. Celle-ci a néanmoins été maintenue pour la sphère d'activité militaro-industrielle, par la mise en place de réseaux. Ceux-ci tissent de la manière la plus complexe et la plus fusionnelle – à l'échelon le plus élevé des appareils d'Etat – des liens entre des considérations stratégiques en matière de défense, des modes de programmation technoscientifique et industrielle, et d'autres considérations sur le financement ou la commercialisation de ces activités. Un exemple significatif de la force de pénétration qu'ont ces productions et leurs réseaux dans toute économie d'un pays technologiquement performant a même été apporté récemment par l'évolution de l'économie japonaise. L'Etat japonais a réussi à lever tout embargo sur ses ventes d'armes à un Etat étranger, ainsi qu'à établir des liens de coopération avec plusieurs Etats européens. Tout se passe donc comme si les industries d'armement restaient un des recours majeurs pour relancer l'industrie. Ce genre de liens ne concerne pas seulement des pays technologiquement avancés ou des économies puissantes. Il participe à toutes sortes de paliers d'activités civiles et militaires, de projets stratégiques en matière d'alliances et d'approvisionnement en énergies dont la réalité est pesante, et d'autant plus pesante qu'elle concilie la quête de profit et l'affirmation d'une position de puissance. C'est ainsi qu'à titre d'exemple on peut relier une pluralité d'événements pour comprendre la politique africaine d'un Etat comme celui de la France. Celle-ci mêle en effet des considérations d'ordre politique, économique et idéologique qui sont liées ou induites de son passé colonial, mais aussi d'une compétition économique mondiale pour laquelle l'uranium est une ressource stratégique. Ce qui rejoint très vite le terrain des risques d'attentats que les Islamistes font peser contre toute présence française dans les régions d'exploitation de cette ressource.

La compréhension et la solution de toutes ces questions ne relèvent pas seulement d'une seule politique gouvernementale. Elles mobilisent tout un ensemble de réseaux et d'alliances entre une pluralité de partenaires dont on perçoit les liens de dépendance qui existent entre l'Union européenne et l'OTAN, sur le plan militaire. Soit autant de registres autour desquels s'articulent les questions de souveraineté politique, de politique industrielle et de coopération autre que celle de développement. Les unes et les autres étant soumises aux tensions de la globalisation. Ce sont donc là autant de pressions fortes qui s'exercent sur toute perspective de développement, qu'elle soit gouvernementale ou intergouvernementale.

Parallèlement à tous ces réseaux, on observe de multiples formes de désengagement de l'Etat dont les conséquences sur l'emploi sont sensibles, et que ne peuvent compenser les créations d'emploi public. Ceci accrédite la thèse libérale selon laquelle l'Etat ne peut plus jouer un rôle dans la relance économique et la lutte contre le chômage de masse. Or comme le soutiennent d'autres analystes, l'Etat doit assumer sa fonction pour orienter par la fiscalité les investissements, et contribuer à produire des qualifications en longue période. Ce qui suppose aussi de sa part d'imposer certaines conditions de régulation pour former et fluidifier les flux de main-d'œuvre qualifiée, que ne sont pas en mesure d'assurer les seules procédures de négociation entre employeurs et syndicats, parce qu'elles restent captives des critères de gouvernance. Une politique publique de formation des qualifications n'est pas non plus séparable d'une politique de recherche. L'Etat doit veiller notamment à encourager leurs connexions, ainsi qu'à les diffuser le plus activement possible à travers le tissu des activités industrielles par des relais territoriaux. Ces relais sont autant d'unités de concertation et de coordination entre une pluralité d'agents de chaque activité. C'est ici que trouve sa place tout un ensemble de dispositifs d'aménagement dont les incitations sont d'ordre économique, politique, juridique, mais aussi idéologique, afin de dépasser toute connotation technocratique que les autorités leur confèrent généralement. La maîtrise des investissements et leur mise au service du bien commun impliquent des choix politiques pour desserrer une fraction des droits de propriété qui les soumet au marché. Ainsi retrouve-t-on une fois de plus remise en question la légitimité les droits de propriété du double point de vue : celui de la défense des libertés et celui des vertus de l'accumulation. On doit à ce propos pouvoir exproprier certaines activités en matière de recherche ou de production des connaissances lorsqu'elles sont susceptibles d'apporter des gains substantiels pour la collectivité, en tenant compte aussi de l'échelle à laquelle ces gains seraient sensibles. On doit réserver en premier cette approche à tous les secteurs de pointe dont la progression est menacée. Le débat est aujourd'hui d'autant plus sensible que l'Etat est la cible de nombreuses attaques de la part d'un ensemble d'agents privés dont la maîtrise des capitaux a été encouragée et renforcée par toutes sortes de mesures, et que l'échelle de cette maîtrise est transnationale, avec pour enjeu central – comme nous l'avons pointé, à plusieurs reprises –, une forme de chantage aux investissements. L'épure dominante restant de se projeter entièrement dans l'économie de marché. Une autre question, tout aussi délicate, est de mieux cibler les biens ou les services que l'Etat peut être amené à prendre en charge, ainsi que la durée de cette prise en charge. En regard de l'ampleur du chômage de masse, il est vraisemblable qu'il ne peut se contenter des seuls secteurs que consentent à lui céder les agents de la globalisation – comme les grands aménagements, la santé, l'éducation ou dans une moindre mesure les transports. Le choix peut s'avérer devoir être plus large, et s'inscrire dans un calendrier plus long, afin de relever certains défis structurels (qui sont souvent liés aux conséquences des mesures de déréglementation passées ou présentes). L'Etat peut ainsi être conduit à remettre de l'ordre dans des secteurs du pré carré marchand, surtout si leur restructuration s'avère porteuse d'emplois d'avenir.

La reconstitution des chaînes de valeur ajoutée passe aussi par un effort de coordination d'un ensemble de politiques qui ressemble à une forme de planification. Mais celle-ci révèle encore plus crûment les limites qui se posent à toute politique d'investissement public dans le contexte actuel de la globalisation. Soit autant de projets d'investissements sectoriels et intersectoriels dont les canons macroéconomiques devraient être mis hors d'atteinte de toute logique d'ajustement structurel qu'impose l'articulation entre les critères financiers des comptabilités d'entreprise et les critères d'équilibre budgétaire des politiques publiques. Le caractère implacable de cet ajustement apparaît donc bien plus prégnant que toutes les améliorations de procédures ou de modélisation économique dont se prévalent les technocraties d'Etat. Pratiqué à l'échelle de plusieurs Etats – pour former des entités régionales conséquentes –, ce genre de projet serait sans doute plus réalisable.

Limites et contraintes de l'Union européenne

Notre souci d'une dynamique développementaliste et de la situer à l'échelle d'une action publique plus performante contre la globalisation, nous conduit à critiquer les contraintes et les limites que se fixe l'Union européenne – face à celles que lui imposent les agents de la globalisation. Souveraineté et compétitivité nationales, déficits de coordination ou en matière de recherche sont autant de thèmes récurrents.

L'Etat est investi d'une autorité, la puissance publique, dont l'effectivité dépend de son échelle. Les relations internationales sont actuellement dominées par des Etats de taille continentale, ou au moins sous-continentale.

Le XXe siècle a été le théâtre des premiers essais d'unions régionales économiques à travers les cinq continents. L'Union européenne représente une singularité, mais elle est actuellement en crise en raison de ses orientations et de sa taille démographique qui ne fait pas le poids dans la compétition mondiale. C'est pourquoi nous avons participé à une recherche collective dont l'objet était de développer la perspective d'une Très Grande Europe. Soit un ensemble de pays incluant ceux de l'Union européenne actuelle, ainsi que tous les pays riverains de la Méditerranée, avec une extension des liens tournés vers la Russie. Cette perspective était introduite par le constat d'un reflux de l'innovation au profit d'une vision marchande à court terme qui animait les dirigeants européens. Elle insistait aussi sur la nécessité d'atteindre une échelle suffisamment continentale pour pouvoir faire face aux puissances émergentes, en menant des politiques de recherche fondamentale ou d'innovation technologique, ainsi que des politiques de re-industrialisation, qui soient maîtrisées et articulées, tant du point de vue de la mobilisation des investissements que de celle des ressources. La problématique centrale de cet espace visait donc à le définir à partir d'une adéquation entre deux potentiels : celui d'une dynamique démographique et celui d'une innovation technologique (Grou, 2008).

En regard de ces enjeux, le fonctionnement de l'Union européenne pose encore bien des questions sur le rôle qui est réservé à plusieurs de ses institutions, et notamment celui du Parlement européen ou celui du Comité économique et social européen, si on le compare aux pouvoirs qu'ont la Commission européenne et la Banque centrale européenne. Chaque institution doit être abordée non seulement dans sa spécificité, mais aussi en fonction de la multidimensionnalité et des complémentarités que l'on souhaite insuffler aux projets de l'Union européenne. Dans cette optique il nous semble déterminant de placer chaque projet sur un triple plan économique, politique et idéologique, ainsi que de le situer à l'échelle continentale la plus ouverte. Et, comme le souligne un anthropologue du seul point de vue bureaucratique, ce type d'institution ouvre des perspectives de chantiers conceptuels et pratiques sans précédent, lorsqu'on pense à l'hétérogénéité et aux tensions que pose toute recherche d'harmonisation d'une multiplicité de sensibilités et de langages parmi les personnels directement impliqués. C'est sans doute là l'un des facteurs qui contribuent à figer les compromis – notamment en matière de catégorisations des services juridiques – sur les seuls canons de la gouvernance (Abélès, 2012). Ainsi se cristallise tout un complexe dont la légitimité repose essentiellement sur les décisions que prennent les instances intergouvernementales de l'Union européenne : Conseil des Ministres ou Commission. Le système se nourrit d'une multiplicité de procédures de gestion et de projets dont les normes d'application ou d'évaluation sont édictées en dehors de toute perception citoyenne de leur bien-fondé. Ainsi se développe un nouveau type de bureaucratie d'Etat sans Etat. Avec comme corollaire de multiplier les instances d'expertise et l'intervention des groupes de pression pour chaque procès. Captifs des canons de la globalisation tous ces agents contribuent à une dispersion des cibles d'investissement ou de régulation.

La convergence, que l'on peut observer entre une superposition d'instances intergouvernementales et de missions d'expertise – à l'échelle des structures des Nations Unies ou de l'Union européenne –, est aussi un levier pour asseoir et diffuser les recettes économiques, politiques et idéologiques du libéralisme. Cette assise et cette diffusion viennent s'incorporer à toutes sortes de traditions administratives et gouvernementales, en termes de principes de gouvernance. On observe ainsi derrière ces convergences toutes sortes de jeux d'ajustement procéduraux, en prise sur la globalisation financière, dont les registres suivent aussi les traditions ou les intérêts communautaires, nationaux, claniques ou de classes. Il n'est que d'évoquer la multiplicité des formes d'investissement que pratiquent les pouvoirs publics occidentaux et non occidentaux, ainsi que leurs interférences avec les modes d'accumulation et de valorisation du capital financier. Que ce soit par le canal de modes formalisés ou institutionnalisés, ou par celui de modes détournés comme les paradis fiscaux.

Face à toutes ces dérives du libéralisme, ainsi qu'à leur emprise sur les projets de l'Union européenne, a émergé un concept : celui de « démondialisation ». Porteur d'une volonté de dépasser les contraintes de la globalisation et du libre-échange, l'usage de ce concept n'est pas sans ambiguïté. C'est d'abord de vouloir soustraire toute activité nationale à ces contraintes, sans chercher à la projeter dans une configuration supranationale qui appliquerait d'autres lois. Une telle posture est le fruit d'une croyance en une forme de souveraineté macroéconomique keynésienne que la globalisation rend de plus en plus difficile à terme (Sapir, 2011). Les ruptures entre l'épargne et l'investissement sont en effet à resituer dans la globalité d'échelle des flux de capitaux, ainsi qu'à la mesure des défis environnementaux planétaires qu'entraînent le libre-échange et la valorisation à court terme des capitaux. Sur le premier versant, les ressources nécessaires comme les taux de rendement escomptés sont tels que nombre d'investissements exigent de se placer à une échelle transnationale. C'est ainsi qu'au nom de ses orientations libre-échangistes l'Union européenne a laissé chacun de ses Etats face à une pression des fonds d'investissement financier les plus puissants de la planète, notamment états-uniens. Ces derniers en ont profité pour investir le capital des firmes européennes de haute technologie aussi bien civile que militaire d'un ensemble de secteurs sensibles : aéronautique, électronique de défense, armement terrestre, télécommunications, etc. Privant ainsi à terme l'Union européenne de toute perspective de coordination et d'intégration de son potentiel militaro-industriel. Sur le second versant, on peut évoquer les menaces que font peser sur l'environnement le commerce et l'usage des armes, ainsi que toutes sortes d'opérations de spéculation foncière ou immobilière dont les effets sont perceptibles en tant que facteurs aggravants des débordements climatiques (McNeill, 2010). Il est aussi fort préoccupant de relever que nombre d'opérations de ce genre dans les économies émergentes mobilisent des technologies avancées pour mieux servir des intérêts de pouvoir et de classe – au détriment de toute perspective de développement collectif. La globalisation fait éclater le cadre conceptuel classique de la notion de développement : celui d'un Etat-nation, auquel on rattache généralement des institutions de planification suivant l'appréhension d'une société globale. Tiraillé entre des acceptions microdimensionnelles de sociabilité ou éthiques et d'autres acceptions dont l'historicité est floue, le concept de développement a ainsi cédé place à la notion instrumentalisée et mécanique de croissance.

Tous les éléments que nous venons d'évoquer convergent pour porter atteinte à la notion de développement national. Ils sont la conséquence d'une double dynamique. La première est celle d'un procès récurrent du capitalisme que les théoriciens marxistes ont défini sous le concept d'impérialisme. Celui-ci marquant de nouvelles fusions entre le capital industriel, le capital bancaire et le capital commercial, ainsi qu'une nouvelle phase d'accélération et d'extension de leur rotation. L'autre dynamique est une forme d'implosion de toute régulation de la division sociale du travail à l'échelle de l'Etat-nation. Car celle-ci en révèle d'abord la multidimensionnalité dont un retour des économies informelles qui marque un retour des communautés dont les sociologues classiques – fixés sur l'émergence et la cohérence d'une division sociétale du travail (Durkheim, 1998) – avaient prévu le reflux. Ajoutons qu'un tel retour n'est aucunement incompatible avec des formes d'accumulation récupérables par la globalisation. Ainsi le montrent les modes de capitalisation en liens sociaux qu'exercent nombre de hiérarchies et de pouvoirs communautaires. Prisonniers des filets et des critères de la gouvernance, contraints par les calendriers tendus de la vie politique démocratique, déconnectés de toute réflexion critique sur la temporalité de leur action, les agents de la gouvernance publique ont trop souvent tendance à ignorer les racines de cette dynamique. Aussi ne leur reste-t-il bien souvent que la possibilité d'improviser sur les registres d'un discours moralisateur pour rendre compte du délitement de la division sociale du travail.

L'action publique doit servir les droits et leur diffusion. Elle passe donc par un combat général contre les activités informelles. Ce combat concerne les champs d'activité de production et d'échange, mais aussi en amont les conditions informelles de leur financement. Celles-ci sont un trait singulier de la globalisation financière – comme le montrent l'étendue et la complexité des liens qui unissent les sources de placement ou d'investissement spéculatifs avec les réseaux d'évasion fiscale. Ce phénomène, porté en premier par les opérateurs institutionnels de la globalisation financière que sont les fonds de pension ou les *hedge funds*, est susceptible de toucher aussi des réseaux politiques lorsqu'ils cherchent des sources de financement. Et comme le souligne Jean-Philippe Peemans, auteur déjà cité d'une somme sur le développement, l'accumulation est au cœur de tous les procès de la globalisation. Elle est à la fois un « processus socio-politique » et « technico-économique » dont les facettes sont multiples. Ainsi ses « minorités dirigeantes » cherchent-elles, selon les lieux et les opportunités, à user de toutes sortes d'institutions pour mobiliser le maximum de ressources au service de leurs intérêts les plus matériels, mais aussi les plus symboliques. C'est pourquoi on observe cette récurrence de leur participation aux activités informelles (Peemans, 2002). Nous avons pour notre part insisté sur les passerelles entre économie formelle et économie informelle que peut suivre l'accumulation, non seulement à travers les manipulations de plusieurs sortes de capital qu'opèrent les communautés ou les classes sociales. Et nous avons souligné le vecteur que pouvait représenter le commerce des armes en tant que source d'investissement, de profit et de rente.

De plus, la globalisation et les intérêts qu'elle sert remettent non seulement en cause l'échelle, mais aussi les statuts du service public. C'est ainsi que parallèlement aux limites de toute intervention dans le seul cadre des Etats-nations, nous avons déjà insisté sur la pénétration des critères marchands dans la réglementation même du service public à l'échelle intergouvernementale, à propos de la définition des services d'intérêt général de l'Union européenne.

La reconstitution des chaînes de valeur ajoutée (notamment industrielle) passe donc par une véritable coordination des politiques publiques à long terme. Elle suppose, à l'échelle d'un ensemble comme l'Union européenne, d'inverser la finalité libre-échangiste de l'ajustement structurel au profit d'une coordination monétaire, fiscale et même commerciale ; coordination orientée vers le développement. Rappelons à ce propos le statut de « monnaie unique » de l'euro que critiquent certains économistes qui proposent de le remplacer par celui de « monnaie commune » (Sapir, 2011). Dans ce cas, il serait géré par la Banque centrale européenne en tenant compte de chaque monnaie nationale que gèreraient les banques nationales de chaque Etat. Les taux de change entre les monnaies de la zone seraient alors négociés en fonction de la compétitivité de chaque économie nationale. Et ils pourraient varier aussi quotidiennement en fonction des différentiels d'inflation ou des niveaux de salaires. On voit bien qu'une telle perspective, au-delà des complications procédurières qu'elle entraîne, ne permet pas de rompre avec les critères de compétitivité qu'impose la globalisation à l'Union européenne.

Les solutions qu'ont adoptées les grands Etats autoritaires dans la compétition économique mondiale – un contrôle des investissements nationaux et étrangers, l'accumulation de réserves de change, une politique de contrôle énergétique et de restructuration industrielle – portent leurs fruits. Mais elles ne les écartent pas pour autant des pressions qu'exerce la globalisation financière, comme nous le verrons plus loin, à propos de la Chine, dans la synthèse du dernier chapitre que nous consacrerons à la globalisation.

Les Etats démocratiques européens ne doivent pas être en reste, ils doivent acquérir cette maîtrise de leur production industrielle en jouant sur plusieurs plans :

– une meilleure coordination fiscale ;

– une réglementation pour stopper la spirale infernale entre hypertrophie financière, spéculation et extension des dettes ;

– une redéfinition des cadres de mobilisation scientifique et technologique dont les effets ne sont qu'à moyen terme, ainsi que de nouveaux agendas connexes en matière d'éducation.

De nombreuses questions en matière de recherche, de production et de protection de l'environnement restent actuellement non tranchées, parce qu'elles se heurtent à des problèmes d'échelle et de coordination. Ainsi doit-on se pencher sur les perspectives d'une division du travail davantage coordonnée entre les Etats européens. Or celle-ci est incompatible avec le modèle actuel d'une compétition polarisée sur un marché intérieur. Les problèmes d'investissement scientifique ou technologique, ceux d'énergie ou ceux d'une re-industrialisation, et bien d'autres encore, dépendent de cette approche. Ainsi peut-on en rester à un modèle de concurrence entre firmes automobiles européennes, sans mener une approche prospective de leurs reconfigurations au sein d'une division industrielle maîtrisée pour mieux garantir leur avenir sur un marché qui est mondial ? Le même type de raisonnement peut s'appliquer aux cahiers des charges de la sidérurgie ou de l'énergie. Il est vraisemblable que nombre de projets d'exploitation pourraient être recadrés à cette échelle, afin de mieux apprécier les coûts d'investissement et les potentialités d'un point de vue plus complet que celui d'une stricte rationalité libre-échangiste. Les besoins d'une réflexion prospective à propos de la créativité industrielle européenne sont d'autant plus impératifs pour l'Union européenne, que celle-ci semble bloquée par l'effet de ses propres choix. Tout se passe comme si la plupart des Etats de l'Union avait incité leurs propres groupes industriels à se financiariser afin de mieux se concurrencer sur les marchés extérieurs, pour se retrouver en fin de compte démunis face à toutes sortes d'opérations spéculatives (OPA) ou de placements hors de toute fiscalité. Si on ajoute à cette orientation, les choix d'ajustement qu'ont fini par imposer à l'Union européenne, diverses ententes entre le FMI, la Commission et la BCE, au nom de la compétitivité de chaque économie nationale, – notamment en encourageant la mobilité des lieux de production vers les pays à bas salaires, ainsi qu'en accordant une priorité à la profitabilité du secteur bancaire –, on se représente quels sont encore les obstacles qu'il faudrait lever pour relancer autrement les industries de l'Union. Notamment en adoptant une perspective plus globale et davantage prospective en matière de coopération entre firmes européennes, aussi bien sur le plan d'une coordination des dépôts de brevets que sur celui de la division internationale du travail[1].

Les investissements devraient aussi être revus à l'aune d'une industrie plus économe en matières premières et consommation d'énergie. Car cette consommation a des effets à une échelle qui est celle de notre biosphère. Celle-ci est aussi atteinte par toutes sortes de procès liés aux droits de souveraineté ou aux concessions que cèdent les Etats en matière de propriété. Ainsi l'environnement est-il l'objet de différentes pressions ; les unes sont liées à une montée des industries consommatrices de matières premières ou énergies polluantes, tandis que d'autres le sont encore à des moyens de transport tout aussi voraces en énergies fossiles et polluantes. Toute maîtrise publique des unes et des autres reste encore largement soumise à une libéralisation des mouvements de capitaux, ainsi qu'à des chantiers d'équipements environnementaux qu'investissent des monopoles transnationaux.

On devrait également poursuivre les efforts de recherche sur la sécurité des produits et renouveler l'approche de leur durée de vie. Cette approche est indissociable d'une réflexion plus prospective et mieux articulée entre plusieurs scénarios combinant la valeur d'usage et les fonctions de différents produits. Car s'il est une dialectique que refoule déjà le mode d'échange capitaliste, et qu'accentue encore la quête du profit financier, c'est bien le rapport qui existe entre la valeur d'un objet ou d'un service, définie par sa fonction, et la valeur que lui confère son état de marchandise. Valeur d'échange que l'échange lui-même subordonne à ses propres critères. L'éventail technologique des produits disponibles est aujourd'hui déjà très étendu – notamment grâce aux progrès croisés entre les connaissances de la matière et celles de l'information. Il le sera, sans doute, bien plus au cours des prochaines décennies. Il est donc nécessaire de vouloir, à l'échelle la plus pertinente pour faire face à la globalisation, se doter d'outils qui permettent une réelle maîtrise de ces progrès. On peut dans ce sens évoquer

---

[1] Cette perspective nous semble d'autant plus incontournable qu'on assiste à une montée en puissance, depuis les années 1990, du positionnement des firmes asiatiques sur le champ des innovations industrielles. Avec notamment la diversification et l'internationalisation des groupes chinois, indiens ou sud-coréens, pour un spectre d'activités étendu : métallurgie-sidérurgie, équipements électriques ou mécaniques, automobile, chimie, pharmacie, ingénierie, informatique, télécommunications, industries spatiales, énergies renouvelables. Soit autant de mouvements et d'activités qui participent aussi aux principaux registres de la globalisation, que sont les opérations de fusions-acquisitions, ainsi qu'à une multiplication des produits et des montages financiers.

plusieurs chantiers concernant les réserves de productivité en matière de services ou d'automatismes qui sont liés aux progrès de l'intelligence artificielle. On peut ainsi tracer autant de pistes concernant la robotique chirurgicale, l'autonomie des véhicules – notamment en matière de stockage d'énergie –, et bien d'autres voies encore. Toutes les expériences de séquençage du génome sont également susceptibles d'irriguer des activités : depuis celles de santé jusqu'à l'agriculture. On ne peut qu'espérer aussi que cette perspective de recherches cordonnées conduise à dépasser les seuls critères d'une compétitivité par les coûts et qu'elle renouvelle l'approche des filières technologiques. Il est aussi vraisemblable que l'échelle transnationale de ces projets serait susceptible de dépasser toute coupure entre des projets étatiques à caractère technocratique et des stratégies de firmes à caractère principalement financier. Et, dans ce domaine, il serait encore opportun d'articuler à l'échelle transnationale des négociations tripartites (entre Etats, employeurs et syndicats) pour fixer les conditions d'une réorientation des investissements publics ou privés vers des équipements servant le bien commun. Mais on se heurte encore là au point de résistance essentiel d'une globalisation financière dont la dynamique resserre les liens entre la mobilité du capital et celle des entreprises – au moyen des opérations de fusion-acquisition – avec comme conséquence de déplacer toujours plus la logique de croissance des entreprises vers les critères de leur valeur financière.

Or c'est bien sur cet écueil que butte in fine tout projet de régulation politico-économique. Il révèle les limites que portent les registres, aussi bien nationaux qu'internationaux, que proposent et finissent par imposer les instances intergouvernementales – qu'elles soient globales ou régionales. C'est sur ce créneau que devraient porter les efforts en vue d'une avancée de la part de l'Union européenne. Ainsi le montre l'absence de solution que cette Union se refuse de reconnaître – sur un cas extrême, celui de la Grèce, cumulant déficits et fuite des capitaux.

S'interroger sur les causes de la destruction d'emploi

Il faut aussi oser aborder des questions délicates comme celle des liens entre le progrès technique et la destruction d'emploi, ou celle des besoins de travail qualifié et du chômage des non qualifiés. Le progrès technique – perceptible à travers l'automatisation et l'informatisation des procès de travail – semble illimité. Il l'est beaucoup moins du point de vue de la valeur d'usage des produits dont les mutations suivent davantage une logique marchande d'aménagement. La théorie d'un ajustement des qualifications au progrès technique sert trop souvent d'alibi à la plus stricte gouvernance actionnariale qui accompagne les transferts ou les destructions de collectifs de métiers ou de qualifications. Le lancement des nouvelles technologies a révélé de nombreuses contradictions. D'abord en ce qui concerne le couplage de deux finalités prioritaires de toute gouvernance que sont la conquête des marchés et la valorisation des actions, ensuite pour ce qui est de les articuler avec la création d'emploi. Les rythmes d'automatisation, ceux de la productivité ou la volatilité des marchés sont autant d'impondérables qu'accentue le libre-échange, auxquels il faut ajouter une volatilité des besoins pour de nombreux produits de consommation ou d'équipements domestiques ; sans oublier l'extrême volatilité des mouvements de capitaux sensibles aux spéculations. Cette volatilité atteignant une masse d'autant plus conséquente de capitaux qu'elle concerne un nombre d'entreprises mondiales découlant des opérations de fusions-concentrations, et que la création d'emploi ne concerne essentiellement qu'une partie de leurs filiales. Filiales qui sont in fine inscrites dans une dynamique de développement pour laquelle les critères de rentabilité financière restent déterminants. Soit autant d'éléments qui rompent l'harmonie d'une association entre l'innovation technologique et la croissance économique, que perçoivent en très longue période les économistes keynésiens ou schumpétériens[1]. Nous nous interrogeons, à ce propos, sur cette voie que soutiennent souvent ces mêmes économistes, selon laquelle les pays technologiquement avancés devraient tout faire pour conserver leur avance, et assurer ainsi les conditions optimales de leur compétitivité. Il est déjà probable que cette option présente des difficultés pour des économies nationales de pays dont l'échelle est continentale, ainsi que le montrent la situation de la Russie, et, dans une moindre mesure, celle des Etats-Unis – pour de multiples raisons contrastées. La même voie nous semble promise à encore plus de difficultés lorsqu'elle concerne une économie comme celle de la France.

C'est encore sur ce terrain que nous pouvons apprécier la subtilité des analyses que Marx a faites à propos de sa fameuse théorie d'une « baisse tendancielle du taux de profit », soulignant le paradoxe qui résultait pour le capitaliste de toujours devoir investir davantage dans des équipements performants, pour faire face à la concurrence, et de restreindre ainsi les marges d'exploitation de la plus-value prélevée sur la main-d'œuvre (Marx,

---

[1] Si l'on se réfère à l'approche de Joseph Schumpeter (1883-1950), l'agent central de l'innovation est l'entrepreneur, lorsque celui-ci assure plusieurs fonctions : comme le lancement de nouveaux produits ou d'une nouvelle méthode de production, ou qu'il utilise une nouvelle matière première. Or c'est bien cette figure que subvertit la globalisation financière. Ajoutons que les incitations à innover et leur durée sont encastrées dans des cycles de production et des échanges dont on ne peut abstraire la dépendance à l'égard de la rationalité des investisseurs. Rationalité dont nous avons constaté les dérives actuelles. Et on ne peut ignorer non plus l'impact qu'ont ces dérives sur les mesures d'ajustement qu'adoptent ceux qui sont en charge de l'investissement public, auxquels Schumpeter accorde une certaine importance.

1968). Ainsi, si l'on fait l'hypothèse qu'à un moment donné, sur un marché donné, le total du profit potentiel est égal au total de la plus-value, on peut en déduire l'enjeu que représente le fait d'accentuer la pression sur la productivité en jouant sur la masse des salaires ou « capital variable ». Et, on est aussi en droit de s'interroger sur le levier que constitue le chômage de masse pour pouvoir opérer cette pression. La recherche d'une réduction des contradictions entre ces logiques est un chantier immense qui dépasse le seul volontarisme politique. Elle passe par des segments de politiques macroéconomiques dont les finalités seraient davantage articulées entre la production et la consommation, et situées à l'échelle la plus large. Mais en ce qui concerne les espaces d'emploi de travail non qualifié, la situation présente nombre d'apories. Comme le montre le déplacement de la question sur le terrain d'un transfert de la rémunération de ce travail essentiellement sur l'Etat – revendiqué, non sans quelque paradoxe, par les agents les plus libéraux –, au moyen d'exonérations de charges sociales ou de l'instauration de franchises. Le phénomène a été accentué par l'obsolescence d'un paquet d'activités industrielles. Il reste encore posé dans de nombreux services à la personne.

Réformer la formation et la mobilité

Il faut encore reposer la question de la formation initiale et continue dans la perspective d'une vie active plus étalée dans l'espace et le temps, impliquant des responsabilités partagées entre diverses institutions ou collectifs : les entreprises ont le devoir de ménager un temps d'adaptation aux postes de travail – dès le premier emploi – ; et il faut revenir sur le caractère public ou privé des institutions de formation en tenant compte de leur échelle. Rappelons à ce propos que les agents de la globalisation financière n'ont pas renoncé à leur emprise, y compris sur des secteurs comme la formation initiale. On relève en effet, depuis plusieurs années, une montée des opérations d'achat des écoles supérieures de technologies avancées par des fonds financiers, avec comme conséquence une forte augmentation de leurs frais d'inscription. Tout se passe donc comme si la logique d'investissement financier était en train de capter de nouvelles terres aux dépens du bien commun, en tirant profit de la demande de formations performantes pour faire face à la montée du chômage de masse.

La formation initiale – au-delà de toutes ses segmentations de niveaux et de filières – est concentrée dans une institution qu'est l'école. Construite à partir des projets des classes dominantes (et plus particulièrement par les classes dirigeantes), l'école républicaine française tend, depuis au moins un siècle, à assumer une double fonction de masse : former le citoyen et former le travailleur. Après une période où la formation du citoyen prenait le pas sur celle du travailleur – parce qu'elle concernait en priorité la formation d'une classe de rentiers (antérieurement au suffrage universel), et que la formation des travailleurs était reléguée vers des filières éducatives périphériques –, l'école a adopté un projet plus universel, concrétisé par une massification d'un segment de l'enseignement secondaire. Après avoir été confrontée à deux guerres mondiales, l'école l'est aujourd'hui à une montée du chômage de masse. Ainsi retrouve-t-on posé, avec d'autant plus d'acuité, un problème que de trop nombreux pédagogues ont eu tendance à refouler : le caractère indissociable des rapports entre un système éducatif (y compris pour ses filières les plus générales) et l'agence de la division sociale du travail dans laquelle il est situé. Or ces rapports ont toujours été posés par les classes dirigeantes dans le cadre idéologique de l'Etat-nation. La globalisation est donc le vecteur d'un ensemble de défis irréductibles. Ils représentent bien, au même titre que la division sociale du travail, autant de thèmes de coordination ou d'harmonisation pour un projet comme celui d'une Très Grande Europe. Au lieu de viser a priori toute harmonisation, il serait préférable de faire une recension des spécificités culturelles de chaque système éducatif national, pour en saisir les valeurs les plus symboliques, dont une partie peut aider à fixer un seuil de subsidiarité. On pourrait en même temps chercher à progresser de manière plus coordonnée sur des segments d'enseignement technologique ou professionnel davantage en prise sur des projets de chantiers de coopération communs à plusieurs pays. Un registre sensible de ce genre de démarche serait d'amorcer une synergie innovante entre les transferts de connaissances et leurs applications. Une autre étape décisive du rapprochement entre segments éducatifs pourrait être liée au redéploiement des structures de recherche ou de production de grands équipements qui sont les plus atteints par la globalisation. On retrouverait alors diverses questions qu'occultent les registres de la globalisation. L'une d'elles est bien la difficulté de pouvoir concevoir des programmes de formation des qualifications pour des segments d'activités transnationaux, alors que les instances intergouvernementales restent figées sur la compétitivité de chaque économie nationale, au nom des vertus du libre-échange.

La formation continue est devenue dans bien des pays de l'Union européenne un maquis d'institutions dont les fonctions et les financements se croisent, sans déboucher sur une cohérence globale. Placée idéologiquement sous les tensions contradictoires entre une finalité qui est d'assurer une sécurité socioéconomique et une autre finalité qui cherche à ajuster avec le maximum de flexibilité la main-d'œuvre, elle traverse en France une multitude de fonds publics et privés, à divers paliers sectoriels ou territoriaux. L'une des fonctions majeures de l'action publique en matière de formation est en fait de corriger les effets pervers d'une division du travail qui fige la valeur du travail sur la seule valeur d'échange d'une force de travail sur un marché. Elle ne peut légitimement le faire sans revenir aux sources de ce principe qu'est l'intérêt général. Ce point est déjà particulièrement délicat, si l'on reste au seul niveau national, en fonction des logiques de rentes et des contraintes extérieures qui pèsent sur l'économie. Et si l'on veut se projeter à l'échelle de l'Union européenne, on se retrouve face aux limites que pose la notion de « service d'intérêt général ». Notion incluse dans une conception qui assimile toute action de formation à une démarche d'investissement ou d'acquisition d'un capital dont la valeur est potentiellement fructueuse sur un marché : en l'occurrence celui de l'emploi. Ce genre de calcul, projeté dans les cadres d'une économie marchande, transversalement touchée par la globalisation financière, ne peut que réduire l'agence de toute politique publique de formation continue (Guillon, 2002). Précisons encore que cette problématique de la formation continue a fait l'objet de sérieuses critiques de la part du mouvement syndical international, notamment à l'échelle des conseils des pays de l'OCDE. Ce dernier faisant très directement le lien avec sa critique de la globalisation financière, dès la fin des années 1980 (Guillon, 2002).

Pour valoriser la division du travail par la formation on doit aborder plusieurs problèmes : substituer à une évaluation statique des besoins de main-d'œuvre une approche plus dynamique qui recherche un meilleur dosage entre la professionnalisation des études et l'acquisition d'une culture générale, replacer dans une perspective plus ouverte et critique les tensions qui existent entre la valorisation des diplômes et la reconnaissance des acquis de l'expérience. Il faut enfin réintroduire une critique des effets réducteurs qui sont induits par les canons de la gouvernance. Car ceux-ci ont bien pour principale finalité de polariser les ajustements sur la seule main-d'œuvre afin de mieux valoriser le capital.

Si l'on doit favoriser la mobilité des salariés, celle-ci doit être mieux négociée par les salariés et leurs représentants syndicaux dans des cadres institutionnels suffisamment larges et prévisionnels (au-delà des limites d'une entreprise ou d'une collectivité territoriale). Ce genre de négociation est à la fois décisif et complexe parce qu'il met en perspective plusieurs institutions dont les fonctions sont contradictoires. Les autorités publiques couvrent l'aménagement du territoire, ainsi que bien d'autres fonctions comme la formation ou la reconversion. Les entreprises ne peuvent être mobilisées que si elles reconnaissent leur « responsabilité sociale ». Les salariés, de leur côté, représentés pour une partie d'entre eux par un syndicat, sont situés dans une pluralité de statuts (activité, chômage ou formation) dont les contrats sont de durée variable, ainsi que la spécialisation sectorielle plus ou moins large ; surtout si l'on tient compte de leurs droits en tant que citoyen. C'est pourquoi, dans le seul cadre d'une économie capitaliste, compte tenu du fait que les entrepreneurs ont tendance à minimiser cette responsabilité sociale, le cahier des charges de toute intervention publique a tendance à alterner des moments consacrés à la formation ou l'entretien de la force de travail avec d'autres plus ouverts à une gamme de droits sociaux. Projetée dans le champ des relations professionnelles et celui du politique, la mobilité négociée est trop souvent réduite à l'énoncé de principes ou de cahiers des charges dont la mise en œuvre est limitée, parce qu'elle est contrainte par les fluctuations des mouvements de capitaux que les investisseurs et les directions d'entreprise décident. D'où l'importance pour toute puissance publique de pouvoir bénéficier d'une échelle territoriale suffisamment étendue pour pouvoir offrir un cadre de coordination riche en opportunités d'emploi. Comparativement à d'autres pays européens du Nord, la situation française est de ce point de vue particulièrement tendue, lorsqu'on se penche sur le véritable mille-feuille territorial et la segmentation d'échelles que représentent les divisions administratives, politiques et économiques, de son territoire.

En définitive, comme le montre la multiplicité des cibles, des paliers ou des échelles de décision qu'implique toute politique d'emploi, on ne peut être que convaincu que toute appréhension des questions d'emploi en termes de « marché » ne peut être qu'instrumentale et réductrice. On y observe en effet bien des tensions, que nous avons jusque là développées : entre les logiques d'accumulation et celles de travail, entre l'individuel et le collectif, entre coopération et compétition ou concurrence.

Toutes ces remarques sur une réglementation de la vie active sont bien entendu incompatibles avec la poursuite de la globalisation financière et celle d'un libre-échange planétaire. Car, contrairement à ce qu'un trop grand nombre d'analystes sous-estiment, les rapports globalisés à l'emploi ne mettent pas seulement en scène des unités individualisées ou de petits collectifs. Les agents de la globalisation raisonnent en termes industriels et financiers dont l'échelle d'ajustement est l'entreprise, la filière ou le métier – à travers une division du travail qui est transnationale. D'autre part, ce type d'économie implique aussi une forme de compétition entre deux univers économiques sur laquelle l'ajustement structurel n'a aucune prise. C'est celle qui oppose l'économie informelle à l'économie formelle. La première – dont les caractéristiques sociales marquent un déficit démocratique – prospère sur le socle des mesures d'ajustement et de compétitivité de la seconde, qui se soldent par des formes d'externalisation et un chômage de masse. L'économie informelle et l'ajustement de l'économie formelle sont les deux faces d'une dégradation générale de l'emploi. En ce qui concerne l'importance du chômage de l'économie formelle une question lourde reste posée : celle de la maîtrise collective des investissements et des droits de propriété. Car si l'on considère que l'investissement conditionne toute création d'emploi, on relève à ce propos deux types d'effets pervers. La recherche des gains de productivité canalise une part de l'investissement vers des technologies économes en main-d'œuvre, tandis que l'affectation d'une part conséquente de la valeur ajoutée à la rémunération des actions a souvent pour effet de disperser le réinvestissement. Avec comme recette du capital de poursuivre la réduction des coûts de production en externalisant un nombre croissant de facteurs, jusqu'au point de délocaliser une partie des productions. Toutes ces limites qu'accentue la globalisation marquent à la fois les perspectives de l'investissement et celles de l'emploi. Elles remettent en cause la durabilité de toute formule de régulation qui lie le marché et la flexibilité du travail. Projetées dans les mouvements de concentration des firmes à l'échelle globale, les stratégies industrielles sont en même temps atteintes par des stratégies financières dévoreuses de capitaux. Les puissances publiques sont interpellées sur deux plans, et contraintes aussi bien dans leur fonction de régulation économique que du point de vue de leur crédibilité sociale. Après avoir cédé du terrain, elles devraient à terme proposer de nouveaux cahiers des charges aux entreprises, ainsi qu'aux institutions financières, et cela à une échelle suffisamment critique. La pluralité des mesures sociales mêlée au reflux global de toute pensée socialiste rend la tâche politiquement encore plus délicate. Et cela d'autant plus que resurgissent de nombreux thèmes qui marquent des contentieux non liquidés, hérités des pouvoirs impériaux et coloniaux, et qui introduisent de nouveaux clivages communautaires dans les sociétés occidentales. D'où la nécessité de compléter cette recherche d'une nouvelle échelle pour l'action publique, par une perspective d'ouverture culturelle et cosmopolite.

15. S'ouvrir au monde

Un objectif essentiel est pour nous de définir des « espaces d'horizontalité » dans le cadre des Etats frontaliers ou celui d'entités historiques plus larges et plus complexes comme le Monde méditerranéen. De nombreux aspects nous ramènent aux rapports qu'entretiennent les pays européens et méditerranéens dans le cadre de la globalisation, mais aussi en longue période (pour tenir compte des épisodes de colonisation et de toutes leurs conséquences). Et si l'on ne veut pas rester cantonné dans une approche strictement fonctionnelle, qui est forcément récupérée par l'optique des politiques d'ajustement, mais aussi celle de la formation de réseaux militaro-industriels consubstantiels à la globalisation, on doit s'efforcer de se projeter dans une perspective de solidarité constructive pour un autre développement. C'est à ce propos que nous reviendrons sur les relations euro-méditerranéennes. Nous ne les dissocierons pas de leur intégration dans cette alliance militaire qu'est l'OTAN, point de fixation des rapports de force régionaux et qu'interpelle la précipitation de nouveaux dangers géopolitiques. Celle-ci ne nous détournera pas pour autant de la pertinence qu'il y aurait à créer de nouveaux chantiers de coopération à l'échelle d'une Très Grande Europe – afin de tenir compte à la fois des déficits en matière de développement et du rôle qu'ils jouent dans le déclenchement des conflits. Enfin nous poserons aussi deux jalons que sont, d'une part, la compréhension du cosmopolitisme, et d'autre part, la reconnaissance des apports d'un phénomène récurrent et irréversible : les diasporas.

Une Méditerranée dans la tourmente

Unité géographique, les rives de la Méditerranée abritent plusieurs ensembles géopolitiques (occidental, balkanique, turc, levantin et maghrébin) dont l'ancienneté et la multiplicité des relations tant internes qu'externes ont conféré à cet espace une singularité plurielle. Celle-ci est soumise à de fortes tensions dont les unes sont l'héritage d'un passé fait d'affrontements religieux et de dominations coloniales ou impériales (ottomane, française et anglo-américaine). Ces tensions révèlent les pouvoirs de différentes tyrannies confortées par les liens d'intérêt que combattent de manière éclatée des soulèvements populaires. La situation contemporaine marque l'impact de la globalisation dont émerge une contrainte particulièrement forte : celle du poids que représentent plusieurs complexes militaro-industriels, autour desquels gravitent les intérêts financiers tirés des rentes que procurent l'armement ou l'exploitation du gaz et du pétrole. La plupart de ces complexes, ainsi que leurs liens sont inscrits dans ce système d'alliance militaire dominant qu'est l'OTAN. Tous ces éléments semblent figer toute perspective d'un autre modèle de développement qui reposerait sur de nouvelles énergies (solaire) ou qui assumerait le traitement des déchets qui menacent l'équilibre écologique de ce qui représente la plus grande mer intérieure de notre planète. Ainsi, doit-on relever à terme plusieurs défis en matière hydraulique qui menacent l'ensemble méditerranéen. L'apport en eau douce des fleuves ou des rivières y est raréfié. La pollution est largement présente à travers de nombreux facteurs : depuis les produits pétroliers jusqu'aux excès de détritus d'une urbanisation croissante, en passant par toutes sortes de rejets qui résultent des activités agricoles, minières, industrielles et même tertiaires. On ne compte, depuis 1975, qu'une infime programmation d'actions contre les pollutions – et dans le seul cadre des Nations unies – qui concerne l'ensemble des pays riverains. Car nombre d'entre ont été ou sont encore engagés dans des conflits armés (McNeill, 2010). Dépasser une telle situation supposerait donc de mettre en place des formes de coopération scientifiques et technologiques plus offensives. Et d'un point de vue idéologique, elle impliquerait aussi de dépasser la coupure mythologique Occident/Orient qui nourrit trop souvent les clichés. L'un d'entre eux maintient la fiction d'une entité européenne occidentale qui se serait construite sur la base de qualités endogènes – scientifiques, artistiques ou technologiques – en dehors de tout contact avec les régions du Levant (Corm, 2012). Or de telles postures, confortées par les liens d'intérêt de la globalisation et par les défis que pose la lutte armée d'une minorité d'Islamistes, viennent entretenir des conflits idéologiques. On retrouve néanmoins encore, dans ce cadre, une confrontation entre des formations politiques autoritaires – assises sur des appareils répressifs militaro-policiers – dont les dirigeants participent à la globalisation et des mouvements populaires luttant pour la démocratie. Ainsi de tels mouvements ont-ils réussi à imposer, en Tunisie et en Egypte, l'élection de nouveaux gouvernements. Or ces derniers restent totalement démunis pour faire reculer un chômage de masse qui ne cesse de croître, frappant tout particulièrement la majorité des jeunes. Sans chercher à réduire les tensions économiques de la globalisation et de l'ajustement structurel qui perdurent, ces gouvernements font l'objet de nouvelles vagues de contestation de la part des libéraux. A tel point qu'ils ont tendance à s'appuyer sur les mouvements populaires les plus conservateurs, ainsi qu'à renouer avec des pratiques répressives. L'Egypte est ainsi devenue un cas de figure paradoxal, au moment d'une dégradation accélérée de la situation économique. L'éviction d'un président récemment élu, ainsi que la suppression d'une constitution et d'une assemblée dominée par le mouvement des Frères musulmans ont été provoquées par la conjonction d'un mouvement de masse populaire animé par les libéraux et un putsch militaire lancé par l'armée égyptienne. Celle-ci portant l'étendard de la résistance à toute islamisation, en même temps qu'elle se mobilisait pour conserver ses droits de propriété couvrant un quart de l'économie égyptienne. La complexité des composantes politiques et religieuses de la société civile égyptienne (où se superposent des minorités radicales et des traditions d'ouverture cosmopolite), une domination politique des forces armées sur fond de répression policière, la précarité des agendas économiques autres que celui du tourisme sont autant de facteurs qui ont été depuis longtemps sous-estimés par les pays occidentaux. Les raisons en sont aussi hétérogènes : depuis des raisons géopolitiques comme la reconnaissance de l'Etat d'Israël par l'Etat égyptien jusqu'à une fascination occidentale pour la civilisation égyptienne, en passant par des accords entre les gouvernements égyptiens et l'OTAN. La situation intérieure actuelle égyptienne en marque les limites. Ajoutons enfin que l'Egypte est aussi le champ d'attraction des investissements étrangers occidentaux, libanais ou du Golfe, selon les périodes et des champs contrastés. Les variations suivent les opportunités que ressentent ou non les investisseurs à placer leur argent dans d'autres régions (pays de l'Est, Afrique ou Extrême-Orient). Les cibles vont de la spéculation immobilière à des chantiers d'équipement plus utiles en matière d'hydraulique ou d'énergie solaire.

Un autre pays, la Syrie, connaît une situation encore plus dramatique : celle d'une guerre civile entre un gouvernement tyrannique et une fraction de plus en plus large de sa population dont les composantes sont inscrites à la fois dans les séquelles de la Guerre froide entre l'Occident et la Russie, l'émergence ou la résurgence des mouvements djihadistes – relancées par des campagnes militaires occidentales –, ainsi que les retombées d'une longue histoire coloniale. On peut y ajouter aussi les interférences du commerce des armes auquel se livrent plusieurs Etats (Guillon, 2012). La répression aveugle que conduit le régime syrien contre une population civile use de tout l'arsenal dont il dispose (y compris l'arme chimique). Elle suscite un mouvement de résistance armée dont les forces sont idéologiquement hétérogènes. Cette hétérogénéité est d'autant plus forte que la situation syrienne a incorporé d'autres forces issues des situations irakienne et iranienne, et qu'une large partie de son territoire est aux mains de forces étrangères dont la coalition la plus importante est celle de l'Etat islamique (nouvelle appellation de l'Etat islamique en Irak et au Levant, depuis 2004). Soit autant de conflits croisés opposant une multiplicité de factions politiques et religieuses – elles-mêmes inscrites dans une très longue histoire du Moyen-Orient–, et qui sont projetés à une échelle territoriale de plus en plus large[1]. La situation est en même temps le triste révélateur de l'impuissance politique qui frappe les Etats démocratiques. Inscrite dans un Levant en pleine déshérence et rongé par toutes sortes de tensions, elle cristallise les limites de l'absence de tout projet transnational de développement de la part des gouvernements de la région. Le « camp occidental » se heurte aux puissances émergentes russe et chinoise, au sein même du conseil de sécurité de l'ONU, sans pouvoir être en mesure d'imposer en toute clarté des limites d'action à la répression du pouvoir syrien, ni adopter une position claire face à son effondrement. L'Union européenne reste tétanisée ou dépendante de la position des Etats-Unis, parce qu'elle est soumise aux pressions des aides financières et militaires que les Etats-Unis fournissent à plusieurs Etats de la région comme l'Egypte, aux réseaux globalisés qui unissent les économies du Golfe et celles des pays

[1] On ne peut ignorer, à cet effet, l'impact qu'ont eu de nombreux événements antérieurs sur la situation méditerranéenne comme la révolution islamique iranienne de 1979, la guerre entre l'Irak et l'Iran, les retombées des guerres en Afghanistan – conduites par l'armée soviétique, puis par les forces de l'OTAN –, celles des deux guerres du Golfe dont la plus marquante a entraîné l'émergence de l'Etat islamique, etc. Sans oublier une extension des mouvements djihadistes dans la Corne de l'Afrique et l'Afrique sahélienne.

développés, sans oublier des liens de réciprocité d'alliance entre les Etats de l'Union européenne et les Etats-Unis dans le cadre de l'OTAN. Elle marque aussi une fois de plus l'absence de toute politique de coopération globale à long terme en Méditerranée.

Conduites, depuis des décennies, selon des normes d'exploitation brutale, les économies de ces pays sont ainsi de plus en plus éloignées de toute perspective nationale et transnationale de développement. Tous ces facteurs convergent donc pour rendre encore plus difficile toute perspective d'action constructive d'un développement plus durable. D'autant plus que l'approche politique, économique, mais aussi scientifique et technologique que soulève la problématique du développement durable, se heurte à des politiques dont les agents refusent de trancher sur le fait que le libre-échange est un facteur d'aggravation qui écarte toute durabilité. C'est d'ailleurs sur ce terrain que s'opposent les organisations gouvernementales ou intergouvernementales, d'une part, et les ONG, de l'autre (Graz, 2013). Les ONG ont été rejointes par le syndicalisme qui a intégré cette thèse dans sa défense de l'emploi. Couvrant une problématique de plus en plus ouverte aux questions de l'environnement ou du cadre de vie, les syndicats ont été conduits à inventorier un large spectre d'atteintes à l'environnement conséquentes d'une course au profit toujours plus forte : depuis les risques industriels les plus classiques jusqu'aux pollutions des trafics de déchets les plus globalisés, en passant par ceux d'un transport routier ou maritime toujours plus intense. C'est pourquoi, comme nous l'avons déjà évoqué, un certain nombre de syndicats mettent l'accent sur les effets pervers d'une réglementation libérale, parce qu'elle autorise des « permis de pollution » combinés avec des amendes ou des taxes fiscales. Ainsi l'Union européenne a-t-elle conçu en 2005 un système qui autorise les entreprises industrielles de chaque pays membre à rejeter du dioxyde de carbone, selon des quotas. Avec la possibilité, pour chaque entreprise, de pouvoir céder à d'autres entreprises le différentiel non consommé, mais aussi, en cas de dépassement, de devoir s'acquitter d'une taxe. Chaque pays dispose d'un quota global qu'il répartit entre les principaux secteurs concernés (sidérurgie, centrales thermiques, raffineries de pétrole, industrie papetière ou cimenteries). Les syndicats sont aussi très sensibles à une politique d'alerte et de prévention plus globale qui reposerait sur la responsabilisation de tous les agents concernés selon des agendas de réglementation mieux articulés (Guillon, 1998).

L'enjeu d'une Très Grande Europe

Les déficits de coordination politique de l'Union européenne en regard de la pluralité et de l'extension territoriale des problèmes soulignent l'enjeu que représente une Très Grande Europe. Il est d'abord évident que les récents événements du Levant et leurs conséquences en matière de migrations massives des populations ne facilitent pas la tâche. Mais ils ne doivent pas servir de prétexte pour écarter tout retour critique sur les relations que l'Union européenne a établies avec la Méditerranée. On retrouve toujours derrière les tensions sociales qui agitent les sociétés du Levant (ainsi que celles du Maghreb) une alchimie complexe entre des aspirations à la démocratie et d'autres à un retour aux traditions. Celle-ci est instrumentalisée par des pouvoirs d'Etat fondés sur la force armée et/ou policière qui ont en commun de se constituer des rentes en prise sur la globalisation, ainsi que d'assurer certaines formes de coopération armée ou en matière de renseignement avec les pays occidentaux pour faire front face aux mouvements djihadistes.

Un bilan critique des ressorts et des limites marchandes qui ont animé les traités entre l'Union européenne et les pays méditerranéens hors de cette union est en effet utile. La Méditerranée est devenue une nouvelle frontière entre plusieurs économies développées ou émergentes et d'autres en développement. Les relations euro-méditerranéennes d'ordre économique, politique et sécuritaire ont suivi trois phases. La première, entre 1963 et 1970, s'est réduite à des échanges commerciaux plus avantageux pour les pays européens. La seconde, entre 1970 et 1995, a mis en scène des pays européens touchés par la crise industrielle avec des pays maghrébins dont les produits industriels bénéficiaient de quelques mesures de discrimination positive, alors que les produits agricoles européens restaient protégés par la politique agricole commune. Une troisième phase engagée à Barcelone en 1995 a consisté à construire une zone de libre-échange pour l'horizon 2010 – complétée par les trois volets sécuritaire, économique et social d'un partenariat euro-méditerranéen. Celle-ci concernait quinze pays de l'Union européenne et une douzaine de pays hors de l'Union. Les accords ont subi de multiples aléas et provoqué des ajustements, notamment face aux bouleversements des pays de l'Est, ainsi qu'à la montée des économies émergentes. L'ensemble a montré les limites de la part de l'Union européenne qui concevait tous ces échanges comme un exutoire du marché unique (Grou, 2008). Il soulevait de nouvelles questions en matière d'approvisionnement énergétique et de migrations. Sans oublier les incidentes à propos de la question stratégique du rôle des Etats-Unis dans cette région, en tant que première puissance de l'OTAN[1]. Mais ce bilan ne

[1] Sans être en mesure de traiter pleinement de ces aspects, nous nous contenterons d'évoquer seulement l'ampleur des retombées qu'impliquent cette alliance et tous ces engagements pour l'avenir d'une Europe plus ouverte à la Méditerranée. Ainsi le montre la montée des tensions entre l'Union européenne et différents régimes du Levant, sans oublier non plus les contentieux qui se sont accumulés avec le régime russe.

dispense pas d'opérer une approche culturelle beaucoup plus large dont les concepts sont encore plus transversaux, parce que moins contraints par le cadre classique des relations intergouvernementales. Ainsi la Méditerranée et ses pays côtiers offrent-ils un ensemble d'espaces naturels et historiques dont la symbolique reste forte. Porteurs d'harmonie ou de tensions, ils ont nourri des échanges et des moments de création, suivant différentes formes d'expression ou de temporalité portées par une diversité de formations sociales : clans, classes sociales, communautés religieuses ou ethniques, nations. Leur valorisation intellectuelle ou artistique est jalonnée de multiples œuvres qui font ressentir la magie des lieux, et que ne peuvent réduire, ni les conflits identitaires de toutes natures, ni les opérations marchandes touristiques ou immobilières (Guillon, 2012).

Enfin, un défi commun à l'Union européenne et à l'espace méditerranéen est de favoriser, dans chaque ensemble et entre les deux ensembles, des formes de coopération multilatérales. Ce défi est d'autant plus délicat qu'il s'inscrit dans un système international d'aide au développement dans lequel l'aide bilatérale est majoritaire et largement soumise à des contreparties en ressources en faveur des pays donateurs. Ainsi ce type d'aide peut-il être un facteur d'aggravation des dérives économiques ou commerciales de la globalisation. Avec aussi pour contrepartie de nouer de mauvais échanges en matière militaire. Comme le montrent nombre d'expériences pour lesquelles la vente d'armements par des pays du Nord à des pays du Sud ne fait qu'inciter les gouvernements des seconds à devenir de plus en plus autoritaires ; avec pour conséquence qu'ils désertent le champ du développement social au profit de son investissement par des réseaux traditionnels d'inspiration conservatrice ou intégriste.

La multiplicité des défis économiques et écologiques – mise en perspective avec la montée du chômage des jeunes – est une forte incitation à un resserrement des coopérations en matière de formation à l'échelle des pays euro-méditerranéens. On ne peut ignorer non plus la pression potentielle que représentent à terme les cohortes de jeunes formés – scientifiquement et technologiquement – que produisent massivement les grands pays émergents asiatiques (Guillon, 2004). Il serait donc pertinent d'appliquer ce schéma à l'échelle des pays de l'Union européenne, et de le prolonger par des projets avec les pays méditerranéens. Ce sont en effet autant de chantiers de coopération touchant aux traitements des déchets, à la protection du littoral, à la régulation des transports maritimes qui seraient, par exemple, susceptibles d'être montés, avec pour cible à terme de réduire l'écart entre les réglementations. Ajoutons qu'une telle perspective impliquerait non seulement un coup d'arrêt aux multiples dérives en matière de privatisation des sols ou des ressources énergétiques (notamment l'eau), mais aussi bien des inflexions en matière de production d'armement. Il y a là les prémisses de nouvelles réflexions transversales autour de la thématique d'une « économie politique de la sécurité » (Serfati, 2009). Il est en effet troublant de retrouver des liens forts et récurrents entre une accentuation des formes d'autoritarisme de nombreux régimes politiques levantins ou maghrébins qui profitent de rentes pétrolières ou gazières, et le renforcement de leur projet d'armement, en même temps que leur désertion de toute politique visant à protéger l'environnement. On relève aussi pour ces pays un déficit d'équipement pour approvisionner les populations en eau potable.

Ajoutons à ce versant des relations euro-méditerranéennes, sans le développer ici, l'autre versant des relations d'une Très Grande Europe qui concerne les pays de l'Est qui ne sont pas membres de l'Union européenne. On y retrouve d'abord la question des rapports avec la Russie et plusieurs pays qu'elle considère comme des satellites. Cette question est aussi complexe que celle des relations euro-méditerranéennes, mais elle pose encore plus directement des considérations d'ordre stratégique en matière de défense et d'alliance – qui sont encore des retombées de la période de Guerre froide. Venant ainsi conforter, sinon cautionner, cette consolidation des appareils militaro-industriels, que nous avons déjà soulignée, en tant que vecteur de la globalisation financière. Cela ne doit pas pour autant nous détourner des projets d'ouverture que pourraient représenter tout un ensemble de chantiers de coopération entre l'Union européenne, la Russie et ces pays.

Tous ces chantiers sont sans doute à concevoir d'un triple point de vue – politique, économique et idéologique. Car il existe certaines clés d'ouverture possibles dont le caractère transversal est inscrit dans une histoire culturelle en longue période : celle des ensembles romain, hellénique, byzantin, germanique, arabe, catholique, orthodoxe, islamique, luthérien, etc. Histoire marquée non seulement par les oppositions, les chocs ou les partitions entre sous-ensembles, mais aussi par la fréquence de leurs échanges et même par une récurrence de leurs rapprochements. Soit autant de mouvements qu'ont aussi perturbés plusieurs vagues impériales ou coloniales. Ces projets et ces chantiers seraient d'autant plus urgents – pour proposer de nouveaux gisements d'activités – que nombre de pays de l'Union européenne (surtout méditerranéens), ainsi que la plupart des pays du Levant et du Maghreb sont frappés par la montée d'un chômage de masse dévastateur, sans oublier une accélération des migrations qui secoue, sans perspective de solution, l'ensemble de cet espace – phénomène sur lequel nous reviendrons dans le chapitre suivant.

Cosmopolitisme et diasporas

Les projets d'ouverture et de nouvelles solidarités impliquent de prendre en compte la place et le rôle des diasporas. Ils posent encore plus largement la question du « cosmopolitisme » en tant que principe émancipateur (Beck, 2006). Le cosmopolitisme est à la fois une réalité qui est par définition multidimensionnelle (économique, politique et idéologique) et une perspective méthodologique susceptible de tenter de dépasser certaines apories que porte par nature la globalisation. Cette perspective implique de prendre la mesure du nouvel ordre mondial qui tend à se dessiner, tout en faisant le tri de toutes les dimensions préexistantes qui sont susceptibles d'aggraver la situation (Beck, 2006). On se heurte ainsi aux limites que posent la nationalité et les critères qu'on retient pour l'accorder, avec d'autres questions qu'accentue la crise de l'emploi : comme celle du droit de tirage de droits sociaux dans chaque pays d'accueil ou plusieurs pays à la fois. Soit autant de dossiers dont les dimensions juridiques, économiques, politiques et idéologiques sont soumises aux tensions de la globalisation, tout en restant fortement imprégnées par une histoire dont les composantes s'étalent en longue période. Les compressions qu'entraîne l'ajustement sur les prestations sociales, les défis sans précédent qu'y ajoute la montée continue du chômage de masse, sont autant de faits pour nos pays qui tendent à exacerber les tensions ou les apories de toute solution seulement calée dans un cadre strictement national. Tout se passe comme si les cadres actuels d'une compétitivité entre économies nationales – reposant essentiellement sur la contraction des coûts du travail ou la flexibilité externe du travail –, encouragés par les autorités de l'Union européenne, travaillaient pour relancer toutes sortes de populismes identitaires. Ce qui équivaut à encourager une forme de repli sur soi face aux défis de la globalisation.

La reconnaissance des diasporas est une manière d'élargir celle des mouvements transnationaux au-delà de cette exclusivité dont jouissent les mouvements de capitaux. Elle ouvre aussi la question de l'essence des rapports sociaux au-delà de la seule citoyenneté politique incluse dans l'espace d'un Etat-nation. Elle nous contraint ainsi à envisager des formes d'horizontalités basées sur des échanges coopératifs – eux-mêmes ancrés dans des projets d'activité. Nous avons déjà proposé une série de chantiers en matière de recherche, de nouvelles énergies ou de protection de l'environnement, qui pourraient associer des ressortissants d'Etats riverains de la Méditerranée, et qui donneraient jour à des dispositions communes en matière de droit du travail (Guillon, 2012). Ce genre de chantier est aussi un support susceptible de renouveler la place des travailleurs migrants en les associant à des activités pour le bien commun. On peut aussi envisager des coordinations entre plusieurs chantiers. Les questions d'énergie, celles du traitement de l'eau, ainsi que toutes celles de la protection des sols ou du littoral sont essentielles en Méditerranée. Elles sont autant de terrains propices pour inscrire les recherches et les coopérations dans une perspective de développement à long terme. Cette démarche a aussi pour objectif de réduire les pesanteurs des droits de propriété dont la charge historique d'origine diverse – clanique, étatique, nationale, transnationale – a été orientée vers les profits financiers ou les rentes. C'est donc pour retrouver des espaces de régulation tournés vers la valorisation du travail au service du bien commun, que nous proposons de les projeter à une échelle transnationale comme celle de l'espace méditerranéen. La perspective d'une ouverture méditerranéenne du projet d'une Très Grande Europe a pour symétrique celui d'une autre ouverture vers la Russie. Nous nous contenterons de signaler ici qu'elles soulèvent en partie des questions convergentes. Ce sont notamment autant de tensions politiques qu'il faudrait réduire comme celle d'une confrontation stérile entre un pouvoir impérial bénéficiaire d'une rente énergétique et une Europe ancrée dans un complexe militaro-industriel occidental qu'attisent les nationalismes d'une Europe orientale, et sert de prétexte au pouvoir russe pour recréer un rapport de force prévalant sur tout projet de coopération. Insistons sur la complexité des activités civiles et militaires de l'Union européenne, ainsi que sur celle de leurs liens avec l'OTAN, comme le montrent de multiples réseaux intergouvernementaux en matière de renseignement ou de défense. Rappelons encore que tous ces réseaux mobilisent des projets technologiques avec le concours d'intérêts financiers publics et privés, sans que leur intégration politique et même idéologique soit assurée précisément. Ainsi le prouvent les difficultés que rencontre cette alliance face à l'offensive de nouveaux mouvements djihadistes, et que nous évoquerons dans le chapitre suivant.

Pluralité et transversalité des espaces d'activité

Conscient de la nécessité d'ouvrir et d'élargir les espaces d'intervention politique et économique, nous n'en écartons pas pour autant l'utilité de réfléchir sur des espaces plus limités, à condition d'en apprécier les articulations possibles ou les décrochages avec d'autres espaces. Il est en effet paradoxal de constater que les partisans de l'ajustement ou ceux qui s'y sont résignés sur le plan politique vantent les mérites de l'action locale, sans en poser véritablement les limites, notamment en regard de la globalisation, ni en rechercher les articulations à plusieurs paliers locaux ou régionaux d'un Etat-nation, et surtout à l'échelle critique de plusieurs Etats, pour pouvoir bénéficier d'une échelle suffisamment critique. Ce qui devrait aussi conduire l'analyse à tenir compte des temporalités de chaque activité et des institutions qui l'encadrent. On ne peut ainsi mettre sur le même plan la projection ou la création d'activités industrielles qui supposent une articulation entre de multiples fonctions qui sont incluses dans une division internationale du travail – depuis la recherche jusqu'à la distribution – avec celles des services rendus à la personne dont une gamme plus large reste encore à l'écart de cette même division. Or, trop souvent, les agendas politiques – locaux, régionaux, et même nationaux – ne font qu'ignorer ces différences. Insistons encore sur ce point sur les dérives que représentent, d'un point de vue macroéconomique, les discours qui célèbrent à tout propos les vertus du lien social ou de la solidarité à l'échelle locale. Ils tendent à privilégier les registres de sociabilité sans les confronter de manière critique avec les différents moments ou paliers des rapports sociaux de production, ainsi que ceux des interventions de la puissance publique[1].

L'utilité d'une approche multi-spatiale de l'activité et de ses cadres sociaux est importante pour mieux apprécier, en particulier, les ressorts de l'investissement public. Elle évite aussi bien des réductions comme celle d'un culturalisme soumis aux normes du marché qui s'efforce de discriminer les capacités d'adaptation nationales (françaises ou allemandes), ou encore celles d'une naturalisation des institutions économiques ou politiques territoriales suivant des critères idéologiques de proximité et de sociabilité. Ainsi la production la plus sophistiquée de biens technologiques ou de produits du terroir garantis par des normes de qualité – dont certaines sont liées à des savoir-faire – n'est-elle aucunement à l'écart des pressions de la globalisation que sont les investissements directs étrangers ou les opérations publiques d'achat.

---

[1] On peut dans ce sens critiquer le caractère technocratique de nombreuses cibles localisées en matière d'aménagement de l'activité ou de traitement social du chômage, à l'échelle d'un quartier, d'une ville ou d'un bassin d'emploi, parce qu'elles ne sont aucunement articulées avec une dynamique d'investissement. Et celle-ci ne pourrait tirer sa cohérence des seuls moyens alloués par une collectivité publique, ni durer sans un minimum d'ouverture sur d'autres espaces. On retrouve face à de telles limites certaines inflexions du discours technocratique qui tendent à amplifier deux registres : celui d'une reconnaissance de la société civile en tant qu'entité et celui d'une extension du domaine de la gouvernance au local et à l'urbain. Sous prétexte d'un resserrement des liens de proximité, et au nom de la « démocratie participative », les gouvernements français successifs ont multiplié toutes sortes de dispositifs locaux de concertation : depuis les comités de quartiers jusqu'aux comités de bassin d'emploi. Les uns et les autres avaient pour mission de responsabiliser et mobiliser des agents sans avoir le moindre pouvoir de décision, ni suffisamment de moyens d'allocation. Ajoutons que leur registre est devenu d'autant plus décalé avec les réalités que l'échelle des politiques publiques d'aménagement du territoire restaient étanches entre une multiplicité de paliers locaux successifs et ceux des régions. Le nombre excessif des segments régionaux étant lui-même décalé avec les normes régionales appliquées dans les autres pays de l'Union européenne. Ces normes étant de leur côté aussi atteintes par les pressions de la globalisation et du libre-échange.

Même si la globalisation menace dans bien des cas de délocaliser des activités – au nom d'un calcul des coûts qui reste soumis au profit à court terme –, même si elle pose de sérieuses limites à toute politique publique nationale de type keynésien, elle n'exclut pas pour autant qu'on cherche à creuser les ressorts possibles qu'offre une démarche qui consiste à démultiplier les activités à plusieurs paliers d'échelles. Il est ainsi souhaitable de ne pas écarter des allers-retours entre l'échelle microéconomique – régionale-locale – et celle macroéconomique – nationale-continentale (Grou, 2009). Ce genre d'agenda repose ainsi la question ouverte de redéfinir des formations sociales susceptibles d'assumer ce type d'articulation. On retrouve alors les conflits d'intérêts économiques, politiques et idéologiques que ne manquent pas d'attiser de multiples groupes de pression.

Ces perspectives d'action locale impliquent donc de conduire une réflexion critique et ouverte pour mieux poser tous les ressorts et les assises de chaque activité. Elles rendent aussi nécessaires de pouvoir mieux apprécier les ressources qu'exige chaque activité afin d'en ménager les conditions d'approvisionnement et de renouvellement. Les projets d'activité seront d'autant plus maîtrisables qu'ils s'appuieront sur des espaces et des collectifs coordonnés du point de vue opérationnel et institutionnel. On peut à ce propos critiquer les solutions que représentent les zones franches dont les mesures d'exonération fiscale ne sont bien souvent que des succédanés aux manques de dispositifs de coordination ou d'évaluation, – et tout particulièrement en ce qui concerne les capitaux alloués, aussi bien du point de vue de leur nature que de leur origine. Ajoutons que tous ces projets d'activité locale soulèvent, à des degrés divers, la question d'une articulation entre les normes ou les garanties en matière de droits sociaux, mais aussi en matière de durabilité environnementale. C'est d'ailleurs sur ces registres que certains collectifs tentent de proposer des labels de promotion d'une économie dont les valeurs sont la solidarité ou l'équité. Celles-ci impliquent de sérieuses inflexions en matière de gouvernance financière dont l'institutionnalisation rejoint les traditions de l'économie coopérative ou solidaire. On retrouve alors posées autant de tensions en matière de comptabilité financière ou commerciale avec les normes que portent la globalisation et le libre-échange. Ainsi même lorsqu'on tend à réduire les fractures qui séparent la « société de capitaux » de cette entité qu'est l'entreprise, c'est-à-dire l'emprise qu'exercent les actifs financiers sur tous les autres actifs, ou encore qu'on tente de le faire pour l'étanchéité entre les paliers de la division du travail, il est difficile de s'abstraire du marché. D'autant plus que les politiques de régulation publique restent dispersées entre une multiplicité de paliers territoriaux, et confortent une logique de compétitivité aux dépens de toute coordination. Ce qui, soulignons-le encore, est bien un handicap majeur pour pouvoir avancer dans la régulation économique et politique de l'espace européen. Or seule cette régulation serait le meilleur moyen de stopper la montée des courants centrifuges – nationalistes, particularistes ou populistes – face à la globalisation.

La volonté de réduire les distances entre espaces ou temporalités ne concerne pas seulement la marchandisation des activités économiques, elle peut aussi servir d'autres formes d'intérêt. C'est notamment le cas de la construction des récits idéologiques qui cherchent à conforter les liens identitaires d'un collectif ou d'une formation communautaire. Ce genre de construction nourrit des crispations ethniques ou religieuses qui sont nationales et même transnationales comme le montrent les liens qu'entretiennent certains Etats d'Europe Centrale avec les minorités d'autres pays. Les diasporas sont, en ce sens, un enjeu des relations intergouvernementales. Elles font partie d'un champ de relations et de fonctions potentiellement contrastées : depuis leur instrumentalisation par un gouvernement pour agir dans un pays étranger jusqu'à leur rôle d'intégration de leurs ressortissants dans ce même pays, en passant par d'autres situations transitoires. Or on retrouve, pour nombre de diasporas, l'importance que jouent les transferts de capitaux, notamment ceux que les travailleurs émigrés opèrent au profit de leurs familles au pays. Ces transferts sont aussi le terrain d'un clivage entre deux secteurs : formel et informel. Ils placent aussi les diasporas en tant qu'agents du développement, et même en tant que vecteur des investissements directs étrangers.

L'importance des liens entre le politique, l'idéologie et la perception économique de la globalisation est attestée pour tous ces problèmes par les faits qui secouent l'Union européenne. Celle-ci est en effet le théâtre, depuis maintenant plusieurs décennies, d'une double résurgence : celle des nationalismes et celle des régionalismes. Et cela aussi bien au Nord qu'à l'Ouest, à l'Est et au Sud. Cette dynamique est le révélateur d'une montée des peurs ou du repli sur soi qui s'appuie sur une instrumentalisation déformée et déformante de la vision de l'histoire. On rencontre ainsi des agendas identitaires dont les cibles sont alternativement chaque Etat national ou les institutions européennes (Commission en tête), selon des argumentaires qui leur reprochent d'être le relais de la globalisation ou le frein à toute croissance ou développement. Les variantes suivent la nature antilibérale ou libérale de leurs auteurs. On y relève aussi, pour certaines régions de la périphérie balkanique ou levantine, la pesanteur d'anciennes formes de résistance à une domination impériale ottomane ou coloniale de type occidentale. Et sur un plan encore plus structurel, ce vecteur, que sont les investissements directs étrangers, introduit une nouvelle perspective extensive d'un phénomène qu'est l'impérialisme. Celle-ci marque, bien au-delà du seul aspect étatique, le lien consubstantiel qui existe entre la valorisation d'un capital que recherchent les agents de la globalisation et les formes de domination idéologique qui traversent la globalisation. Et celles-ci sont d'autant plus sensibles qu'elles mobilisent un spectre de registres aussi divers que le divertissement, la culture ou la morale, à une multiplicité de paliers de la vie sociale : depuis la sociabilité jusqu'aux institutions, en passant par les organisations et la communication. Et cette flexibilité de registres est d'autant plus prégnante qu'elle brouille les pistes de toute critique pour conforter, par exemple, des mouvements de rejet épidermique de telle ou telle minorité, et qu'elle vient même se substituer à toute analyse de classe ou vision identitaire ouverte. Et un paradoxe de ce genre de réaction contre la globalisation est qu'il désigne très souvent des agents qui pèsent peu dans cette globalisation. Tous ces mouvements agitent nombre de relations de sociabilité qui sont imaginaires et mobilisent toutes sortes d'émotions au nom d'une communauté nationale, ethnique ou religieuse. Ils sont observables à travers tous les pays de l'Union européenne, mais paraissent les plus sensibles sur ses marges balkaniques ou orientales. Ils représentent autant d'obstacles pour amorcer les bases de nouvelles coopérations dans le cadre d'une Très Grande Europe. Il nous apparait ainsi qu'un pays comme la Grèce, de par sa position géopolitique, mérite bien plus qu'une mise sous tutelle institutionnelle au service de l'ajustement. Membre de la zone euro et de l'Union européenne, méditerranéen et balkanique, au carrefour de l'Europe Orientale, de la Turquie et du Levant, il pourrait être le point nodal de multiples projets de coopération entre toutes ces régions : projets d'équipement impulsés par l'Union européenne pour plusieurs domaines comme les transports, les communications et la sauvegarde de l'environnement. Ce qui aurait pour effet de redonner corps à une autorité publique à travers de grands investissements susceptibles d'être négociés et assumés par plusieurs partenaires de l'Union et hors de l'Union. Avec aussi pour objectif d'amorcer les bases d'une offensive pour l'emploi des habitants de tous ces pays[1].

Enfin, s'il est un domaine dont les registres plaident en faveur d'une action politique toujours plus large et coordonnée, c'est bien celui de l'environnement. Que ses dégradations résultent des activités humaines, ou qu'elles correspondent à des moments d'évolution de la stratosphère, de l'écorce terrestre ou de la biosphère en très longues périodes, l'échelle de leur approche ne peut être réduite à celles des institutions locales, régionales, nationales et même continentales. Il est vraisemblable qu'il soit possible de

[1] Cette perspective nous paraît d'autant plus utile qu'elle représenterait aussi une première étape d'une contre-offensive politique et idéologique pour amortir à terme les conséquences catastrophiques que portent les conflits d'un Proche-Orient dont deux Etats – irakien et syrien – sont menacés d'implosion.

multiplier les coordinations pour monter à toutes ces échelles autant de chantiers correctifs emboîtés. Mais à la condition de les soumettre à des priorités inspirées du bien commun. Ce qui renvoie, bien entendu, à d'autres modes d'articulation entre le politique, l'économique et l'idéologique que ceux qu'inspirent le libre-échange, l'ajustement structurel ou la compétitivité.

Ouverture et cosmopolitisme de la créativité musicale

La démarche qui consiste à sortir du seul cadre national concerne aussi la création. Elle conduit, par exemple, les artistes à se tourner vers d'autres mondes que le leur, pour en comparer les valeurs. Ainsi le montre l'expérience de nombreux créateurs contemporains qui ont cherché à densifier et épurer leurs créations par ce genre d'ouverture.

Nous évoquerons ici un exemple d'ouverture que nous avons étudié : celle que le jazz a pratiquée en matière d'harmonie et de rythme. Cet exemple est d'autant plus saisissant qu'il concerne des musiciens noirs états-uniens qui se sont tournés, pour des raisons liées à leurs lointaines origines et par curiosité esthétique, vers d'autres continents. Plongée dans des rapports sociaux marqués par le racisme des Blancs, une fraction des musiciens de jazz des années 1950 et 1960 a été sensible aux musiques africaines, pour les aborder à la fois en tant qu'élément de leur culture d'origine – afin d'affirmer leur identité –, mais aussi pour élargir le registre de leur propre musique autour des recherches sur la polyrythmie. Certains de ces musiciens se sont aussi penchés sur les musiques moyen-orientales ou indiennes, afin de travailler les gammes modales, et pénétrer ainsi une autre approche de la temporalité musicale. Ils ont mené ces recherches tout en maintenant leur ancrage dans les fondements d'un jazz fait de blues et de syncope. Ces musiciens ont ainsi su créer une forme de musique à la fois populaire et savante qui représente un segment ouvert de la créativité esthétique occidentale (Guillon, 2014, 2013, 2011, 2009). Insistons encore, à ce propos, sur l'imaginaire dont tous ces musiciens ont nourri leur sensibilité harmonique ou rythmique. On retrouve ainsi les images suggestives d'une Afrique originelle poétique ou celles d'une Afrique plus politique, célébrée pour ses indépendances, en tant que volet d'appui aux combats pour les droits civiques. Le jazz noir états-unien du début des années 1960 a ainsi produit plusieurs chefs-d'œuvre, sous la forme de suites orchestrales comme la *Freedom now Suite* du batteur Max Roach, *Uhuru Africa* du pianiste Randy Weston ou encore *Africa* de John Coltrane. Projetant les canons du blues et de la syncope dans un registre plus cosmopolite, ces musiciens ont réussi à produire une musique fusionnelle et universelle. L'œuvre de Coltrane célébrait une Afrique mystérieuse et envoûtante, celle de Weston une Afrique symbolisée par la force du fleuve Congo, tandis que l'œuvre de Max Roach évoquait les souffrances de la traite pour s'achever par un hommage aux victimes de l'apartheid en Afrique du Sud. Façonnées de manière moins ostensible, mais tout aussi expressive, de nombreuses pièces du jazz de cette époque intègrent volontairement des références africanisantes. Que ce soit sous des figures afro-cubaines ou caribéennes (célébrées par des musiciens comme le batteur Art Blakey, le trompettiste Kenny Dorham ou encore le pianiste Horace Silver dont les chemins se sont souvent croisés), ou encore par le choix de motifs harmoniques ou rythmiques d'Afrique de l'Ouest ou d'Afrique Centrale (Art Blakey, mais aussi le polyinstrumentiste Yusef Lateef ou le saxophoniste Archie Shepp), l'Afrique a bien été une source d'inspiration renouvelée pour les musiciens de jazz de ces décennies. Sans toutefois refouler l'originalité et l'authenticité de ce qui a fait le jazz noir états-unien. C'est là un signe de plus de la place que tiennent ensemble l'intentionnalité créatrice de chaque artiste et les singularités sociales du milieu dans lequel il vit, pour continuer d'alimenter une forme d'art dans la longue période. Il est aussi frappant de remarquer que cette continuité tient à la capacité de syncrétisme qu'ont ses artisans de mêler leur inspiration communautaire avec une tournure cosmopolite.

L'importance que nous portons au cosmopolitisme, ainsi qu'à la transversalité des rapports sociaux entre cultures, communautés ou classes sociales, n'est donc pas seulement éthique ou politique. Elle se fonde sur une démarche méthodologique. Elle marque le caractère dialectique que doit adopter toute approche des continuités et des discontinuités sociétales. Il est en effet intéressant de constater que cette approche est d'autant plus sensible que les rapports de production en se globalisant se réduisent à une captation financière multiforme. Celle-ci tout en sous-estimant la richesse des échanges exacerbe toutes sortes de naturalisations qui sont des facteurs de division : divisions nationalistes ou communautaires au sein des classes de travailleurs, divisions rentières au profit des classes dominantes et d'une fraction des classes moyennes. Les relations entre la globalisation et les catégorisations sociales sont d'autant plus dangereuses qu'elles se crispent au fil d'un recul de la créativité que fige la globalisation financière. Et pourtant un retour sur l'évolution en très longue durée des migrations permet d'en apprécier les apports.

Le même genre de retour sur la création artistique montre aussi la complexité dynamique des continuités et des ruptures qui forgent les formes et les styles, à travers toutes sortes d'échanges dont ne rendent pas compte des catégorisations trop statiques. Ces catégorisations se fondent très souvent sur un malaise identitaire dont les racines plongent dans une histoire en longue période, et dont les registres sont idéologiquement réducteurs. Nous évoquerons ici les naturalisations que soutiennent certaines analyses à propos des Noirs états-uniens, en établissant une continuité entre les origines africaines et l'histoire d'une communauté sur le sol des Etats-Unis couvrant au moins deux siècles, pour expliquer leur sensibilité esthétique. Insistant sur le versant africain plus qu'afro-américain, elles minimisent non seulement les ruptures conséquentes des traites négrières et surtout les singularités conflictuelles des rapports sociaux états-uniens. Elles gomment aussi la diversité et la complexité des modes d'évolution historique des régions ou des pays du continent africain. Nous avons déjà soulevé aussi de notre côté, à propos du jazz, cette même forme de réductionnisme qui tend à sous-estimer non seulement la contribution des Noirs états-uniens au melting-pot culturel américain, mais aussi leur apport irréductible aux avancées de la musique contemporaine occidentale (Guillon, 2014, 2013, 2011).

Coopérations versus souverainetés compétitives

Convaincu de la pluralité des dimensions et des paliers qui structurent l'activité – ce qui suppose par là même la présence d'une composante de cosmopolitisme dans de nombreuses activités –, nous ne cherchons pas pour autant à évacuer, ni à surestimer, le rôle que tiennent le politique, et encore plus spécifiquement, l'action publique.

La place que nous réservons à une rénovation de l'action publique ne s'inscrit pas dans une approche étatiste. Elle a pour objectif de remettre au cœur des rapports sociaux les principes de bien commun et de créativité, en les situant à une échelle suffisamment critique. Elle cherche à inverser le rapport entre l'économique et le politique au profit du second, afin de rétablir l'agence des principes d'un droit à l'emploi et d'une reconnaissance de la valeur du travail.

Notre quête de projets de coopération et notre reconnaissance des diasporas tendent à insister sur les potentialités et la diversité des activités que restreint la globalisation financière de l'économie – dont les activités sont elles-mêmes soumises au libre-échange et à toutes sortes d'opérations spéculatives. Sans oublier le jeu néfaste que tient l'économie de l'armement, elle-même inscrite dans une longue histoire impérialiste.

Toutes ces orientations et ces ouvertures ont pour cible les limites que posent les problématiques en termes de souveraineté nationale. Celle-ci est trop souvent abusivement assimilée à une fusion essentielle entre la singularité d'un peuple et la souveraineté d'un Etat, sans examiner l'emprise que tient la globalisation financière. Et celle-ci est d'autant plus forte que l'Etat dispose d'un espace économique dont les forces productives ou les débouchés sont restreints. Afin d'éviter toute résurgence des problématiques en termes « d'espace économique vital »[1], qui ont marqué tant d'horreurs au XXe siècle, il est urgent de se distancier d'une histoire globale où les rapports entre économie, politique et idéologie sont essentiellement posés en termes de rapports de force de souveraineté et de compétitivité (valeur imposée par la globalisation). Ce qui revient in fine à s'accrocher à la fiction d'un ajustement entre deux rationalités inconciliables : celle de la souveraineté d'Etat et celle des groupes transnationaux. L'idéologie d'une fusion miraculeuse entre la souveraineté d'Etat et la souveraineté populaire joue le rôle d'une sorte de talisman. Celle-ci sert à des gouvernements d'obédiences diverses à légitimer leurs politiques d'ajustement, en les présentant comme singulières et indépendantes. Alors qu'elles sont le plus souvent inspirées par des instances intergouvernementales et imposées par des pouvoirs économiques transnationaux. Malgré le caractère encore utopique de la perspective de vouloir dépasser les limites de toute souveraineté, on peut tenter de la tester par des formes de coopération expérimentale intergouvernementales et ouvertes – inspirées par des chantiers pour le bien commun, mais aussi par la richesse historique et potentielle des échanges qu'offrent des espaces européens ou méditerranéens. Les besoins collectifs en infrastructures sont en effet permanents. Ils doivent cependant être actualisés à l'aune des avancées technologiques, en même temps que l'évaluation de leurs coûts doit tenir compte des rapports conflictuels entre la valeur du travail et celle du capital. C'est en fait dans cet « entre-deux » que se révèlent actuellement les déficits et les apories de toute régulation sociale conduite par des Etats-nations. Nous plaidons donc pour la recherche de nouveaux espaces de protection sociale dont l'échelle serait supérieure à celle d'un Etat-nation. Car nous constatons que chaque Etat – lorsqu'il adhère aux principes de la compétitivité et qu'il compte sur les effets d'entraînement de ses exportations – est conduit tôt ou tard à réduire les marges de sa politique sociale. Ainsi, l'agenda global en matière de protection sociale est en fait l'un des plus faibles de l'Union européenne. En effet, si des protections sociales accompagnent toute mobilité d'un salarié à travers les pays de l'Union, des problèmes comme ceux du licenciement économique ou de la sécurité sociale sont soumis à des décisions des conseils des ministres européens prises à l'unanimité. Ce qui

[1] La définition de cet espace est surtout idéologique. Sans nier le jeu de la crise économique de 1929, celui des tensions démographiques ou des limites de débouchés des forces productives, l'expérience du nazisme ou celle de l'impérialisme japonais montrent le caractère déclencheur de leurs doctrines. Celles-ci les ont incités à conquérir de nouveaux territoires au nom d'une conception sur la supériorité raciale de leur peuple. Le Japon a ainsi envahi la Mandchourie dès 1931, avant de fondre sur la Chine en 1937. Hitler, après avoir encouragé l'agitation des minorités allemandes des Sudètes en 1935, récupéra la Sarre, la même année, ainsi que la Rhénanie, l'année suivante. Il annexa l'Autriche en 1938, ainsi que le corridor de Dantzig en 1939.

les place hors de toute harmonisation possible[1]. Après une époque pendant laquelle les gouvernements de l'Union ont tablé sur un marché commun et une monnaie unique pour conforter la protection sociale, il devient urgent de reposer cette question dans le cadre d'un projet nouveau. Celui-ci aurait pour logique la maîtrise de grands investissements à une échelle supranationale, susceptible de rétablir, à la même échelle, une dynamique de protection sociale. L'une et l'autre, garanties par la dynamique des investissements des pays les plus performants, pourraient être diffusées ponctuellement à travers des contrats technologiques expérimentaux passés avec d'autres Etats méditerranéens que ceux de l'Union européenne. Rappelons encore ici l'opportunité qu'offriraient pour de tels chantiers les agendas d'une véritable politique méditerranéenne en matière de protection ou de prévention de l'environnement qui serait articulée avec l'exploitation des ressources énergétiques. Aussi peut-on tenter de réfléchir à une autre perspective de relations professionnelles plus dynamique que celle d'une stricte comptabilité de minimas sociaux qui ne correspondent qu'à des fictions juridiques intergouvernementales. Mais faut-il encore qu'existent des mouvements politiques qui cherchent explicitement à rétablir un rapport de force syndical.

Ce sont donc autant de constats qui plaident en faveur d'une convergence de réglementations correctrices des déréglementations – fiscale, bancaire, financière ou en matière de protection sociale – liées à la globalisation. Cette convergence, pour être efficace, devrait se fixer à une échelle suffisamment critique comme celle réunissant plusieurs Etats. La perspective d'une reconfiguration de tout ou partie de l'Union européenne sur cette base et sa projection, sous forme de chantiers expérimentaux, vers les régions de sa périphérie, sembleraient souhaitables. Elle contredit le registre dominant que semble suivre actuellement cette union : celui d'un modèle de compétitivité censé assurer une centralité, aux dépens de toute coopération active avec la périphérie.

[1] Ce point est d'autant plus sensible pour un Etat comme la France, qu'on assiste, depuis plusieurs décennies, à une réduction de la singularité de son système de sécurité sociale sous la pression du marché ; aussi bien pour ce qui est de l'universalité de ses prestations, que d'une libéralisation des modes de son financement.

CHAPITRE VI

POUR MIEUX SAISIR LES LIENS ENTRE GLOBALISATION ET REDÉPLOIEMENT GÉOPOLITIQUE : REVENIR AUX FONDEMENTS DES SCIENCES SOCIALES

Nous développerons ici une approche épistémologique, afin de mieux pénétrer la multidimensionnalité des rapports sociaux ainsi que leur transversalité – sensible à travers une pluralité d'échelles –, dont une part est la conséquence directe de la globalisation, et une autre la résultante des rapports en très longue période entre le monde occidental et d'autres mondes.

Nous plaiderons d'abord en faveur d'une sociologie davantage tournée vers la pluridisciplinarité, parce qu'elle serait susceptible de mieux cibler les facteurs de cette diversité et de cette transversalité des rapports sociaux, que l'on doit s'efforcer d'inscrire dans la perspective d'un redéploiement géopolitique sans précédent. C'est pourquoi nous reviendrons sur plusieurs approches qui permettent de concilier la prise en compte des forces productives, la pluralité des paliers auxquels elles se situent, ainsi que le rôle qu'y jouent les intentionnalités et les dimensions symboliques – dont certaines franchissent les frontières de l'imaginaire. Nous insisterons aussi sur les enseignements que l'on peut tirer du fait de situer ces rapports sociaux dans une approche des rapports Nord-Sud en longue période. Celle-ci devant nécessairement intégrer les antécédents des périodes de colonisation.

Nous tenterons ainsi de fixer la dynamique d'une rencontre entre la globalisation financière du capitalisme et un redéploiement sans précédent des rapports Nord-Sud. Car ce redéploiement est le théâtre de multiples rapports croisés entre les pouvoirs économiques ou politiques et les composantes de toutes les sociétés civiles de chaque hémisphère. Il est d'abord le signe visible d'une montée des économies émergentes dans le sillage de la globalisation financière occidentale. Mais cette même émergence agrège aussi de la part de tous les agents bien d'autres valeurs que celles d'une financiarisation. Qu'elle suscite des réactions favorables de la part des pouvoirs et de leurs affidés ou l'hostilité d'une partie des populations, on y observe une multiplicité de registres et de paliers d'expression où se mêlent les rapports de production et d'autres rapports plus symboliques. C'est notamment à ce propos que nous évoquerons plusieurs mythes que forgent les réactions occidentales à la globalisation, et que nous soulèverons le thème d'une « désoccidentalisation » du monde. Celui-ci se situant au croisement de la diffusion d'une globalisation financière et d'un mouvement historique qui marque à la fois des rejets et un recul de l'hégémonie des Etats occidentaux – demeurant « coalisés » militairement dans l'OTAN. Précisons encore que nous grefferons sur ce panorama les effets de l'implosion du bloc soviétique qui ont fusionné avec ceux d'un redéploiement des rapports Nord-Sud. Rapports eux-mêmes marqués par l'implosion de deux Etats du Proche-Orient (syrien et irakien) au cours des récents événements de cette région.

Nous retrouverons ainsi, à plusieurs reprises de cette revue, le choc entre une pluralité de paliers de toute formation sociale ou sociétale avec le jeu des forces transnationales de la globalisation. Ce choc ayant pour conséquence de rendre difficile l'application d'un paradigme classique : celui de faire correspondre les réalités ou les projets d'une société fusionnelle avec ceux d'un Etat-nation ou de relations apaisées entre Etats-nations. Ce qui représente une difficulté ou un défi à relever pour des classes dirigeantes dont les composantes politiques, mais aussi intellectuelles, sont devenues progressivement captives des rhétoriques de l'ajustement ; rhétoriques elles-mêmes empreintes des canons de la globalisation financière. La posture de nombreuses classes dirigeantes non occidentales a aussi cédé à cette pression, tout en conservant d'autres registres ; ils sont souvent autoritaires parce qu'inspirés d'une lecture fermée de leurs traditions religieuses, claniques ou ethniques.

Ainsi ce sont bien toutes ces convergences, mais aussi toutes ces tensions qui nous semblent conforter le triple caractère – économique, politique et idéologique – de notre approche sociologique des rapports sociaux. Ils nous incitent encore à les inscrire dans une dynamique géopolitique en longue période, pour mieux rechercher les jalons d'une autre globalisation. C'est pourquoi nous procéderons en deux temps. Dans un premier temps nous reviendrons sur plusieurs considérations d'ordre épistémologique et interdisciplinaire qui nous permettent d'articuler une sociologie des activités et des rapports sociaux, afin de la projeter dans une approche géopolitique en longue période. Et c'est une fois cette condition remplie que nous pourrons, dans un second temps, mieux fixer l'espace et les dimensions de la globalisation.

Nous retrouvons d'abord ici autant de questions que pose toute démarche d'appréhension sociologique des activités et des rapports sociaux du point de vue de leur dynamique et de leur structuration.

Les sciences sociales de la seconde moitié du XXe siècle ont été progressivement conquises par deux approches. La première est l'individualisme méthodologique dont le projet essentiel fait reposer tout phénomène social sur la rencontre et l'agrégation entre les intentions ou les actions d'agents qui sont mus individuellement par la recherche de leur intérêt et de leur profit. La seconde dite interactionniste tempère cette approche pour mettre davantage en exergue leur fusion collective à travers diverses formations ou identités sociales dont les ressorts peuvent impliquer d'autres rationalités que celle du profit ou de l'intérêt, mais dont l'échelle reste proche de celle de petits collectifs de sociabilité ou de communautés. La montée en puissance des sciences de gestion – fortement stimulée par celle de la globalisation et des procédures de gouvernance qui l'accompagnent – a contribué à refouler les dimensions collectives de l'activité, pour se fixer sur les ressorts d'une rationalité en termes de coordination et de transaction susceptibles d'animer toute activité. On peut ainsi émettre l'hypothèse d'une conjonction sensible entre ces approches pour légitimer une vision instrumentale et gestionnaire de toute activité qui la structure en termes de coût, dont les références sont coupées de toute dynamique sociétale plus globale. Sans vouloir prétendre évacuer le rôle des individus, ni minimiser l'apport des travaux interactionnistes qui ont mis en valeur le caractère symbolique des relations entre postures ou identités, on ne peut que déplorer la distanciation de ces problématiques de toute référence aux rapports de production. Ce qui accentue, sans doute, un recul idéologique des thèses sur l'agence qu'exercent ces rapports sur les actes sociaux. Ajoutons que le même reproche peut aussi être adressé à quantité d'approches biographiques ou récits de vie. Rappelons à ce propos le caractère attrape-tout de l'usage que l'on fait trop souvent des concepts d'« identité » ou de «crise des identités », si l'on veut bien tenir compte de l'extrême diversité des registres, des valeurs ou des paliers en matière de rapports sociaux que la globalisation atteint. On peut faire l'hypothèse, de ce point de vue, d'une certaine perméabilité des analyses au discours dominant de la gouvernance politique.

Un retour sur la phénoménologie, dont le socle reste la subjectivité et l'intersubjectivité des rapports à autrui et aux autres, et ménage ainsi une place à l'intériorité et à l'intentionnalité, est une démarche qui est susceptible d'éclairer certains phénomènes de microsociabilité. Et le fait d'établir des ponts entre cette approche des formes de sociabilité et les tensions de leur réglementation ou de leur institutionnalisation montre que celles-ci recoupent les rapports de production. On peut à ce propos évoquer les limites que posent plusieurs concepts d'agrégation des formes de sociabilité comme ceux de « solidarité » ou de « conscience collective », lorsqu'ils en privilégient a priori la congruence aux dépens des tensions qui les traversent, et surtout sans référer ces tensions aux lignes les plus structurantes des rapports sociaux, notamment les rapports de production. Les notions de solidarité ou de conscience collective sont critiquables, parce qu'elles risquent de limiter notre appréhension des phénomènes sociaux totaux (Gurvitch, 1963 a). Elles sont d'autant plus délicates à manier sociologiquement qu'elles mêlent souvent plusieurs paliers des rapports sociaux : la sociabilité, les fonctionnalités, l'organisation ou les structures de nombreux collectifs, ainsi que les conventions, les normes ou les images qu'ils véhiculent. Ne retenant généralement que leur cohérence ou leurs affinités – effectives ou projetées –, l'usage de ces notions minimise ou écarte l'agence que tiennent les rapports conflictuels. Et, encore plus globalement, on ne peut se résoudre à réduire tout phénomène social à la seule agrégation d'intentionnalités, sans tirer parti des représentations que cristallisent les institutions et systèmes, au-delà des seules interactions interindividuelles. Cette remarque est non seulement valable pour le seul cadre des organisations ou des institutions qui concernent directement les activités de production ou d'échange. Mais elle s'impose aussi lorsqu'on veut aborder les ressorts normatifs ou leur cristallisation qui structurent les rapports sociaux d'une société globale. On retrouve alors d'autres risques, comme celui de caler toutes ces représentations immanentes ou transcendantes sur le seul corps des valeurs faisant autorité ou « valeurs dominantes », ou celles qui servent à délimiter ce qu'on nomme une « civilisation » (Durkheim, 1963). On perçoit ainsi, dans le cadre de la globalisation, les difficultés que peuvent rencontrer les classes dirigeantes d'un Etat national pour réduire idéologiquement cette hétérogénéité de paliers sociaux, et leur donner une cohérence sociétale.

L'univers des rapports de production globalisés nous est apparu, à de nombreuses reprises, comme un enchaînement implacable de systèmes technologiques, organisationnels, comptables ou financiers – fondés sur les droits de propriété et tirés au gré des déréglementations ou de nouvelles réglementations d'inspiration libérale –, dont les effets sur l'emploi sont souvent sans appel. Et nous avons ainsi constaté que chaque moment de cet enchaînement révélait des formes d'expression individuelle ou collective fortes en teneur idéologique. D'où la nécessité de faire la jonction avec toutes les formes d'expression ou de représentation symboliques, afin de relever certains effets de leur agence, dont une partie travaille la segmentation sociale. Il est ainsi frappant d'observer chez nombre d'électeurs de la sphère politique des votes qui sont susceptibles de séparer volontairement ou involontairement le politique de l'économique, y compris en période de crise économique, pour le seul fait de vouloir symboliser leur pratique politique.

Nous nous prononçons ainsi en faveur d'une appréhension des structures sociales ouverte aux singularités individuelles et collectives des tensions que suscite un enchevêtrement de leurs normes et procédures, à travers la diversité des paliers des rapports sociaux (incluant les rapports de production). Mais nous sommes aussi sensible au fait de les projeter dans leur historicité – aussi bien dimensionnelle, spatiale que temporelle –, afin de tenir compte de leurs singularités et de leur transversalité à travers les rapports sociaux. Tout en gardant à l'esprit la permanence d'un ensemble d'éléments constitutifs des rapports de production (forces productives, division du travail ou mode de production), on ne peut en évacuer l'historicité, afin d'en apprécier les tensions. Car celles-ci provoquent de la part des agents ou des collectifs des réactions dont le sens, notamment symbolique, est variable, parce qu'il est sujet à des opportunités. Rationalisées avec d'autant plus de force qu'elles se placent sur un registre symbolique (identitaire ou religieux), elles reviennent à convertir le sens de tout indice des rapports de production. Le phénomène est d'autant plus prégnant, lorsqu'il y a mutation ou crise, que les agents ou les collectifs se placent sur le registre d'une permanence identitaire. Il y a là une logique qui se mêle à d'autres comme celles de l'intérêt ou des droits de propriété qu'imposent les classes possédantes ou les classes dominantes de chaque formation sociale historique. Enfin, il reste encore à apprécier l'étendue géopolitique de ces rapports, pour maîtriser leur caractère étatique ou interétatique, et mieux apprécier leur portée économique ou politique dans ce qui revient, bien souvent, à des constructions de sujets économiques ou politiques abstraits (Aron, 1989).

Une critique de la sociologie du travail

Nos recherches sur l'activité syndicale nous ont sensibilisé très tôt aux dérives que représentent les segmentations qui traversent la sociologie, et encore plus spécifiquement, la sociologie du travail ou la sociologie des relations professionnelles. Nous nous sommes efforcé d'apprécier l'impact qu'exerce la globalisation financière sur l'activité syndicale, à partir d'une recension de faits ou de rationalités synthétiques (institutionnels, conventionnels ou organisationnels) et datés, qui soient articulés entre plusieurs paliers des rapports sociaux. C'est ainsi qu'en cherchant à mettre en perspective des traits d'évolution économiques, politiques et idéologiques, eux-mêmes impulsés à l'échelle des politiques d'ajustement intergouvernementales (européennes) ou nationales, et mis en œuvre dans ces mêmes cadres (institutionnels, conventionnels ou organisationnels), nous avons pu tester la pluralité des collectifs qu'ils touchaient. C'est ainsi qu'au moment où l'Union européenne encourageait la négociation tripartite de pactes nationaux sur l'emploi et les salaires dans chaque pays (Guillon, 2000), il nous semblait impossible d'abstraire ces projets des réalités incontournables d'une division internationale du travail, sur laquelle les firmes transnationales et les fonds spéculatifs pesaient de tout leur poids. De la même façon, toute réglementation nationale des métiers ou des qualifications nous apparaissait-elle susceptible d'être atteinte par une mobilité des capitaux de plus en plus accélérée ; avec encore nombre d'incidentes pouvant s'exercer sur les cadres mêmes des formations initiales ou continues. De même avons-nous été sensibilisé aux difficultés que franchissaient les sociologues du travail pour pouvoir traiter avec les mêmes outils de la globalité et de la rationalité des grandes unités de production ou de service et de leur dispersion à travers un tissu de petites ou moyennes unités. Soit autant d'obstacles ou de biais réducteurs pour apprécier les réalités d'une économie circonscrite aux cadres d'un Etat-nation. Avec aussi des implications pour définir les réalités ou les contours d'une société globale correspondante. On retrouve aussi le même formalisme dans la manière dont on surestime la nature et la portée des pouvoirs de l'Etat-nation. Lorsqu'on se polarise sur les rapports entre les pouvoirs exécutif, législatif et judiciaire, peut-on ignorer l'émergence d'un faisceau de pouvoirs transnationaux – financiers, économiques ou médiatiques –, liés à la globalisation, qui viennent en limiter la portée ? Peut-on ainsi refouler toute appréhension critique des disjonctions juridiques qui marquent encore l'hétérogénéité des Etats membres de l'Union européenne ? On retrouve donc encore une surestimation de la portée réelle des principes inspirés d'un libéralisme démocratique, et d'une lecture historique des rapports de force entre Etats qui correspond à plusieurs grandes périodes d'une histoire occidentale, aujourd'hui datée, sinon dépassée.

Nous avons été ainsi conduit à relativiser la portée de toute monographie – surtout si elle reste micro ou unidimensionnelle et sujette à la problématique de l'ajustement. Nombre de travaux portent ainsi sur les mesures de flexibilité, ou sur la part que doivent y prendre les stratégies syndicales, sans pour autant se soucier des limites que représentent diverses formes de recentrage des procédures de négociation collective ou en matière de règles de représentativité syndicale. Or l'histoire de la négociation collective de l'emploi – dans les groupes industriels dont la logique financière est prégnante – n'est qu'une suite d'accords d'ajustement ou de versions de la flexibilité, et ce depuis les années 1990. Depuis les formulations rassurantes en termes de « gestion préventive de l'emploi » jusqu'aux concessions arrachées aux salariés au nom de la compétitivité, en passant par divers avatars autour des compétences, de l'employabilité ou des carrières. Certaines grandes entreprises ont signé ces accords en cascade. Il faut ainsi garder en mémoire l'usage idéologique qu'en firent les employeurs ou les gouvernements pour les présenter à chaque étape comme autant de solutions décisives, pour enrayer un chômage de masse qui dure encore. L'énormité du poids de la globalisation en regard de celui de toute négociation avec les syndicats – et a fortiori celui de toute concertation – nous apparaît sans appel, à l'échelle d'une entreprise, d'un secteur ou même d'un pays. On ne peut ainsi que déplorer une dispersion thématique des sociologies entre les paliers de sociabilité ou d'une myriade de procédures soumises aux canons de la gouvernance. Les relais qu'assument les sociologues du travail – souvent au nom des vertus d'une sociologie réflexive – ont tendance à enregistrer des discours autour de ces mêmes procédures, avec pour seule perspective, d'en souligner la congruence ou les divergences. Celle-ci est aussi placée sous le signe des segmentations professionnelles, procédurales et individualisantes que provoque la division du travail capitaliste. Ces mêmes segmentations sont reprises par les classifications d'une sociologie du travail pour en faire autant de disciplines autonomes. Et pourtant, comme le montrent nombre d'opérations publiques ou privées d'achat d'entreprises, une partie non négligeable de toutes ces segmentations est trop souvent sacrifiée sur l'autel de la profitabilité. On remarque comment des systèmes automatisés de production, ainsi que les savoirs et savoir-faire qui les accompagnent, sont totalement détruits par des calculs d'opportunité financière.

Rendons néanmoins hommage à certains sociologues du travail qui ont évité de tomber dans ces pièges, et qui ont maintenu le cap d'une sociologie critique en prise sur les évolutions du capitalisme en longue durée. Leur sociologie met en perspective l'évolution du travail avec celle des droits de propriété et de l'accumulation. Que ce soit à travers les monographies et les réflexions sur la qualification d'un Richard Sennett, ou les travaux sur l'insécurité d'un Robert Castel, cette sociologie met en évidence les dégâts de la globalisation financière ou du libre-échange, aussi bien sur le plan de la démolition des institutions nationales que sur celui d'une objectivation des formes d'aliénation. Ainsi Richard Sennett retrace-t-il en longue période les manipulations que s'autorisent les agents du capitalisme – y compris à travers le filtre des institutions les plus démocratiques de l'Etat-nation – pour agiter le spectre de l'inutilité en tirant parti des progrès de l'automation et du vieillissement de la population (Sennett, 2006). Ainsi Robert Castel cerne-t-il l'enchaînement implacable des formes d'insécurité civile ou sociale pour les mettre en relation avec l'individualisation et la privatisation en matière de prévention des risques qui accompagnent un reflux de tout Etat social. Un tel reflux marque la fin d'une longue période pendant laquelle les classes dirigeantes avaient fondé l'Etat social forçant ainsi les classes possédantes à s'acquitter d'une dette sociale contre l'assurance d'une paix sociale (Castel, 2003). On peut percevoir les liens qui existent entre la rationalité d'un Etat social et l'idéologie des classes dominantes (classes dirigeantes et classes possédantes) à la condition que celles-ci adoptent une forme de compromis entre leurs intérêts et une vision globale en termes d'intérêt général ou de bien commun. Or cette vision le plus souvent nationale est soumise à l'échelle de la globalisation, ainsi qu'au rapport de force que peuvent percevoir ou non les classes possédantes. Le modèle d'un Etat social national est actuellement battu en brèche par la transnationalité des mouvements de capitaux. On voit donc se dessiner les limites de toute approche des relations professionnelles – Etat, partis politiques, employeurs, syndicats – dans un cadre d'Etat-nation, en regard des pressions que représentent les forces de la globalisation financière. On peut encore percevoir, dans un tel contexte, le caractère idéologique de l'usage que font les politiques, ainsi que certains analystes, du terme de solidarité. Canon sociologique d'une idéologie républicaine sous la IIIe République, la solidarité est devenue une notion banalisée pour signifier « lien social » ou introduire une note d'affectivité dans l'administration des remèdes de l'ajustement. On la retrouve ainsi en tant que leitmotiv dans le discours des adeptes de la gouvernance (Guillon, 2008).

La jonction entre les critères d'une gouvernance économique initiée dans les entreprises privées et ceux d'une gouvernance publique est un facteur qui conforte l'homogénéité des classes dirigeantes. Celle-ci sert de faire-valoir aux classes possédantes par l'inflexion qu'elles donnent à leur manière de gérer le capital privé, ainsi que par les contraintes qu'elles acceptent d'assumer dans la gouvernance publique. Cette jonction est aussi une opportunité pour une partie des classes moyennes, en même temps qu'elle refoule nombre de membres des classes populaires ; provoquant ainsi non seulement l'éclatement de toute unité de classe et même celle d'une citoyenneté.

Ajoutons, pour conclure sur notre critique de la sociologie du travail, qu'au-delà de toute certitude à propos de la stabilité et du caractère discriminant des types de classes que nous retenons, plusieurs choses nous semblent acquises. La première est que les enjeux des rapports sociaux de production ne sont jamais strictement définis dans les limites institutionnelles des entreprises. Que celles-ci soient transnationales ou non, comme le montre la montée en puissance des opérations publiques d'achat. La seconde est que ces rapports ne sont aucunement étanches ou coupés des rapports politiques de pouvoir. La troisième est qu'ils ne sont pas davantage inscrits strictement dans le seul cadre d'un Etat-nation. Enfin la quatrième est que parallèlement à ce qui se passe pour les phénomènes de mobilités communautaires, on doit s'efforcer de projeter davantage la réalité des classes sociales à une échelle transnationale. C'est particulièrement le cas pour la place des immigrés en tant que composante des classes ouvrières. Et c'est aussi celui des classes dirigeantes dont les passerelles idéologiques sont perceptibles à travers leur ralliement à une gouvernance d'ajustement.

La valeur ajoutée de plusieurs disciplines

Nous sommes aussi très attaché au fait de reprendre des concepts ou des valeurs clefs de plusieurs disciplines que sont l'histoire, la philosophie, l'économie politique et anthropologie. Avec pour finalité de les agréger pour mieux appréhender les facteurs économiques, politiques et idéologiques de la globalisation, sans en réduire a priori la diversité des interactions, ni leurs temporalités.

L'histoire tient une place importante dans notre sociologie. Elle nous inspire non seulement pour marquer les phases d'inflexion des relations entre économie, politique et idéologie, mais elle nous sert aussi à nous projeter dans les périodes de la longue durée. C'est notamment à l'occasion de nos recherches sur l'Afrique de l'Ouest ou la Méditerranée que nous avons été sensibilisé aux places que tiennent sur la très longue durée les temporalités claniques ou religieuses. Aussi retrouve-t-on leur présence au cœur même des rapports de classes et de communautés qui participent très directement à la globalisation capitaliste dans ces régions – tout particulièrement par la captation des rentes tirées des ressources énergétiques ou du commerce des armes (Guillon, 2012, 2003). Ainsi l'histoire nous sert-elle à cadrer les relations sociales entre l'économie, le politique et l'idéologie, sans leur attribuer a priori de sens univoque, ni les enfermer dans une segmentation géopolitique. Ce qui ne nous interdit pas pour autant de rechercher à fixer les contours les plus structurants des activités – quitte à en suivre les déformations, au gré des agendas d'intérêt ou idéologiques qu'adoptent les agents sociaux. L'importance que nous conférons à l'histoire en longue période nous semble donc pouvoir nous aider à mieux articuler ces mêmes ensembles structurants dans leurs singularités spatiales et chronologiques. Ainsi remarquons-nous, à propos de la résurgence du phénomène qu'est le terrorisme – et de celle de son double qu'est le contre-terrorisme –, qu'elles revêtent de nouvelles formes en pleine globalisation (économique et financière). L'une et l'autre s'inscrivent aussi dans une longue séquence de rapports historiques entre Nord et Sud, entre colonisateurs et colonisés, entre appareils militaro-industriels ou idéologies de l'Ouest et de l'Est (Guerre froide), pour apparaître finalement sous la forme d'un combat dissymétrique entre deux images réductrices de l'Occident. L'une est construite par l'amalgame qu'opèrent de nouveaux mouvements issus de l'ancien tiers-monde, sur le mode d'une idéologie où se mêlent des ressentiments à l'égard des souffrances de la colonisation, ainsi qu'un rejet d'une hégémonie des Etats-Unis et de leurs alliés – au premier rang desquels ces mouvements placent l'Etat d'Israël, et plus récemment la Grande-Bretagne ou la France –, au fil des interventions armées qu'ils mènent au Levant, au Maghreb ou au Sahel. Ces mouvements se considèrent investis d'une mission de justiciers au nom d'un corpus politico-religieux, symbolisant un passé glorieux, et recourent au terrorisme. S'engageant dans une forme de « guerre sainte », ces mêmes mouvements prennent aussi pour cibles les régimes sunnites islamiques alliés des Etats-Unis, tout en se réclamant du sunnisme contre les Chiites. Au nom d'une entreprise qui viserait à restaurer le Khalifat dont l'empire s'étendait depuis le Moyen-Orient jusqu'en Asie Centrale, ils mêlent des registres et des moyens extrêmement hétérogènes. Soit autant de mots d'ordre inspirés des principes claniques et religieux les plus archaïques jusqu'à l'usage des armes les plus modernes, en passant par toutes sortes d'actes de barbarie usant des moyens de communication les plus modernes et les plus sensibles. L'ensemble de l'entreprise est financé en partie par les moyens formels ou informels de la globalisation et du libre-échange. Comme le montre encore actuellement la diffusion des crimes de masse, des exécutions d'otages, des trafics d'armes ou de pétrole qui traversent le Levant, le Maghreb et l'Afrique sahélienne. L'autre image qu'assume l'Occident en tant qu'idéologie est plus défensive. Elle anime une partie des gouvernements et des opinions des pays occidentaux, retranchée derrière une idéologie fondée sur le libéralisme et la démocratie, servant à justifier quantité de comportements et d'intérêts économiques ou politiques pour mieux dénoncer la barbarie du terrorisme. Mais comme le montre un analyste du Moyen-Orient, on ne peut mettre de côté les incidences d'une longue histoire européenne dont la violence et les conséquences se sont finalement projetées en pleine globalisation. C'est ainsi que les réactions contre l'existence même de l'Etat d'Israël – y compris sous leurs formes les plus délirantes – ne sont pas sans lien avec l'enchaînement implacable des violences antisémites que les Européens (Russie incluse) ont pratiquées pendant des siècles (Corm, 2012). On ne peut ignorer non plus les tournures de classes ou communautaires – à la fois réelles et imaginaires – qu'utilisent certains auteurs d'actes terroristes au sein même des sociétés occidentales. On ne peut les détacher de ce vivier complexe et pétri d'intérêts (nœud de multiples réseaux politiques, militaires, industriels et financiers) que sont les médias, et qui servent de vecteur de résonance au terrorisme, dans un monde politiquement bouleversé. Ainsi doit-on écarter a priori tout simplisme explicatif qui s'inspirerait d'une vision uniquement posée en termes de rapports de production ou en termes de valeurs purement éthiques. Même si l'on constate un caractère d'intérêt économique marqué pour de nombreuses cibles d'attentats que choisissent les terroristes contre les sites de sociétés occidentales implantées en Afrique ou en Asie, ainsi que le contenu de leur argumentaire hostile à toute philosophie morale ou politique occidentale. Il reste entre ces deux explications tout un monde complexe de relations synchroniques et diachroniques que ne peuvent réduire non plus des sociologies ou des économies spécialisées.

Ainsi notre réceptivité à une multidimensionnalité historique en longue période des faits sociaux, nous alerte-t-elle aussi bien contre les dérives que représente toute recherche de bouc émissaire, quelle qu'en soit l'origine ou la cible : une communauté, une classe dominante ou populaire. Elle nous écarte aussi de toute confusion ou réduction entre des formes de sociabilité et des formations sociales dont certaines affichent des connotations éthiques qui servent l'ordre de la globalisation. Et, sur le plan de l'interprétation des séquences ou des ruptures historiques, nous ciblons l'agence des classes dirigeantes – du point de vue de son effectivité ou de sa neutralité – en termes idéologiques, politiques et économiques. Nous insistons en même temps sur la multiplicité des registres qu'elles peuvent établir avec les forces productives ou les agents de la globalisation, que nous resituons dans une pluralité de facteurs qui agissent sur l'environnement. C'est pourquoi nous nous méfions des nombreuses simplifications qui nourrissent des essais sur des thèmes en vogue comme les ressorts des crises sociales ou ceux qui expliqueraient l'effondrement de formations sociales aussi complexes qu'un empire ou une civilisation. Ainsi lorsqu'on revient sur les renoncements à toute intervention de réglementation que les classes dirigeantes occidentales ont portés – et qui ont conforté la globalisation –, on ne peut les placer uniquement sur un plan idéologique et politique. On doit aussi tenir compte des progrès technologiques en matière de circulation de l'information ou d'efficience des transports qui ont contribué à en accélérer la diffusion. On doit encore comptabiliser les marges d'activités nouvelles qui ont développé les économies périphériques de celles des pays développés suivant toutes sortes d'interactions contrastées, notamment en matière de consommation d'énergie et de pollutions. Ainsi le montrent à la fois une dynamique d'économie d'énergie qu'a entraînée l'automatisation des procès de production, en même temps qu'une relance de la consommation des énergies fossiles provoquée par les économies émergentes, ou encore les atteintes dues à une exploitation massive des ressources des forêts équatoriales. Soit autant de dommages dus à la globalisation qui sont venus aggraver un bilan déjà lourd lié à une course aux armements conventionnels ou nucléaire depuis la Guerre froide. S'il est un thème qui symbolise l'assise hégémonique d'une formation sociale, c'est bien celle des ressorts déclencheurs des guerres, dont on retrouve les traces dans la globalisation actuelle. Au-delà du formalisme des références à une « guerre économique », surtout si on ne l'associe pas à une réalité pesante qui est celle des appareils militaro-industriels, il paraît nécessaire d'avancer sur la voie d'analyses pluridisciplinaires et comparatives en longue durée. Et cela autour d'un faisceau de composantes dont nous avons esquissé quelques pistes : état de la division sociale du travail et du mode de production, dynamique des forces productives, tensions entre individus et collectifs, entre communautés et/ou classes sociales, entre société civile et Etat, etc. Le resserrement des liens que provoque la globalisation entre l'accumulation de capitaux et la valorisation des rentes passe très souvent par deux activités : l'exploitation des ressources gazières ou pétrolières et la production d'armement. Leur association est généralement placée dans la mouvance d'une politique de puissance qu'assume un Etat de taille continentale ou une entente intergouvernementale. L'exemple le plus probant est celui des Etats-Unis et de l'OTAN. On peut ainsi tenter d'en décliner une multiplicité de réseaux plus ou moins sophistiqués et spécialisés. On peut encore en rechercher les modulations selon les critères que nous venons de rappeler. Mais force est de constater, comme le montre l'histoire contemporaine en longue durée, que de telles convergences portent les potentialités de conflits armés. Ce qui, selon nous, dépasse structurellement les seules dimensions procédurales d'un nouveau visage que prendrait la guerre économique, comme semblent l'affirmer les spécialistes du renseignement, du lobbying ou de la stratégie (Delbecque, Harbulot, 2012).

Pour clore ces développements de nos liens avec les travaux historiques, nous évoquerons Fernand Braudel (1902-1985) dont plusieurs ouvrages ont nourri notre lecture. Et plus particulièrement sur deux concepts : la « longue durée » et « l'espace méditerranéen » [1](Braudel, 1985, 1966). Offrant à de nombreuses reprises un éclairage des éléments structurants d'une histoire du capitalisme, l'œuvre de Braudel nous interroge cependant sur deux versants qui paraissent remis en question par la globalisation contemporaine. Le premier est le « concept d'économie-monde » que l'historien définit comme un espace géographique centré sur une métropole, qu'il resitue cependant dans une pluralité de relations spatiales (du local au global). Le second est le caractère déterminant que Braudel confère à l'agence de deux figures caractéristiques de l'Europe du XVe et du XVIe siècle dans la formation du

[1] Selon Braudel, la Méditerranée a une histoire qui cumule des couches aussi épaisses que celles de l'histoire chinoise. Elle mêle trois civilisations : l'Occident chrétien, l'Islam et l'univers de l'orthodoxie déchiré entre la Grèce, la Russie et la Turquie (Braudel, 1985).

capitalisme, le « marchand » et le « banquier », même s'il la tempère par celle de l'Etat (Braudel, 1985, 1966). Si la globalisation marque bien l'émergence de multiples métropoles mondiales. Celles-ci ne constituent pas pour autant des forces susceptibles de conduire ou maîtriser les ressorts de cette globalisation. Car, comme l'agence du « marchand » et celle du « banquier », elles sont largement soumises à des forces bien plus puissantes que forment les réseaux associant des appareils militaro-industriels et des fonds financiers.

Un retour sur la philosophie nous sensibilise à plusieurs registres de son histoire : celui d'une substitution à toute métaphysique d'une ontologie de l'être (susceptible d'éclairer la problématique des rapports entre totalité et fragmentation), les apports d'une éthique de justice (pour aborder la question de la violence et de ses racines), enfin le pouvoir d'agence de toute pensée – elle-même sous tension des rapports d'un vécu intentionnel mobilisé ou contraint par le poids des structures. Tous ces registres sont ainsi mobilisables pour couvrir le plus large spectre d'activités : depuis l'activité économique ou financière jusqu'à la création artistique. Ils permettent de pénétrer l'historicité des actions individuelles et collectives, pour mieux en saisir les registres structurants – sans forcément devoir conférer à l'histoire un sens déterminé. Ils participent d'une approche critique d'un marxisme hétérodoxe. Ecartant toute notion de « sens de l'histoire », nous ne refusons pas pour autant que les intentionnalités des créateurs d'une époque puissent interagir et produire des œuvres qui caractérisent cette époque. C'est à ce genre d'exercice que nous nous sommes livré pour établir des relations entre la production d'œuvres d'art et d'autres domaines d'activité comme la production, la politique ou la vie intellectuelle (littéraire ou philosophique). Nous avons ainsi relevé six moments déterminants de la genèse et de l'épanouissement de l'Art contemporain. La force créatrice des interactions est d'autant plus remarquable qu'elle repose sur une fécondation réciproque et qu'elle permet la densification de chaque registre d'expression – musical, plastique, architectural ou littéraire (Guillon, 2010). Privilégiant, à propos de la création, le jeu des influences entre créateurs, mais aussi, la capacité qu'ils ont à se projeter au-delà des normes sociales en place, nous recherchons les tensions ou les contraintes les plus lourdes qui peuvent s'exercer sur les activités, afin d'en saisir les temporalités. Celles-ci sont le produit des agents qui sont investis d'un pouvoir économique ou politique sous la forme d'un appareillage sémantique et institutionnel. C'est le cas pour la globalisation financière de plusieurs concepts comme la gouvernance, l'ajustement structurel ou l'employabilité que ces agents ont mis au service de la rentabilité financière. Ajoutons cependant que leurs temporalités ne sont pas rigoureusement synchrones, mais que leur succession traduit des ajustements. Nous nous écartons ainsi de toute vision figée ou essentialiste des structures ou des formes sociales, et restons aussi sensibilisé au rôle que joue l'idéologie dans ces ajustements, en fonction des appréciations que font les agents sociaux de ces tensions ou de ces contraintes.

Ainsi pour reprendre les trois activités que nous avons privilégiées – activité syndicale, politique et artistique – y retrouve-t-on, à des degrés divers, un jeu combiné entre l'agence collective des intentionnalités et les contraintes structurales dont la dynamique est plus ou moins atteinte par la globalisation. Il est particulièrement instructif de mettre en perspective les programmes ou les projets des agents de chaque instance d'activité pour relever à quel point leurs pratiques sont touchées par des formes d'ajustement. Celles-ci rétractent toute dimension idéelle des projets. Il y a là les signes d'une pénétration d'autant plus forte de la globalisation qu'elle refoule les dimensions les plus essentielles et les plus symboliques de l'activité syndicale, de l'activité politique et même de l'activité artistique. Ce qui implique aussi qu'une fraction des syndicalistes, des politiciens ou des artistes joue un rôle de relais.

Notre regard tourné vers l'économie – au sens premier d'économie politique – nous a très tôt sensibilisé aux formes et aux fondements sociaux de toute valeur. Nous nous sommes efforcé de les saisir dans leur pluralité, mais aussi par rapport aux pesanteurs structurantes du mode de production et d'accumulation capitaliste. Leur pluralité est fondée sur celles des formes d'activité et de travail dont les ressorts sont une multiplicité de réseaux et de liens sociaux, perceptibles à chaque étape d'une vie active d'un individu : depuis son éducation jusqu'à sa retraite, en passant par des séquences d'emploi et de chômage. Chaque étape est inscrite dans toutes sortes d'organisations et d'institutions dont les normes sont plus ou moins réglementées, et surtout articulées, selon la part qu'y prend l'Etat. Cette approche qui peut paraître banale, ne l'est pas, car elle suppose une conception républicaine. Elle marque ainsi les liens entre l'économique et le politique (économie politique). Or on observe dans les rapports sociaux d'aujourd'hui l'emprise croissante que tient la valorisation financière en tant que vecteur de transversalité. Comme le montre le fait qu'elle domine les projets d'extension des firmes transnationales, et qu'elle finit par repousser toute rationalité logistique des opérations de fusion ou d'absorption. La logique financière revêt souvent une forme comptable qui fait partie d'une approche gestionnaire de toute activité, et que l'idéologie dirigeante tend à fusionner avec les valeurs morales de sérieux et de responsabilité, pour mieux légitimer les continuités d'ajustement entre les paliers des entreprises et ceux des politiques publiques. Une autre manière sensible pour pouvoir apprécier cette pluralité et ces pesanteurs du mode de production est de revenir sur les dimensions de coopération et de conflictualité que pose la division du travail. La conflictualité renvoie à des asymétries qui concernent plus particulièrement la possession ou la disponibilité de pouvoir user de toutes sortes de capitaux. On ne peut disjoindre dans le cadre de ce processus qu'est l'accumulation capitaliste toutes sortes de procédures et de règles qui contribuent à drainer plusieurs formes de capitaux parmi lesquels le capital social joue son rôle, mais qui finissent par être absorbés au service de la valeur financière. L'histoire des entreprises, depuis plusieurs décennies, nous montre aussi nombre de formations coopératives qui sont sacrifiées sur l'autel de la rentabilité financière. Celle-ci devient une valeur sociale transversale. Et cette diffusion ne peut être considérée comme la seule résultante du jeu des intérêts privés. Elle découle aussi d'un certain nombre de mesures d'accompagnement des agents de la gouvernance publique. On peut encore à ce propos saisir la place que tient l'idéologie dans la manière dont les agents des classes dominantes (constituées des classes possédantes relayées par des classes dirigeantes) réglementent, contingentent et parfois aussi détournent l'accès à ces capitaux. C'est bien cette emprise du capital et la diversification des formes qu'il revêt qui suscitent notre intérêt pour la grille d'analyse que propose Marx, mais en même temps c'est cette diversification qui nous incite à en accentuer le caractère hétérodoxe. On peut aussi penser plus largement que les traits prégnants de la globalisation sont à terme un facteur sensible d'un renouvellement de cette pensée, et que celui-ci est porteur de nouvelles ruptures avec les canons d'une idéologie politique orthodoxe. En effet, s'il est un phénomène que la tradition marxiste a défini et que la globalisation fait évoluer, par la multidimensionnalité de ses paliers, c'est bien l'impérialisme. Défini sous sa forme la plus structurante à partir de l'accumulation ou de la reproduction élargie du capital (Salama, Valier, 1973), les manifestations actuelles de ce phénomène sont inscrites dans un éventail de registres où se croisent l'accélération et l'extension des mouvements de capitaux (investissement direct étranger), les tensions entre les Etats et les entreprises transnationales (comme le montrent les différentiels de taux de rapatriement des capitaux), l'accélération des migrations de populations du Sud vers le Nord. L'un des aspects sensibles est l'extrême flexibilité et l'interactivité des facteurs structurants et des registres d'expression, où se mêlent toutes sortes de messages idéologiques et de valeurs : depuis les canons dominants de l'argent jusqu'aux vieux ressentiments hérités des périodes coloniales. Avec aussi des décalages croissants en matière de régulation entre ceux d'une puissance publique et les canons des classes dominantes. On retrouve cependant la permanence des investissements militaires en tant que lien d'ajustement qu'assument les classes dirigeantes. Mais cette constante revêt des formes différentes selon la taille ou la puissance du pays. Vecteur d'hégémonie pour un Etat continental comme les Etats-Unis, elle vise à assurer les sources étrangères d'approvisionnement en matières premières (uranium) pour un pays comme la France. Enfin, signalons encore les formes de concurrence auxquelles se livrent les firmes transnationales de communication, parce qu'elles participent – aussi bien par leurs services d'information que par leurs séries de divertissement – à nourrir autant de stratégies d'influence idéologique.

La réalité incontournable de l'idéologie

Il faut bien souligner que l'idéologie est un processus de production qui use de ses propres matières premières que sont les mythes ou les croyances, et qui a ses propres produits, et donc ses propres producteurs (Baechler, 1976).

Le poids de l'idéologie en tant que dimension imaginaire et dynamique d'opposition, que ce soit, par exemple, du point de vue des classes dirigeantes contre tout populisme ou du point de vue populaire contre les canons dominants, revêt une dimension de mobilisation créatrice. Discours souvent polarisé sur le registre politique, l'idéologie n'en canalise pas moins d'autres registres (communautaire, ethnique, religieux ou moral), pour se fondre dans une forme d'expression réductrice. La force de l'idéologie tient à ce qu'elle peut canaliser des demandes individuelles dans des formes de représentations collectives. Mais en même temps sa faiblesse réside dans ce qu'elle n'assure aucunement une relation raisonnable et dialectique entre ces demandes et ces représentations. Elle privilégie la plupart du temps des formes d'opposition aussi tranchées que celles qui distinguent le Bien et le Mal, l'appartenance et l'exclusion, ou la totalité et la marginalité.

A ce stade de notre réflexion, en regard de la pluralité des interactions et des paliers qui structurent les rapports sociaux, en raison aussi du rôle récurrent que joue l'idéologie, nous sommes conduit à rejeter toute vision réductrice qui consisterait à durcir les liens de dépendance d'une superstructure idéologique et politique sous la coupe d'une infrastructure productive. Rappelons à ce propos que Marx a toujours ménagé une place à l'action collective dans la constitution de la réalité sociale. Celle-ci se cristallise sous la forme des forces productives et des rapports de production suivant des intentionnalités ou des schèmes de pensée dont le caractère objectif est soumis à l'idéologie. Mais l'idéologie revêt chez Marx des sens extrêmement contrastés : domaines de réglementation, œuvres, utopies, mythes, doctrines, signes ou symboles. Et l'importance que Marx donne à l'aliénation accentue le caractère négatif qu'il donne à l'idéologie (Gurvitch, 1963 b). On doit néanmoins tenir compte de cette ouverture qu'agence Marx pour étudier les rapports de production capitalistes. Ce qui légitime, de notre point de vue, le fait de vouloir déceler deux dimensions du capital – la pluralité de ses significations et le caractère mouvant de ses formes –, afin de dépasser toute vision réductrice de la nature des phénomènes d'accumulation. La lecture des rapports sociaux que fait Marx, révisée en termes de paliers sociaux, en écarte toute segmentation étanche entre infrastructure et superstructure, entre réalité et idéologie. On perçoit ainsi les interactions entre le mode de production, les forces productives et les rapports de production à travers plusieurs filtres que sont les institutions, les organisations ou les croyances. Ces filtres sont à la fois des cadres qui peuvent être contraignants, et des objets d'action collective ou individuelle. Le rôle qu'y tiennent les intentionnalités n'a aucune raison d'être exclu a priori, comme le montrent les rapports dialectiques que Marx lui-même pose entre les forces productives, les rapports de production et les idées, y compris sur le champ le plus engagé de la « lutte des classes ». Car l'auteur reconnaît lui-même qu'une classe peut exister par rapport à une autre classe, alors qu'elle n'existe pas encore par rapport à elle-même. Et que pour s'affirmer comme classe, elle doit se constituer une idéologie (Gurvitch, 1963 b). Ce qui équivaut à intégrer l'idéologie dans la constitution même de toute classe, mais ce qui n'écarte pas pour autant la cohérence que celle-ci doit entretenir avec les forces productives. Ce qui passe, sans doute aussi, par une mise en cohérence des droits de propriété, sur laquelle se fonde tout ordre social dominant.

La prise en compte de la pluralité et des transversalités des rapports sociaux à plusieurs paliers de l'activité – tous étant eux-mêmes inscrits dans différentes temporalités –, le fait d'y privilégier les interactions entre ces trois instances que sont l'économique, le politique et l'idéologique, sont autant de perspectives complémentaires qui rompent avec les limites d'une approche en termes de stricte causalité ou de déterminisme. Elles ne refoulent pas pour autant toute perspective de réalité structurale dont on saisit les éléments à travers leurs interactions, selon des dimensions qui sont normatives ou symboliques[1]. Et c'est autour de ces dimensions que l'on peut introduire une phénoménologie des intentionnalités dont une part est ontologique (Lyotard, 1959). Or celles-ci sont trop souvent refoulées, y compris par des approches biographiques qui les réduisent à des éléments de discours ou à des « traductions » dont l'agrégation produit les indices de réseaux. Mais ces réseaux ne constituent qu'un palier des rapports sociaux, ainsi que des indicateurs très partiels de leurs tensions. On peut évoquer

[1] C'est sur ce registre symbolique que l'on peut appréhender, à chaque époque, une partie de la création artistique qui entretient des interactions idéologiques avec les rapports sociaux. Nous avons insisté, à plusieurs reprises, sur la manière intentionnelle dont les musiciens noirs états-uniens mettaient en avant leurs lointaines origines africaines en fusionnant deux démarches : l'une étant strictement esthétique et l'autre consistant à inscrire le vécu historique de leur communauté (chargé de discriminations subies) dans une action de résilience politique offensive au nom du combat pour les droits civiques (Guillon, 2014).

l'apport que peut avoir la phénoménologie lorsqu'elle projette les intentionnalités dans ce type de collectif – en posant singulièrement la question de la formation d'une conscience de classe (ou de communauté) –, et qu'elle permet d'en poser l'historicité (Lyotard, 1959). Soit autant de chocs de rationalités ou d'intérêts qui ne sont jamais déconnectés des rapports de production. On peut ainsi entrevoir la pluralité des opérations et des espaces que les agents sociaux doivent mobiliser pour pouvoir donner une valeur à leur activité. Or la contrainte majeure qu'exerce la globalisation consiste à réduire cette pluralité, en provoquant notamment sur le terrain symbolique des réactions d'ajustement en termes microdimensionnels. Ce qui représente autant d'opérations de réduction des valeurs en termes de sociabilité pour mieux intégrer les valeurs du profit et le droit de propriété. Car c'est bien cette prégnance idéologique du profit et de la propriété qui confine les registres du discours démocratique au seul champ d'exercice des élections démocratiques. Registres dont les contenus programmatiques se réduisent pour suivre les normes de la gouvernance d'ajustement. L'espace des règles démocratiques ne permettant plus que l'expression formelle de coalitions d'intérêts – en termes de valeurs communautaires ou morales très générales inscrites dans un corpus sociologisant.

17. La globalisation, ses paliers et ses transversalités

Contrairement à ce qu'affirment de nombreux auteurs, parce qu'ils restent dans l'épure plus floue des usages du terme de mondialisation, la globalisation n'est ni un phénomène ancien, ni un phénomène récurrent, qui se réduirait à la simple extension mondiale des échanges de toute nature entre des puissances économiques, des formations sociales ou des Etats. Elle ne se réduit pas non plus à la seule dynamique impérialiste d'un capitalisme qui est tantôt identifié à l'action conjuguée du capital financier et des firmes multinationales, tantôt à celles des appareils d'Etat et tantôt comme la résultante de leur convergence. La globalisation correspond à la fois à une mutation financière du capitalisme voulue et accompagnée par un ensemble d'agents privés et publics, en même temps qu'aux conséquences d'une liquidation historique massive des empires coloniaux suivie de celle de l'empire soviétique. Ce sont même ces liquidations et leur rencontre avec la globalisation financière qui font de celle-ci un phénomène bien différent de cette globalisation que des auteurs ont repérée pour la fin du XIXe siècle. Chacun de ces procès est donc daté. Il est porteur d'évolutions idéologiques très sensibles. C'est donc sur le socle d'une situation géopolitique sans précédent – porteuse des prémisses d'une « désoccidentalisation » –, que nous pointerons plusieurs analyses ou concepts qui nous paraissent décalés ou inappropriés. Sensible à cette emprise que tient la globalisation, ainsi qu'au reflux des problématiques du développement, nous terminerons cette séquence en évoquant la Chine pour ses singularités.

Les avatars du registre de développement

Nous introduirons ici plusieurs rappels historiques dans la mesure où ils ont marqué un reflux d'audience des politiques de développement – pour de nombreux territoires de notre planète. Marquant ainsi davantage de dépendance vis-à-vis des formes d'exploitation de toute nature, ainsi qu'un déficit des coordinations territoriales.

La liquidation des empires coloniaux avait d'abord milité en faveur de nouvelles classes dirigeantes qui étaient susceptibles de servir le progrès en mettant en œuvre de nouvelles formes de développement. Cette approche a été refoulée par les difficultés qu'elles ont rencontrées, mais aussi par une réduction de leur marge de manœuvre – dont une partie était gagée sur une troisième voie entre l'Est et l'Ouest, et une autre sur l'indépendance des dirigeants. Cette troisième voie symbolisait en même temps une célébration d'un tiers-monde libéré des entraves de la colonisation, souvent courtisé par les pouvoirs soviétiques. Pouvoirs qui offraient aux Etats des coopérations exaltant le développement contre leur neutralité d'alliance, et parfois aussi leur alignement. Les pouvoirs occidentaux, de leur côté, tenaient à peu près le même langage, mais profitaient encore plus des matières premières, surtout s'ils avaient déjà un pied dans la place en tant qu'ancien colonisateur. Cette différence contribua sans doute à accentuer, du côté soviétique, le fait d'obtenir des matières premières contre la fourniture d'équipements civils ou militaires. L'implosion du système soviétique a rompu tout équilibre des forces entre l'Est et l'Ouest, en même temps qu'elle révélait non seulement les limites, mais aussi les échecs d'un modèle de socialisation des moyens de production qui ne finit par ne plus profiter qu'à une bourgeoisie d'Etat. A tel point qu'une analyse présentera celle-ci en tant que classe dirigeante devenue parasitaire, à partir d'un inventaire serré. Ce qui formait un secteur mettant en concurrence les structures du Parti et celles de l'Etat, avec la constitution de véritables monopoles et une dynamique d'impérialisme. Le constat soulignait néanmoins que le système soviétique avait maintenu des plages d'accès gratuit à l'éducation, aux soins médicaux ou aux biens culturels (Voslensky, 1980).

Ainsi cette implosion de l'URSS a-t-elle accompagné un redéploiement géopolitique sans précédent et nourri une forme de globalisation, dont nous avons pointé toutes sortes d'ajustements. Ces ajustements touchent toujours en premier le travail, pour ménager différents agendas plus ou moins contraints par les Etats dont la finalité revient toujours *in fine* à calmer ou satisfaire les demandes des détenteurs de capitaux. Ces agendas sont toujours les plus contraignants pour le travail, mais ils le sont aussi pour les Etats, et ce d'autant plus que ces derniers ont des politiques dont l'échelle n'est pas continentale. Soit autant d'impasses liées à une dévalorisation du travail, à des gaspillages de l'environnement, à une relance incessante des conflits notamment pour la maîtrise des énergies, ainsi qu'à une dispersion sans précédent des investissements créatifs. Toutes ces impasses sont aussi le terrain d'apories en matière politique et idéologique, comme le montre la course sans fin après toutes les formes de compétitivité sans réussir à pouvoir maîtriser ni l'accumulation, ni les investissements qui dépendent des droits de propriété.

Le reflux de l'usage du concept de développement symbolise au plus haut point toutes ces apories : depuis les distanciations entre toute multinationalisation financière et l'exercice d'une souveraineté politique jusqu'à l'affaiblissement de tout contrat collectif autre que celui d'une gouvernance de profitabilité à court terme. Reflux et affaiblissement dont relève l'impact aussi bien à l'échelle des entreprises que de celle de l'Etat. On touche là la rationalité de toute gouvernance qui tend à segmenter les activités et les rapports sociaux.

Un regard critique sur la chronologie de ce reflux montre aussi la défaite de différents projets que prétendaient incarner les représentants du socialisme réel ou les nouveaux Etats des anciennes colonies, soit en maîtrisant totalement la propriété, soit en occupant les postes clefs des anciens maîtres. Or dans les deux cas, ils se sont fourvoyés en ignorant totalement la diversité des paliers de mobilisation des forces productives en asséchant celles-ci au nom de plusieurs mythes d'inspiration nationaliste, régionaliste ou populiste. Les démons de la corruption et de la tyrannie faisant le reste aux dépens de toute considération critique sur la valeur à donner au travail ou sur les vertus de la coopération. Ainsi nombre de pouvoirs ont-ils entraîné dans leur sillage – souvent de manière plus ou moins autoritaire – une partie du mouvement syndical. Cette mauvaise pente a été d'autant plus forte qu'elle se distanciait de tout projet de développement. Avec pour conséquence de rendre encore plus difficile tout retour à ce type de projet, au seul palier d'un Etat-nation, du fait même des liens qu'entretiennent ces pouvoirs avec la globalisation. Comme le montrent les chassés-croisés entre les réseaux d'une captation des profits qu'ils tirent des matières premières ou des ressources énergétiques et ceux des placements financiers qui participent à la globalisation financière. Les ceintures minières ou énergétiques qui traversent le Maghreb, le Levant et l'Afrique subsaharienne sont significatives. Elles montrent la conjonction d'un faisceau de facteurs « endémiques » qu'alimentent les déficits de législation en matière de régulation sociale ou de l'investissement. Sans oublier tous les détournements qu'autorisent les plages d'activités informelles. Soit autant de facteurs qu'il faut souvent aussi resituer dans des résurgences récurrentes d'une guerre civile ou d'une guerre régionale. L'urgence et les désordres répétés de telles situations, comme on peut le voir pour la région des Grands Lacs en Afrique Centrale, nous incitent donc à minimiser la portée de toute approche planifiée selon une stricte logique de reconstruction nationale. Elle nous inciterait davantage à opter pour des solutions régionales et mutualisées. La priorité pourrait être orientée vers la reconversion des forces locales armées, et leur mise au service d'activités d'exploitation des ressources transfrontalières ; en matière d'extraction ou de production d'énergie – suivant des formules d'investissement et de gestion confiées à des firmes coopératives régionales[1].

De même que dans des contextes moins tendus ou moins urgents, devrait-on concevoir de nouvelles reconfigurations d'activité articulées entre plusieurs niveaux (micro, méso, macro) dont les agendas viseraient à redonner une meilleure place au travail et qui reposeraient sur des contrats de coopération. De tels contrats ne doivent pas seulement s'inscrire dans des formations sociales dont les modèles de production ou de distribution ont été éprouvés par la globalisation, comme les coopératives. Ils sont davantage à inventer et à promouvoir à des paliers d'activité transversaux, à l'échelle de grandes régions ou d'espaces transnationaux.

Cet agenda suppose d'ouvrir, au-delà de toute appartenance communautaire (y compris nationale), les perspectives d'une citoyenneté sociale plus active et mieux reconnue (ou valorisée) à travers un ensemble de paliers d'activité. Il incite encore à soulever les apories de toute souveraineté populaire, lorsque celle-ci est réduite aux seuls cadres de l'économie d'un Etat-nation. Et cela au moins pour deux raisons : une valorisation uniquement comptable des rapports de force entre des entités qui ne sont que des segments de la globalisation, ainsi qu'une impasse en matière d'équivalence ou de réciprocité des valeurs de cette appréciation.

[1] La région des Grands Lacs est traversée par plusieurs Etats : l'Ouganda, le Rwanda, le Burundi et la République démocratique du Congo. Elle est le terrain où se croisent toutes sortes d'exploitations minières et de productions d'énergie, des conflits armés entre Etats et des guerres civiles, ainsi que des vagues de réfugiés fuyant les massacres. On évalue à plusieurs millions de morts les victimes de cette situation pour la période comprise en 1994 et 2014. L'éventail des ressources y est impressionnant – hydrocarbures, hydroélectricité, or, diamants, tungstène, étain, coltan, etc. –, sans que leur exploitation ne soit fixée par des organisations stables ou transparentes. On y trouve cependant la présence d'une multiplicité de sociétés d'exploitation étrangères : états-uniennes (American mineral fields), canadiennes, européennes – surtout anglaises (Barclay's, Knight International), belges, allemandes (Bayer), hollandaises ou suisses –, africaines (Afrique du Sud, Ghana ou Zimbabwe), ainsi qu'asiatiques (malaises, chinoises ou thaïlandaises). Il existe néanmoins aussi dans cette région plusieurs organisations intergouvernementales comme la Conférence internationale sur la Région des Grands Lacs ou la Communauté économique des pays des Grands Lacs.

La globalisation marque aussi les limites pour la sociologie de définir une société globale sans mettre en perspective sociologie et histoire en longue période, et singulièrement pour mieux apprécier la continuité ou les ruptures de comportements et de normes, à chaque palier structurant des rapports sociaux. On retrouve donc à ce propos la critique de vouloir traiter des principes d'organisation politique comme celui du fédéralisme, sans prêter la moindre attention à l'échelle – locale, régionale, nationale ou continentale – des entités à laquelle on souhaite les appliquer. Lorsqu'on traite de « politique », on ne doit pas seulement désigner les sphères de la conquête ou de l'exercice du pouvoir d'Etat ou de ses dérivés, mais on doit tenir compte aussi des projets d'activité économique du point de vue de la cohérence de leur répartition et de leur régulation. Ceci concerne au premier chef les déficits de programmation et de coordination d'une entité comme l'Union européenne, mais aussi toutes ses articulations possibles avec un ensemble plus vaste comme une Très Grande Europe. Et, de ces points de vue, on doit bien prendre toute la mesure des menaces idéologiques qui pèsent actuellement : celle d'un repli nationaliste de plusieurs mouvements politiques à travers les pays de l'Union, et celle de nouvelles figures impériales incarnées par le pouvoir russe, parce qu'elles tournent le dos à toute problématique d'ouverture et de coordination des espaces politiques et économiques pour combattre les effets pervers de la globalisation.

Les prémisses d'une « désoccidentalisation »

La globalisation sanctionne l'émergence de plusieurs puissances continentales du Sud – incarnées à la fois par des appareils d'Etat et des firmes transnationales –, qui sont souvent aussi la résultante d'une déconstruction complexe des anciens liens de dépendance coloniale de ces pays. La globalisation marque aussi les difficultés qu'ont les Etats-Unis à maintenir leur hégémonie, ainsi qu'à porter le drapeau d'une universalité des valeurs occidentales pour de multiples raisons : d'abord l'extension d'un champ géopolitique multipolaire sur lequel ils seraient censés pouvoir sans cesse prouver la supériorité de leurs moyens technologiques ou militaires, ou celle de leur économie au nom de la défense des libertés et des droits de l'homme ; ensuite les difficultés que rencontre l'Union européenne à se positionner en tant que partenaire ou simple relais. Ce qui renvoie à des choix que celle-ci refuse globalement de trancher, notamment pour un positionnement davantage singularisé que ceux d'une intégration de tous ses Etats dans une alliance militaire conduite par la puissance états-unienne, héritée d'une histoire antérieure à celle de la globalisation. On trouve, à ce propos, d'autres contradictions que sont, par exemple, la présence de la Turquie dans cette alliance et une détérioration des liens politiques entre l'Union européenne et la Turquie. Ou encore la distorsion idéologique que représente de la part de l'Union européenne de mettre sur le même plan des menaces extérieures comme celles du djihadisme et les conflits de frontières entre la Russie et ses voisins. Les premières sont inscrites dans un conflit asymétrique entre deux mondes du point de vue de la référence à la notion de souveraineté nationale. Tandis que les secondes intègrent pleinement cette notion, sans toutefois toujours tenir compte de la complexité des rapports entre la Russie et l'OTAN. On peut à ce sujet rappeler les nombreuses tensions qui ont accompagné l'implosion de l'URSS (elle-même suivie de la dissolution du Pacte de Varsovie), la réunification allemande ou l'intégration de nombreux pays de l'Est dans l'Union européenne, parce que tous ces événements ont été l'occasion d'allonger la liste des Etats membres ou alliés de l'OTAN – non seulement dans le monde dit occidental, mais aussi en dehors. Evoquons aussi l'émergence de nouveaux acteurs déterminants face aux dégâts provoqués en Irak par les interventions états-uniennes et leurs effets conjugués avec l'implosion de la situation syrienne, sans oublier l'impuissance politique dont fait preuve l'Union européenne en Méditerranée. Ces nouveaux acteurs se positionnent diversement en regard de la force de l'OTAN. On retrouve ainsi contre la progression de l'Etat islamique et face à l'effondrement du régime syrien[1] : trois pôles émergents que sont l'Iran, les Etats du Golfe et la Turquie[2]. On peut encore souligner le rôle actif que tiennent les forces du Kurdistan irakien, et que celui-ci recueille l'adhésion du gouvernement turc, sans que pour autant il autorise une mobilisation de ses propres ressortissants kurdes. Au-delà de ces données géopolitiques, qui font intervenir aussi l'Egypte, la Jordanie ou la Russie, on retrouve la poursuite d'une concurrence entre plusieurs sources d'exploitation des hydrocarbures – pour lesquelles interviennent encore diverses firmes transnationales. Soit autant d'espaces où sont mobilisées les forces productives et financières de la globalisation.

Toutes les tensions de la situation du monde sont donc une opportunité à saisir pour accepter l'idée d'un reflux de l'Occident en tant que construction idéologique et agenda d'hégémonie. C'est en ce sens que nous sommes sensibilisé au fait d'accompagner cette « désoccidentalisation » du monde en

---

[1] Insistons sur le fait que nous ne considérons pas les interventions aériennes franco-britanniques qui ont été dirigées contre le régime de Kadhafi, pendant la guerre civile de Libye, comme un événement aussi déterminant que ceux d'Irak et de Syrie dans la genèse de l'Etat islamique. Nous n'écartons cependant pas pour autant le rôle qu'elles ont joué dans l'implosion de toute organisation étatique en Libye. Avec pour conséquence d'ouvrir la voie à de nouvelles perspectives d'extension pour les forces de cet Etat islamique.

[2] Soulignons ici la complexité de la situation turque du point de vue des rapports idéologiques contrastés entre l'Etat turc et la société civile, ainsi qu'entre l'armée et le parti gouvernemental qu'est l'AKP, sur lesquels pèsent cependant le fait que la Turquie a un positionnement stratégique dans l'acheminement des ressources énergétiques occidentales et qu'elle appartient à l'OTAN.

la projetant sur des cahiers des charges plus coopératifs au service du développement et du bien commun.

Insistons d'abord ici sur une dimension historique – dont les effets à long terme sont trop souvent minimisés ou refoulés – que sont les stigmates qu'impriment les colonisations sur les peuples. Comme l'avait souligné Georges Balandier, la situation coloniale est un phénomène trop souvent sous-estimé pour aborder l'évolution des sociétés qui y ont été soumises. Moment d'une dynamique expansionniste des nations européennes, elle marque aussi bien l'histoire de chaque pays pour de longues décennies qu'elle en imprime les mentalités individuelles ou collectives. C'est un élément moteur et récurrent des rapports sociaux. Il révèle de nombreux complexes chez l'ancien colonisé ou sa descendance, ainsi que les liens de dépendance économique qui perdurent. Il inscrit l'histoire de chaque pays colonisé dans une double dépendance : celle de l'histoire du pays de l'ancien colonisateur et celle d'une histoire nationale dont l'indépendance est toujours l'objet de discussions. Ainsi le montrent les séquelles dues aux ruptures des économies traditionnelles comme les déficits vivriers, ou les survivances post-coloniales d'une économie de traite, ou encore les multiples formes de syncrétisme politique et administratif mêlant les modes de pouvoir importés et traditionnels (Balandier, 1963). Ajoutons que tous ces effets en longue durée, lorsqu'ils agissent dans le contexte actuel d'une globalisation et d'un redéploiement géopolitique sans précédent, nourrissent autant de phénomènes pervers. Ils accompagnent ainsi la progression des valeurs de profitabilité en même temps qu'un recul des valeurs de liberté de la part des régimes politiques les plus autoritaires. Ils inspirent des formes inédites d'instrumentalisation de ces mêmes valeurs de profit au service des combats les plus archaïques comme le montrent les liens entre le terrorisme et les filières du commerce d'armes ou celles du lavage de l'argent sale.

On doit ainsi tenir compte de la pluralité des rapports et des échanges à travers l'histoire qui ont façonné ces liens, et refuser toute idée simpliste comme celle d'une supériorité scientifique, technique, économique, artistique ou éthique qui aurait été acquise par les pays occidentaux d'une manière endogène (Corm, 2012). Un retour sur l'histoire de ces vecteurs d'échange que sont la science et l'art est une voie qui peut aider à dépasser les cloisonnements culturels et les fausses conflictualités qu'elles suscitent, mais aussi à mieux comprendre des vertus de la division du travail que l'on réduit trop souvent au seul effet d'une conception sociale de la rationalité définie dans le seul cadre occidental. Et pourtant cette rationalité est en crise, comme le montre le caractère décalé et obsessionnel des références éthiques dont usent les agents de la globalisation pour humaniser les règles d'efficacité et de profitabilité de la gouvernance. Après avoir déstabilisé les régulations de l'Etat, ils en reprennent quelques principes – comme la

« responsabilité », la « solidarité », ou les vertus des « liens de proximité » –, pour justifier leurs pratiques. Ils vont aussi jusqu'à se poser comme les héritiers d'une éthique universelle refondatrice de celle des Lumières. Et ils s'estiment d'autant plus confortés pour le faire que resurgissent des oppositions au nom d'autres rationalités – ethniques ou religieuses – que celles d'une maximisation du profit économique. Ces rationalités peuvent être le signe d'une permanence de structures sociales héritées de modes de production anciens, que n'a pas absorbées la globalisation financière. C'est le cas de multiples circuits d'échange qui traversent les pays du Sud et du Levant, mais qui atteignent aussi les pays du Nord à travers les migrations.

L'espace méditerranéen est le champ d'une intensification des flux migratoires, depuis les années 2010, qui frappe de plein-fouet nombre d'Etats ; en premier lieu les Etats du Levant qui ont une frontière avec la Syrie – Liban, Jordanie –, et l'Egypte, ainsi que la Turquie, ensuite ceux de l'Union européenne ou de sa périphérie comme la Serbie. L'Union européenne est ainsi confrontée à l'un des dossiers les plus épineux qu'elle ait eu à traiter. On y retrouve donc l'impact conjugué d'une implosion de plusieurs Etats du Levant et du Proche-Orient, conséquente des guerres civiles et des interventions croisées de plusieurs forces armées occidentales ou islamiques. Les retombées de ces interventions sont d'autant plus problématiques qu'elles sont l'héritage d'un leadership états-unien sur l'OTAN assumé par l'administration Bush dont se distancie aujourd'hui l'administration Obama. Elles interpellent une Union européenne soumise aux tensions d'une crise de l'euro, et démunie en matière de stratégie militaro-industrielle. Ainsi peut-on relever certaines fissures au sein même de la figure idéologique d'un « camp occidental », en même temps qu'une certaine attractivité pour l'Union européenne chez de nombreux migrants. Et c'est en raison de cette situation bloquée qu'a émergé au sein de l'Union européenne – face à de nouvelles vagues d'immigrants – un débat dont la tonalité idéologique a pris une tournure insidieuse. Pour contourner les contradictions de cette même Union, que ne manquait pas de soulever une confrontation entre les partisans et les adversaires d'un accueil de ces immigrants, nombre de gouvernements européens se sont retrouvés sur une problématique. Celle-ci visait à distinguer deux sortes de populations : ceux qui pouvaient bénéficier du statut de réfugié politique et les autres. Pour n'accueillir que la première catégorie, sans envisager la moindre inflexion de plusieurs types de considérations. D'abord le fait que ces événements révélaient des effets pervers des politiques d'ajustement qui sévissaient depuis des décennies. Ensuite, qu'on retrouvait à travers les régions méditerranéennes ou orientales toutes sortes d'imbrications entre des formes d'oppressions et de conflits économiques, politiques et même idéologiques.

Ces mêmes gouvernements européens se sont alors engagés, avec certaines différences, dans un débat sans fin mêlant des considérations d'ordre éthique avec des postures identitaires.

Ce sont donc là autant de signes qui montrent les limites de vouloir analyser toutes les situations à travers le seul filtre d'un nouveau mode de production dominant, ou encore celui d'un registre universel – que représenterait l'alliance entre le libre-échange et la démocratie. Ce que devraient intégrer davantage aussi ceux qui manient les problématiques du changement social et des solutions qu'il faut retenir pour s'y adapter. Enfin, le caractère transnational de tous ces phénomènes est un facteur qui contredit les volontés politiques de construire des projets ou d'interpréter des tensions sociales sur des bases exclusivement régionales ou nationales.

Ainsi est-on conduit devant de telles limites à devoir faire la part entre ce qui relève directement de la globalisation financière et ce qui relève, parfois aussi transversalement, d'autres facteurs non seulement politiques, économiques ou idéologiques, mais aussi éthiques ou culturels, parce qu'ils viennent percuter les canons supposés dominants : aussi bien ceux de la globalisation que ceux d'une universalité essentielle et définitivement acquise du paradigme de l'Etat-nation.

Tout cela doit donc nous inciter à mieux apprécier la place des rapports sociaux de production, sans les réduire a priori à la domination d'un mode de production unique, ni à celle d'une lutte sociale frontale – notamment en termes stricts de classes – qui exclurait toute autre forme de variation ou d'appréhension symbolique. C'est en ce sens que l'on doit s'efforcer de mieux tenir compte des singularités que peuvent manifester les classes dominantes (qu'elles soient possédantes ou dirigeantes) selon leurs cultures, ainsi que le montre la place qu'elles ménagent aux liens communautaires ou claniques dans la gestion des appareils d'Etat de nombreuses régions. De tels liens ne sont aucunement contradictoires avec la globalisation. Ils animent en effet les formes de cooptation administratives ou d'appropriation des appareils d'Etat – notamment dans les régimes autoritaires ou tyranniques. Encore plus largement, ils structurent le renouvellement des dirigeants d'un nombre croissant de firmes et de fonds qui émergent des pays asiatiques (Inde, Chine, Corée du Sud, Malaisie, Indonésie, etc.) ou du Levant (pays du Golfe, Liban). Ils confortent ainsi un ensemble de réseaux transnationaux qui viennent percuter ou se lier avec ceux qu'ont mis en place les agents occidentaux, comme le montre déjà leur participation croissante aux mouvements des fusions-acquisitions. Une telle dynamique est sans doute aussi porteuse à terme d'un renouvellement des états-majors de toutes sortes d'instances multinationales et intergouvernementales.

Par ailleurs, il est incontestable que les croisements entre communautés – qui mettent en scène aussi bien des communautés religieuses que des communautés nationales – sont un facteur particulièrement agissant de cette désoccidentalisation. On observe un lien entre le caractère tantôt diffus, tantôt exacerbé d'une appréhension de cette même désoccidentalisation et un durcissement des problématiques identitaires dont se réclament un nombre croissant de « communautés nationales » – souvent au nom de la sauvegarde des « valeurs occidentales ». Mais leur multidimensionnalité et leur multiplication ne peuvent être réduites aux seuls phénomènes d'un « choc de sociabilités » ou d'une réaction aux atteintes de souverainetés. Traversant tous les espaces et toutes les sphères d'activités occidentales comme non occidentales, elles y projettent autant de facteurs de brouillage des signes d'une universalité ou d'une hégémonie des institutions ou des normes occidentales, en même temps que les signes structurants d'une globalisation de la production et des échanges. Ainsi l'orthodoxie est-elle à la fois le signe d'un retour du religieux dans la Russie, en même temps que le vecteur de nouvelles solidarités nationalistes aux marges de la sphère politique occidentale – que l'on ne peut abstraire des contentieux qui marquent les échanges énergétiques entre les pays occidentaux et la Russie. De la même façon, la diffusion des rites ou des pratiques dans la plupart des pays occidentaux introduit de nouveaux réseaux d'échange avec les pays arabes, dont une partie échappe à l'exercice de toute souveraineté nationale des pays d'accueil. Les déficits en matière de réglementation sont d'autant plus difficiles à évaluer qu'ils dépendent aussi du degré de cohésion ou de délitement qu'affichent des formations sociales, agitées par toutes sortes de tensions économiques, politiques ou idéologiques. Ce qui n'empêche aucunement tous ces pays de continuer à faire commerce entre eux. Cependant les conséquences idéologiques de tous ces mouvements – à l'intersection des mouvements de la globalisation et d'une précipitation d'un changement d'ordre géopolitique –, sont encore largement imprévisibles. Comme le montrent les avatars de la situation très mouvante du Proche-Orient[1] ou la complexité, les singularités et l'accélération du développement

[1] On y retrouve un retour du pouvoir militaire en Egypte, au nom des libertés républicaines, ainsi que sa confortation en tant que partenaire du commerce globalisé des armes. Sans oublier l'espace offert aux projets les plus archaïques d'un retour au Khalifat et leur diffusion en Afrique subsaharienne, par un enchaînement d'interventions irakiennes et syriennes. Sans oublier le point de fixation que représente le territoire palestinien de Gaza, au carrefour d'une multiplicité d'interventions croisées entre les principales forces d'interventions armées de la région. On y relève, au-delà du choc frontal entre Israël et le Hamas (marqué par deux lourdes séquences de bombardements de l'aviation israélienne en réponse à des tirs de missiles), un jeu complexe opposant un bloc saoudien, jordanien et égyptien au régime syrien lié au Hamas et à l'Iran. Le Qatar étant suspecté, pour un temps de liens avec l'Iran. Le territoire est aussi la cible d'un blocus économique de la part d'Israël qui entretient une coopération sécuritaire avec l'Egypte. Sans oublier la situation particulière de la Turquie.

économique des formations continentales asiatiques (Inde, Chine et Asie du Sud-Est).

Ainsi la multiplicité et l'étendue croissantes des défis – chômage de masse, vagues de migrations et de réfugiés, guerres civiles, tensions communautaires, etc. – marquent encore l'urgence de construire le projet d'une Très Grande Europe. Celle-ci devrait être mieux coordonnée pour affirmer ses politiques et ses modes d'intervention civils dans un registre de coopérations diversifiées avec le monde méditerranéen au sens le plus large et la Russie[1]. Si l'on tient compte de tous les éléments de la situation – une multiplication des camps de réfugiés au Levant, des déficits d'activités dans toutes les sociétés qui les accueillent, ainsi que des tensions multiples en matière de souverainetés –, ce genre de coopération devrait chercher avant tout à dépasser le stade des structures d'accueil d'urgence pour un modèle plus actif, parce qu'en prise sur différents chantiers. Ces chantiers pour des activités d'équipement et de sauvegarde de l'environnement devraient être financés par des structures multilatérales assumées par les Etats de la région, l'Union européenne et des fonds mondiaux.

Enfin, s'il est un registre qui vient tempérer toute projection simple des phénomènes de désoccidentalisation, c'est bien celui de la production artistique. Car comme le montre la globalisation d'un marché des œuvres d'art plastique ou de la littérature. Celui-ci est capté à travers tous les continents par des réseaux de commande et de distribution dont les structures de financement sont concentrées. Et nombre de ses produits présentent des singularités convergentes. Tant du point de vue formel que de celui de leurs thématiques qui privilégient le divertissement ou la microsociabilité. On y observe aussi une certaine contraction des rythmes de leur production (Guillon, 2010). Mais en même temps, le champ de la création artistique reste un univers d'activités desquelles jaillissent – le plus fréquemment – des ouvertures dont les retombées sont fécondes. Ainsi le prouve l'histoire de l'art, à condition de ne pas vouloir en écarter a priori certains cadres sociaux syncrétiques, comme le montrent les cas de nombreuses communautés ou diasporas. C'est dans cet esprit que nous situons le jazz comme une avancée créative de l'art occidental, en même temps qu'une production communautaire et cosmopolite (Guillon, 2014).

[1] Il nous semble incontournable que toute réduction des conflits qui agitent le Levant, ainsi que toute perspective d'un autre développement ou de nouvelles mesures d'accueil des réfugiés de ces régions fasse l'objet d'accords avec la Russie.

Ontologies et chimères : analogie et ajustement

Sur un plan plus anthropologique, il faut aussi tirer profit d'une projection des formations sociales et de leurs valeurs dans une approche comparative des ontologies en très longue période. Car celle-ci permet de tenir compte de chaque contexte social, afin de mieux apprécier les ruptures, mais aussi certaines survivances. Ainsi définissant les correspondances et les ruptures entre plusieurs modes d'appréhension de l'intériorité et de la physicalité des êtres vivants (humains ou animaux) ou de celles que l'on peut attribuer aux choses (végétaux ou minéraux), l'anthropologue Philippe Descola définit quatre formes d'ontologies : le totémisme, l'animisme, le naturalisme et l'analogisme. Chacune de ces ontologies est le cadre conceptuel que peuvent utiliser les formations sociales pour marquer les continuités ou les discontinuités qu'elles établissent entre les deux mondes que sont la nature et la culture. Ainsi le totémisme, qui souscrit à l'idée d'une similitude physique et d'intériorité des espèces humaines et animales, définit le champ d'un « cosmogénisme » où nature et culture sont en continuité. L'animisme, qui admet des différences physiques, mais qui confère une similitude d'intériorité entre ces espèces, définit le champ d'un « anthropogénisme » où la culture spécifie la nature. Notre ontologie dominante qui est le naturalisme opte pour une continuité de « physicalité » des espèces animales et humaines, mais pour leur différence d'intériorité. Elle porte en elle une forme d'anthropocentrisme selon laquelle la culture se différencie de la nature. Enfin l'analogisme, qui différencie à la fois les « physicalités » et les intériorités, les intègrent dans une continuité cosmologique où nature et culture sont aussi en continuité (Descola, 2005). L'application de telles ontologies à un champ d'activité ou de représentation aussi diversifié que la production des images et des symboles, et surtout leur projection dans une approche comparative de l'espace et du temps des sociétés est pour nous une référence précieuse. Elle ouvre un champ de recherche à la fois largement ouvert et critique, que l'on peut adapter pour pénétrer les idéologies. Au-delà des différences sociales et des rapports sociaux, on retrouve de manière permanente la présence et le rôle des intentionnalités, à partir desquelles les agents d'un groupe ou d'une société confèrent individuellement et collectivement un sens à tout phénomène ou événement. Celui-ci pouvant être à son tour investi de sa propre agence.

En ce qui concerne l'analogisme, il y a là une perspective à laquelle on peut soumettre beaucoup de notions qui fondent la globalisation comme celles de profit ou de marché, ainsi que toutes sortes d'avatars notionnels que sont la compétitivité, l'employabilité et bien d'autres encore. Certains principes d'ajustement que soutiennent les classes dirigeantes apparaissent ainsi comme autant de figures chimériques d'une régulation dont les ressorts sont très proches d'une forme de pensée analogique ancienne. Car ces chimères – comparables aux figures de monstres ou de dragons – mêlent les attributs d'une régulation libérale par le marché avec ceux d'une intervention de la puissance publique à des échelles qui sont elles-mêmes diverses et disproportionnées. Or cette forme de pensée est d'autant plus confuse qu'elle agrège aussi des rationalités d'intérêts contradictoires. Sans chercher à réduire les tensions fondamentales que nous avons recensées tout au long de notre recherche : entre la valeur et l'argent, entre la valeur du travail et sa subordination à celle du capital par le jeu même de son accumulation sous la forme de rentes.

L'usage que l'on fait à présent de la notion de compétitivité est particulièrement symptomatique. Car cette qualité est appliquée à une pluralité infinie de paliers sociaux : individus, collectifs, organisations, institutions. Ses ressorts sont calés sur une forme d'ajustement hypothétique et fantasmée entre les gouvernances publiques et celles privées, selon un schéma de libre-échange qui est lui-même idéalisé, et dont les normes sont définitivement réglées sur celles de la rentabilité financière. Cette approche est aussi projetée à l'échelle des relations intergouvernementales suivant une forme de compétition entre des entités dont on préjuge l'homogénéité, et que refoule pourtant la globalisation : les économies nationales. Ainsi les variations de coût, de prix, de qualité ou d'image des produits que souhaitent les partisans de la compétitivité sont-elles sujettes à des effets de localisation et de transfert entre entreprises, dont on ne peut pas toujours réduire les singularités. Vouloir les maîtriser selon les mêmes critères pour mieux conduire globalement une politique active de l'emploi est souvent contradictoire avec les différences de situation des entreprises. De la même manière, lorsqu'on situe les rapports entre économies nationales de l'Union européenne sur cette dimension, on a tendance à faire fi des potentialités inégales entre pays, dont une partie est directement liée aux économies d'échelle. D'où la nécessité pour certains de ces pays de chercher à compenser les rendements décroissants de leurs facteurs de production par une projection vers des liens de coopération en matière d'investissements entre plusieurs pays.

Dans le contexte d'une globalisation teintée de « désoccidentalisation », nous tenons à insister ici sur les viviers chimériques qu'entretiennent ou renouvellent certains lieux de cultes les plus anciens des pays émergents. On peut évoquer, à ce propos, certaines « villes saintes » dont les fonctions tiennent leur rang au milieu des zones d'économie technologiquement avancées. C'est ainsi qu'un temple consacré à Shiva, au cœur de le ville de Madurai, cité du Tamil Nadu (Etat du Sud de l'Inde), accueille des vagues de milliers de pèlerins de toutes conditions. On y croise une ferveur hindouiste assise aussi bien sur le plan cosmique que sociétal. Les ressorts d'un polythéisme aux multiples avatars, en même temps que la croyance en un « principe de vie suprême » (Brahma), ainsi qu'une division sociale en castes, en sont toujours des vecteurs importants. Y compris chez ceux qui ont un métier ou une pratique quotidienne ancrés dans les techniques les plus modernes. Citadins ou ruraux, employés de toutes conditions, commerçants ou entrepreneurs, praticiens des techniques comptables, informaticiens ou chercheurs, tous viennent se recueillir devant des figures symbolisant le panthéon hindouiste. Usant des références à une pensée ontologique de type analogique (Descola, 2005), ils réduisent leur perception d'une infinité de singularités ou de rites segmentés, en la projetant dans un imaginaire où cosmos et formations sociales sont emboîtés, depuis l'infiniment petit jusqu'à l'infiniment grand. Par un recours fréquent aux offrandes et aux ex-voto, le croyant s'adresse ainsi aux divinités tout au long des multiples événements de sa vie[1].

On ne peut qu'être perplexe face aux différences de contexte et de « rationalité » qui opposent ces pays et ceux occidentaux. Tandis que les « chimères rationnelles » des pays occidentaux correspondent souvent à un mouvement de désindustrialisation accélérée. Celles des avatars hindouistes n'entament en rien l'élan d'une industrialisation innovante d'un pays comme l'Inde. Alors qu'on observe pour les premiers une segmentation accentuée entre les paliers d'activité, on remarque pour le second leur continuité à travers une pluralité d'échelles territoriales, aussi bien urbaines que rurales.

Quelques mythes analytiques

La globalisation nous incite donc à mettre en perspective la pluralité des procès et des paliers des rapports sociaux ou géopolitiques, et cela dans l'espace le plus large et dans les temporalités les plus longues pour dépasser toute définition réductrice des formations sociales globales. Car ce genre de définition est toujours soumis à différents mythes.

Rendons d'abord ici un hommage à l'une des synthèses sociologiques sur la mondialisation, pour avoir dressé l'inventaire des contradictions que pose toute approche en termes de « société-monde », surtout lorsqu'elle suit une posture idéologique d'euphorie transnationale. Insistant sur l'extension d'un « marché mondial » – dont les deux-tiers étaient monopolisés par quelques grandes firmes –, les auteurs de cette synthèse ne franchissaient cependant

[1] Mais, comme l'a développé un spécialiste de l'hindouisme, on est en présence d'une forme de socialisation des principes d'une pensée shivaïste. Pensée selon laquelle toute entité divine ne présente aucun caractère d'anthropomorphisme (sous forme de personnalisation ou d'individualisation), mais des principes de vie universels dont l'extériorisation rituelle n'est qu'un palier d'extériorisation symbolique (Guénon, 1987).

pas les frontières d'une problématique intégrant toute la gamme des incidences de la globalisation financière (Martin, 2003).

On peut ainsi recenser le mythe d'une globalisation en tant que formation sociale universelle globale qui garantirait, aux yeux de ses partisans, la fusion démocratique d'une régulation conjointe par le marché et des puissances publiques.

On peut encore trouver chez différents analystes le mythe d'une classe possédante globale qui existerait au-delà des réseaux financiers répertoriés ou des relais politiques qu'assurent des gouvernances privées et publiques. Ou encore celui d'une classe cosmopolite globale dont les traits sont relativement hétérogènes : depuis ceux d'une classe d'experts internationaux hyper mobiles jusqu'à ceux d'une élite intellectuelle hybride, en passant par toutes sortes de fonctions de passage inscrites dans des procédures d'échanges marchands, au sein desquelles les médias occupent une place importante. Distinguant deux mouvements – l'un « par le haut », l'autre « par le bas » –, une analyste intègre pleinement dans sa recension des classes sociales qui participent à la « mondialisation » : les immigrés et leurs ressources. En revanche, la construction d'une « élite globalisée » revient en fait à rester dans les cadres idéologiques de l'ajustement. Elle entérine l'idée selon laquelle cette élite dominerait par ses qualités correspondant à une maîtrise technologique de communication, ainsi qu'une mobilité à l'échelle mondiale. Ceci bien au-delà des clivages entre formations sociales – entités nationales et transnationales, degrés de possession ou de reconnaissance de plusieurs formes de capitaux (Wagner, 2007). Aussi trouve-t-on mêlés les représentations spatiales (flux, réseaux ou localités), les facteurs de mobilité professionnelle ou culturelle avec les éléments dynamiques d'un capitalisme transnational (Lecler, 2013). Ce sont aussi autant d'éléments qu'ajustent des sociologues pour mieux critiquer les limites de toute sociologie nationale – soit pour construire la grille d'un cosmopolitisme (Beck, 2006), soit pour nous sensibiliser au caractère transnational du tissu social que forgent les agents et les collectifs des grandes métropoles mondiales (Sassen, 2009). Ainsi cet enchevêtrement d'agents et de réseaux – où se croisent Etats, firmes transnationales, fonds d'investissements plus ou moins spéculatifs, appareils militaro-industriels, etc. –, rend difficile toute appréciation quantifiée du nombre et de la qualité des pouvoirs qui sont à la tête de cette globalisation. Ce qui n'écarte pas pour autant l'importance que représentent les valeurs d'accumulation et de profitabilité à court terme en tant que ciment idéologique de cette même globalisation.

On peut aussi évoquer le mythe altermondialiste d'une société civile globale, en tant que version expurgée d'une opposition globale de classe détachée des rapports sociaux de production et parfois trop strictement mobilisée sur une éthique d'indignation sociale.

Enfin le mythe d'une régulation politique globale est souvent avancé, sans que la question de savoir si cette régulation resterait confiée aux institutions d'une gouvernance intergouvernementale – tiraillée entre l'orthodoxie de l'ajustement structurel et l'éthique de la lutte contre la pauvreté – ne soit tranchée. C'est bien là une question qui se pose très directement à cette sensibilité que portent les mouvements mondialistes dont les registres privilégient une approche du fédéralisme – avec un débat non tranché entre ceux qui le situent directement à l'échelle globale et ceux qui acceptent l'idée de transitions continentales –, à propos des transferts de souveraineté (Billion, 1997). On remarque toutefois que les uns et les autres ne font pas le lien entre ce genre de redéploiement et celui des rapports de production. Car s'ils le faisaient, ils seraient sans doute conduits à tenir un discours plus critique sur une composante qu'est celle d'un « fédéralisme atlantiste » en tant qu'agent historique de la globalisation.

On retrouve ainsi une certaine articulation entre tous ces mythes à travers plusieurs thèmes fédérateurs, davantage posés en termes de registres de sociabilité plus ou moins institutionnalisés qu'en termes de rapports sociaux structurés :

– la démocratie libérale sur le plan politique ;

– les canons d'une consommation et d'un confort matériel de type occidental combinant les interventions du marché et celles d'une puissance publique ;

– une culture plurielle, mêlant, entre autres, le plan artistique et celui du divertissement.

Et face aux pressions de la globalisation, on ne peut qu'observer de la part des partisans d'un réformisme d'ajustement qu'une forme d'expression dont les registres mêlent l'éthique d'un paternalisme solidaire avec les recettes d'une consommation plus économe. Sans que soient réellement posés de manière critique les ordres de grandeur d'une confrontation sans précédent entre les logiques d'investissement, d'accumulation et de capitalisation dont l'échelle submerge toute sociabilité locale ou nationale.

Au-delà des oppositions politiques, ces mythologies sont des exemples d'une philosophie occidentale de l'histoire selon laquelle toute révolution étant devenue impossible, on bricole avec le plus grand sérieux un mélange de paris d'inspiration rationaliste, au gré d'une perception des intérêts individuels ou collectifs. On a ainsi connu le mythe d'une paix garantie qui devait découler automatiquement de l'égalité d'un surarmement entre deux puissances qui se réclamaient toutes deux de deux versions opposées de l'accumulation et du progrès scientifique. Les chimères d'une « société des loisirs », du côté occidental, et celles d'une scientificité de l'avenir social – célébrée dans sa version humaniste en tant que « révolution scientifique et technique » –, dans l'autre camp, étaient considérées comme des postures d'avant-garde. Pendant que celles-ci amusaient la galerie, les agents de la globalisation tissaient méthodiquement les toiles de leurs réseaux. Les adeptes de ces mythes – qui croyaient à la possibilité de mettre fin aux crises économiques et à celle de planifier l'avenir – se sont retrouvés Gros-Jean comme devant. Or ce sont surtout les rapports de domination que les classes moyennes dénoncent – en tant que menace de leur autonomie –, mais le plus souvent aussi d'un point de vue davantage émotionnel que symbolique. Mais parce qu'elles sont enfermées dans une certaine logique systémique du mode de production (comme le montre la fréquence des fonctions de contrôle ou d'évaluation qu'elles y assument), elles soulèvent peu la question des droits de propriété. Et comme l'indiquent encore leurs goûts esthétiques, elles fuient l'angoisse que peut porter toute création artistique ontologique, pour ne plus privilégier, en toute bonne conscience, que la légèreté ou la grâce. En se fixant ainsi sur un seul versant de l'imaginaire esthétique, elles glissent vers une conception culturelle au service du divertissement pour se fondre dans les clichés d'un vécu social que proposent les productions.

La figure récurrente des classes moyennes

Tous ces canons sont en fait finalement associés à une figure sociale qui est elle-même hybride : celle des classes moyennes dont la mobilisation est censée conserver les attributs d'une idéologie de progrès. Or les avatars que l'on constate à travers diverses manifestations – depuis celles qui agitent certaines villes de Turquie jusqu'à celles qui touchent les métropoles brésiliennes – montrent qu'il n'en est rien. Aucun de ces mouvements ne réussit à infléchir les ressorts d'une globalisation toujours plus dévastatrice. En fait, cette hybridation et cet idéal progressiste que représentent les classes moyennes sont solubles dans la marchandisation et les gouvernances de l'Etat ou des entreprises d'un « capitalisme informationnel » (Lojkine, 2005). Mais, en même temps, ces classes symbolisent et révèlent des pistes de coopération potentielle qui ne restent cependant qu'intentionnelles, par manque de projet en prise sur les rapports de production. Car ce sont seuls ces projets qui permettraient de hiérarchiser les paliers en fonction de leur proximité ou de leur éloignement des pouvoirs de la globalisation financière. Insistons de nouveau sur le fait que l'information (ou sa transparence) constitue bien un facteur non négligeable des rapports sociaux contemporains, mais qu'elle ne représente pas à elle seule un facteur de démocratisation des rapports sociaux. D'autres facteurs comme les droits de propriété sont en effet bien plus pesants. Or les classes moyennes, par leurs rapports privilégiés au traitement de l'information, le plus souvent procédurier, dans le cadre de la production de biens ou de services, mais aussi par leurs fonctions de « marchandisation » (comme le montre la prégnance des critères d'évaluation de coût qu'elles manipulent, aussi bien dans le privé que dans le public) jouent un rôle déterminant dans la légitimation des droits de propriété. Et ce rôle est d'autant plus reconnu qu'elles jouissent d'une reconnaissance éducative ou qu'elles font partie (plus rarement) des marges d'une classe dirigeante. C'est à ce titre que l'on doit apprécier la valeur des analyses que Bourdieu a consacrées au capital social ou symbolique. Insistons encore ici sur le lien que permet d'établir ce concept entre les paliers structurels de toute accumulation et plusieurs formes de sociabilité de classe ou communautaire. Ajoutons que cette même approche s'applique aussi bien à la sphère des activités formelles qu'à celle des activités informelles (qu'ignorent trop souvent nombre d'analyses économiques), et que la référence au capital social permet de faire le lien entre les registres d'une accumulation, ceux d'une domination et ceux d'une compensation, aussi bien sur le plan économique que sur ceux politique et idéologique. Il est donc bien dommage que certains marxistes se soient mobilisés pour les rejeter dans le camp d'une approche culturaliste. Surtout lorsqu'ils semblaient avaliser des concepts apparemment aussi neutres que celui de « société de service »[1] (Delaunay, 2007). Est-ce à cause d'une croyance persistante dans la permanence d'un affrontement social essentiellement dual entre bourgeoisie et prolétariat ? Ou bien est-ce au nom d'une valorisation des savoirs que ces mêmes classes seraient censées partager, et qui accréditerait l'idée d'un autre concept : celui de « capitalisme cognitif » ?

Ainsi peut-on établir un lien analytique, mais aussi idéologique, entre les classes moyennes et deux facteurs – l'information et la connaissance – qui serviraient à redéfinir un capitalisme plus intellectualisé face au capitalisme financier. Le resserrement de leurs liens et leur expansion sont supposés –

---

[1] En fait, derrière cette apparente neutralité de l'expression, on trouve ici la projection d'une méthode d'analyse marxiste du travail d'aujourd'hui. La « société de service » est une approche des mutations sociales contemporaines dans lesquelles le « facteur humain » est une composante partielle des investissements. La force de travail est socialement séparée et physiquement distincte de l'investissement technique, depuis la société industrielle. Mais c'est parce qu'elle suppose aujourd'hui, pour un certain nombre de « métiers », une dépense lourde et continue de formation qu'elle devient un investissement. Sans omettre le rôle que tient cette force de travail dans la maintenance de l'investissement – par ses fonctions de mise à jour des bases de données. Les exigences technologiques actuelles sont telles que le facteur humain est devenu la variable stratégique de toute mutation. La notion de « travail de service » implique l'idée que tout travail est effectué visiblement pour autrui. On peut y inclure tous les services tertiaires et la recherche scientifique. Ce qui n'exclut pas pour autant que la médiation invisible en demeure le marché. Quant à l'importance de l'information : ce sont les besoins mêmes du travail de service qui en sont le déclencheur. Avec la société de service, on passerait du critère d'utilité propre à la société industrielle à celui d'usage – auquel on peut rattacher des préoccupations d'ordre écologique et sociologique. Ce qui conférerait une dimension politiquement stratégique à tous ceux qui peuvent être considérés comme des « gardiens d'usage » (Delaunay, 2007).

comme par enchantement – pouvoir assurer à la fois un développement continu des forces productives, ainsi que leur meilleure régulation. Ces deux effets étant le produit des systèmes de production et d'échange toujours plus automatisés et donc prévisibles, ainsi que de meilleures qualifications plus flexibles et plus autonomes. L'ensemble étant projeté dans des formations sociales qui devraient associer, pour les uns, ou dépasser, pour les autres, toute segmentation entre « secteur public » et « secteur privé ». La montée en puissance de ces mêmes forces productives et de ces qualifications était aussi supposée perdurer et pouvoir fournir une dynamique de promotion sociale continue. Or, c'est bien ce même genre de liens qu'avait cherché à creuser une sociologie « postindustrielle » ou « postmoderne », rejoignant en cela le terrain d'une expertise au service de la gouvernance qu'occupaient les promoteurs d'un nouveau libéralisme plus social. Or les représentants de cette sociologie reconnaissent aujourd'hui un reflux du « social » – sans pour autant toujours mettre suffisamment l'accent sur la financiarisation des rapports de production, ni sur les conséquences idéologiques d'une segmentation à laquelle ont contribué les mesures d'émiettement du marché du travail. Et comme le montre l'émergence concomitante d'une vaste bureaucratie transnationale – incarnée par toutes sortes d'agences intergouvernementales mondiales ou régionales, chargées à la fois de cibler les mesures d'ajustement structurel et de lutter contre la pauvreté –, les uns et les autres placent leurs connaissances au service du libéralisme. Ce qui exprime aussi le paradoxe qu'est celui d'avoir monté une telle bureaucratie afin d'imposer la thèse selon laquelle le marché a des vertus régulatrices que ne doivent pas bloquer les excès d'un « Etat-providence ».

Conscient de l'impact décisif que provoque l'extension transnationale du capitalisme financier – et des servitudes qu'il impose aux politiques –, nous ne nous prononçons pas pour autant sur l'éventualité d'une disparition à terme de l'Etat-nation. Nous gardons cependant en mémoire les questions d'échelle qu'il pose, pour distinguer nettement les capacités productives que conservent les Etats dont la taille est continentale, comparativement à ceux qui ont une échelle plus modeste. Nous apprécions aussi à sa juste valeur l'importance des flux migratoires à travers le monde qui résultent de plusieurs phénomènes. Les uns, en longue période, sont les avatars de la liquidation des puissances coloniales, suivie de celle de l'URSS – dont on retrouve certains effets combinés sur les situations du Proche-Orient (Syrie). Les autres, en plus courte période, sont les conséquences des effets sur les politiques macroéconomiques de l'ajustement structurel et des mouvements du capital financier. Les uns et les autres ont entraîné des mouvements de démantèlement des activités publiques sur lesquels se sont parfois greffés des conflits armés. Soit autant de facteurs provoquant des vagues de réfugiés. C'est pourquoi nous refusons de les mêler sous l'acception du terme de mondialisation. Ce qui reviendrait à noyer le rôle décisif que joue la globalisation financière sur les rapports sociaux. Car celui-ci est à la fois puissant et paradoxal. La globalisation est une dynamique volontariste et homogène du point de vue capitaliste, en même temps qu'elle sème de l'hétérogénéité et de l'incontrôlé. Car elle accentue l'hétérogénéité des sociétés civiles en réduisant ou canalisant le rôle réglementaire de l'Etat, qui en reste le principal facteur d'homogénéisation. Imposant une extrême mobilité transnationale à leurs investissements, les agents de la globalisation accentuent les tensions et les déséquilibres de l'activité économique, en même temps qu'ils sapent une bonne partie des pouvoirs de décision des politiques. Ils contribuent ainsi à obscurcir toute perspective de développement pour de nombreux Etats. Avec comme scénario une accélération des périodes de crise relayée par une autre accélération des changements d'équipes politiques – selon des modalités variables entre les régimes démocratiques et ceux autoritaires –, sans que pour autant de tels changements influent la sphère économique.

Ce sont donc encore autant de constats qui plaident en faveur de cette convergence de réglementations correctrices des déréglementations liées à la globalisation, à une échelle suffisamment critique comme celle de tout ou partie de l'Union européenne, ainsi que leur projection sur des chantiers expérimentaux des régions de sa périphérie. Ces chantiers nous semblent d'autant plus urgents qu'ils concernent des régions soumises à de graves tensions dont toute perspective de solution économique, politique et même idéologique est refoulée par une guerre civile ou une guerre entre Etats. Celles-ci puisant l'abondement de leurs ressources des commerces de la globalisation pour fournir en retour à celle-ci quelques profits. Or le peu d'écho que recueille cette approche auprès des classes dirigeantes s'explique par plusieurs raisons. L'une d'elles tient au contexte d'une domination du libre-échange qui rend captif l'investissement étranger direct (ou sa polarisation sur un bloc de pays émergents). Une autre raison tient au déficit cumulé de régulation tant civile que militaire que révèlent les expériences en la matière aussi bien de l'ONU que de l'Union européenne. Or c'est globalement cette situation qui encourage une résurgence des agressions ou des crispations nationalistes, ethniques ou religieuses.

Un paradigme d'exception : la Chine

Un Etat est à lui seul un paradigme d'exception dans la globalisation : l'Etat chinois. Il offre le modèle d'intégration singulier d'un régime politique autoritaire d'inspiration marxiste, fortement structuré et centralisé par une fusion des pouvoirs politique et militaire, en même temps qu'une forte dynamique entrepreneuriale résultant de la mobilisation d'un complexe de capitaux publics et privés. Cette dynamique est même représentée, au sein des organes dirigeants du pouvoir chinois, par des agents comme les directeurs des grandes entreprises industrielles ou bancaires – au même titre que les autres représentants du pouvoir politique ou militaire. L'ensemble est supposé être régulé par le contrôle de l'appareil d'Etat sur les droits de propriété. Or on observe nombre de tensions autour des fonctions clés de financement et d'investissement qui marquent certains relais avec la globalisation. Les formes de ce contrôle sont en fait relativement hétérogènes. Elles couvrent une gamme étendue de registres normatifs : depuis les valeurs d'autorité politique les plus rigides jusqu'aux valeurs d'une rentabilité plurielle et flexible, en passant par la référence à l'unité ethnique et historique qu'incarne l'Etat. Mais comme les autres Etats, l'Etat chinois laisse en suspens la question du travail et de la reconnaissance de sa valeur. Ce qui est une contradiction majeure avec son inspiration marxiste. Tout se passe comme si le reflux d'une idéologie d'avant-garde concentrée sur la classe ouvrière n'avait trouvé d'autre issue que de valoriser les initiatives d'une classe entrepreneuriale, dont de nombreux canons en font un relais de la globalisation commerciale, mais aussi financière. Ce point est d'autant plus critique que la régulation des flux financiers ou celle des liquidités sur le marché bancaire font régulièrement l'objet de rappels à l'ordre de la part des autorités gouvernementales. Compte tenu de la place que tiennent l'Etat et la propriété publique dans la plupart des grandes activités du pays, il est vraisemblable que les critères de rentabilité ou de profitabilité financières aient pénétré l'idéologie des classes dirigeantes chinoises. Faut-il rappeler qu'en adhérant à l'OMC, fin 2001, la Chine a ouvert son secteur financier ? Elle a privatisé une partie des banques d'Etat, et autorisé l'implantation des banques étrangères. Elle avait créé, dix ans plus tôt, un marché boursier dans la zone de Shenzen, suivi d'un autre à Shanghai, dans le but d'abonder les fonds d'une restructuration des entreprises d'Etat (Hairong Lai, 2010). Ajoutons que cette emprise du gouvernement central chinois connaît des limites dans le cadre même d'une économie administrée. Les agendas d'un assainissement du système financier sont fortement perturbés par une vague de spéculation foncière dans les villes, mais aussi en zone rurale, à laquelle participent activement les collectivités publiques territoriales pour combler leurs déficits. Enfin, les projets les plus récents de créer six fonds spéculatifs (*hedge funds*) sur Shanghai – afin de drainer le capital des investisseurs privés chinois, et faire de cette ville une citadelle de la globalisation financière –, marquent bien l'emprise que la finance exerce sur une large fraction des classes dirigeantes chinoises. La présence d'activités de spéculation boursière au ein de l'économie chinoise a représenté un aspect de la mue idéologique que le gouvernement chinois a entériné au début des années 2000. Accompagnant les privatisations et l'inflexion de la conception des actifs productifs, on a relevé en 2005 une introduction en bourse de plusieurs banques d'Etat chinoises. Soit autant de mesures que saluaient les instances intergouvernementales de l'ajustement, tout en regrettant une sous-évaluation des taux de change de la monnaie chinoise, le yuan. Depuis plusieurs années, alors que la croissance des exportations et celle du PIB chinois tendent à se tasser, on assiste à une chute des valeurs boursières (qui avaient fortement augmenté). Une telle situation remet au premier plan la problématique d'une maîtrise publique des investissements et celle des effets pervers de l'accumulation en capital. Toutefois, en raison de plusieurs facteurs – que sont la démographie, l'étendue de son territoire, ainsi que l'immensité du chantier de restructuration sociale qu'induit son idéologie présente et surtout passée –, toute question capitalistique ne peut être abordée par l'Etat en dehors d'une problématique de développement. Ainsi le suggère, de manière ouverte et synthétique, un ouvrage de sociologie franco-chinois passant en revue les convergences et les dissonances entre plusieurs éléments de cette restructuration : droits de propriété, citoyenneté, action individuelle et collective, sécularisation et rapports sociaux identitaires (Roulleau-Berger, 2008).

Tout en étant conscient du poids d'une économie continentale comme celle de la Chine, nous ne perdons pas de vue qu'elle représente aussi un des éléments, avec d'autres économies de la région du Sud-Est asiatique, d'un ensemble de traités économiques ou commerciaux. Il est ainsi vraisemblable, qu'en fonction des aléas qu'entraîne la globalisation en matière de valeur monétaire, de rendement financier ou de commerce transnational, tous ces pays soient conduits à resserrer leurs liens d'échange ou de coopération. Mais on peut aussi faire l'hypothèse que leurs classes dirigeantes ne restent pas insensibles à toutes sortes de sirènes financières ou communautaires vectrices de volontés de puissance. Les unes seraient susceptibles d'accentuer les traits déviants de toute innovation que sont la profitabilité à court terme ou la quête de rentes. Les autres pourraient faire resurgir autant de ressentiments mémoriels de type communautaire liés aux passés impérialistes des puissances occidentales et du Japon.

CONCLUSION

CHANGER LES VALEURS DE LA GLOBALISATION

Notre conclusion soulève deux questions.

La première question est de savoir en définitive si la globalisation financière est un phénomène social total, comme tend à le montrer le fait qu'elle atteint de nombreux paliers des rapports sociaux. Si l'on retient l'assimilation du terme de globalisation à celui de mondialisation, la question est discutable, parce qu'elle revient à réserver le seul caractère transnational aux échanges commerciaux ou à la circulation des idées et des connaissances, tout en restant fixé sur l'horizon de l'Etat-nation et celui des relations entre Etats-nations. Par contre si l'on réserve le terme de globalisation à la globalisation du capital ou financière, et qu'on tient compte de sa pénétration dans d'autres territoires que ceux du capitalisme historique, la question reste valide – en regard des nombreux impacts que nous avons relevés et dont les articulations penchent en faveur de cette thèse.

L'autre question qui découle de la première est de revenir sur les valeurs et les réactions les plus sensibles que suscite cette globalisation financière, et dont certains registres sont mémoriels et davantage ciblés contre des dominations ou des hégémonies plus anciennes. Un tel rappel vise à en couvrir le plus largement possible les effets pervers pour proposer d'autres voies plus en phase avec le bien commun. Ce qui équivaut, comme nous le verrons, à envisager un autre type de globalisation. Insistons, dès à présent, sur le fait qu'un tel projet ne correspondrait aucunement à une homogénéisation globale des conditions d'activité par le haut, mais qu'il reviendrait au contraire à créer de nouveaux espaces de coopération autour de plusieurs valeurs, en tenant compte de la diversité des paliers d'activité.

Cette transition entre la réduction des registres de la globalisation financière et l'instauration de nouveaux espaces de coopération est consubstantielle à notre démarche sociologique. Elle implique de resituer les rapports sociaux dans une géopolitique en longue période.

La globalisation financière : phénomène social total

La globalisation financière, dont nous avons décliné les normes et marqué leurs liens à travers une multiplicité de paliers d'activité, est un phénomène social total par son ampleur et par la diversité des registres économiques, politiques et idéologiques qu'elle couvre. La globalisation financière marque de son empreinte aussi bien les normes de marché que celles des politiques publiques, en passant par toutes sortes de pressions qu'exercent les investisseurs, les comptabilités d'entreprise ou la gestion du travail. Elle traverse tous les régimes politiques : depuis les plus démocratiques jusqu'aux plus autoritaires. Elle focalise de nouvelles confrontations, tout en en ranimant d'autres plus anciennes. Elle traverse aussi bien les rapports sociaux de classe que ceux communautaires, aussi bien au Nord qu'au Sud.

Les agents de la globalisation imposent des formes de rationalité instrumentale – utilitariste, aussi bien matérialiste que spéculative – au service de l'accumulation et du profit. Le champ de leurs activités est de plus en plus étendu, puisqu'il pénètre les activités gouvernementales et intergouvernementales. Les agents de la globalisation ont imposé leurs normes à chaque palier hiérarchique de la division internationale du travail. Plus pesants dans le secteur marchand, ils fédèrent les activités autour du principe d'un retour d'investissement, mobilisant une constellation de contrôles individuels de performance dans toutes sortes de collectifs soumis à la compétitivité. Dévorant tout sur son passage, la globalisation financière conduit bien des gouvernements aux déficits, pour les contraindre ensuite à raisonner plus strictement en termes de coûts sur tous les registres de leur action. Fusionnant avec le libre-échange, la globalisation financière tire des valeurs d'activité comme l'éducation ou la santé vers les canons de sa propre rationalité qui est celle du profit. Et comme le montrent les avatars du droit à l'emploi, la globalisation a conduit les pouvoirs publics à réduire une part de leur légitimité – qui était liée au caractère impératif des droits fondamentaux dont ils se sentaient investis –, en intégrant une part plus forte de calcul financier, au nom des contraintes de gestion.

D'un point de vue sociologique, la globalisation est bien un phénomène social total, car elle ajuste les normes de sociabilité avec celles des paliers d'activité qui sont organisés ou institutionnels comme les entreprises ou l'Etat. Elle utilise comme vecteur une multiplicité de versions du capital, y compris les plus symboliques. Concentrée sur les organisations ou les institutions de gouvernance, elle s'étend aux formations sociales les plus primaires comme les relations de parenté.

La globalisation n'épargne pas non plus les secteurs les plus sensibles de la créativité que sont la recherche ou l'activité artistique. Privilégiant le court terme, les financeurs ou les mécènes encouragent une accélération des productions. Celle-ci contribue à focaliser des cibles technologiques en matière de recherche aux dépens de cibles plus fondamentales. Et pour ce qui de l'activité artistique, la variabilité ou l'hybridation des styles ou des concepts prennent le dessus sur toute quête d'une densité ontologique.

La globalisation traverse toutes sortes de formations sociales ou sociétales pour en éprouver les ressorts les plus structuraux. Elle introduit ainsi nombre de tensions et de déséquilibres, en précipitant les conflictualités aux dépens de cette autre dynamique que sont les coopérations. Son emprise est dopée par le libre-échange, ainsi que par diverses opérations spéculatives qui avivent les déséquilibres.

Ainsi, la globalisation vient-elle non seulement perturber, mais aussi brouiller les échelles auxquelles se produisent les phénomènes. Elle sape toute continuité ou articulation entre les multiples paliers de l'action syndicale, aussi bien dans la sphère des économies développées, qu'entre celle-ci et celles des économies émergentes ou en développement. A tel point qu'on peut s'interroger sur la force que représente le syndicalisme international, même lorsque ses appareils dirigeants sont réunis dans une seule organisation. Car, comme nous l'avons pointé dans notre première partie, la globalisation introduit de multiples césures dans le corpus des droits du travail de chaque Etat-nation. La globalisation, de par la dynamique financière transnationale qu'elle impose aux entreprises, casse encore bien des foyers de négociation collective, écartant toute possibilité de les articuler. Et elle tend aussi transversalement à introduire le cheval de Troie qu'est la primauté idéologique des droits fondamentaux du travail – sous prétexte que tout corpus de droits effectifs singularisés serait entaché de rigidité et de corporatisme.

La globalisation brouille même les cartes des situations géopolitiques les plus critiques, en mélangeant le politique, le marchand, l'idéologique et même la morale. Les interventions militaires des pays du Nord dans des pays du Sud révèlent des réactions de la part des gouvernements du Nord, ainsi que de leurs opinions publiques, qui ne marquent plus une frontière entre les moments de guerre et ceux de la paix. Retrouve-t-on dans les agendas que proposent les agences de régulation internationale concernées la moindre alerte sur cette aporie ? La réponse est négative. Ces agences portent en elles toutes les contradictions dont profite la globalisation financière. Elles travaillent à la fois sur les codes de l'ajustement structurel adossés au libre-échange, tout en prétendant respecter, et même promouvoir, les droits fondamentaux (y compris ceux du travail) ainsi que la démocratie. Fondées dans les cadres des relations internationales entre souverainetés d'Etat, elles apparaissent impuissantes pour faire avancer toute entité démocratique transnationale. L'entité que forme l'Union européenne montre bien les tensions que la globalisation financière et le libre-échange font peser sur les droits démocratiques.

Les agents de la globalisation et leurs relais politiques suscitent contre eux des formes de mobilisation hostiles qui en contestent la rationalité au nom de valeurs très différentes. Les unes portent en elles les réactions de colère ou de désespoir face au reflux de la valeur du travail, tandis que d'autres se saisissent de cette opportunité pour revendiquer un retour à des valeurs ethniques ou religieuses intégristes. Ainsi se retrouve-t-on dans un univers politique mouvant, où les valeurs républicaines et sociales sont assimilées au creuset d'un libéralisme économique débridé qui finit, pour une partie importante des populations de la planète, par symboliser négativement toute rationalité. Cette conjonction entre une dynamique destructrice des valeurs d'activité les plus universelles autres que celle de l'argent et une autre dynamique de réactions irrationnelles constitue le plus grand défi de nos sociétés. Vouloir le relever implique de situer le politique dans ses interactions avec l'économique et l'idéologique à une multiplicité de paliers des rapports sociaux. Cela impose donc d'avoir pour agenda essentiel de rejeter tout projet de repli sur un registre strictement national, de classe, ethnique ou religieux, sous prétexte de vouloir résister à la globalisation financière. Mais il ne suffit pas de combattre uniquement les formes de nationalisme les plus intolérantes. On doit aussi avoir conscience des dérives nationalistes qu'impliquent les choix d'ajustement qu'adoptent les gouvernements pour faire face aux tensions de la globalisation. Car de tels choix promeuvent un modèle de compétitivité entre économies nationales pour retrouver des marges de croissance. Et ils ont pour corollaire de réduire les dépenses sociales, sans réussir à maîtriser les conditions de leur répartition entre nationaux et immigrés. Laissant ainsi se fixer un abcès où la question sociale revêt une tournure identitaire. Celle-ci refoule toute approche critique des rapports sociaux, pour lui substituer toutes sortes de critères discriminatoires. Une autre approche souhaitable consisterait à fédérer des propositions d'activité ciblées au service du bien commun, qui reposent sur des formes de coordination visant à assurer la maîtrise des investissements entre plusieurs paliers d'activité, ainsi que des codes de valorisation du travail. De telles activités ne peuvent être prises en charge que par des formes ouvertes d'interventions publiques. C'est aussi en ce sens que la recherche des fondements d'un cosmopolitisme éclairé nous apparaît comme un vecteur sensible, sous la forme d'une approche universalisante et réaliste de grands chantiers lancés par plusieurs Etats d'une même région, pour arrêter à terme les périls qui s'abattent sur celle-ci. Insistons encore sur l'urgence qu'il y aurait à lancer de tels chantiers – tournés vers de grands travaux d'aménagement ou d'équipement (hydraulique ou solaire) –, à l'échelle de zones limitrophes entre le Bassin méditerranéen, le Moyen-Orient et l'Afrique. Surtout si on prend en compte la conjonction de plusieurs phénomènes destructeurs que sont, pour cet espace, une détérioration et même une implosion des structures étatiques ou nationales, avec leur lot de chômage de masse et de trafics, ainsi que de guerres civiles. On doit aussi tenir compte de la diversité des rapports sociaux – sans céder pour autant à une conception essentialiste de la diversité des cultures. Car le bien commun, l'ouverture et la durabilité du développement restent encore trop souvent autant de chimères en face de toutes sortes d'instrumentalisations, qu'accompagnent les agents de la globalisation pour abonder les flux financiers. Et ils le sont aussi pour une fraction de leurs adversaires, lorsque celle-ci se replie sur le nationalisme ou s'engage dans d'autres dérives identitaires.

Le versant rétrograde que prennent de trop nombreuses réactions collectives aux dégâts de la globalisation mérite aussi qu'on cherche à les resituer dans une histoire en longue période, afin d'en saisir ce qui relève des stigmates d'une colonisation, ou ce qui relève des rancœurs contre un ancien ordre impérial. On observe en particulier dans la période actuelle la résurgence des valeurs les plus traditionnelles – claniques ou religieuses – à travers des zones étendues du Levant ou du Sahel. Celle-ci vient nourrir le plus souvent des confrontations violentes contre un pouvoir local et contre les valeurs occidentales. Car dans de nombreux cas, ces pouvoirs sont autoritaires ou tyranniques et usent à leur profit d'un rôle de relais des intérêts occidentaux, sans définir la moindre perspective de développement. Le phénomène n'est pas nouveau, il renouvelle le système colonial des « compradores ». Il devient encore plus violent ou tranché, lorsque ces intérêts concernent des ressources énergétiques ou sont inscrits dans des alliances militaires. Les affrontements alternent dès lors des phases d'attentats et de répression qui ne se limitent plus au seul espace national, mais ont tendance à se diffuser dans des régions de plus en plus lointaines. C'est donc en diversifiant tous les angles d'attaque que l'on peut être en mesure de mieux combattre les thèses d'un « choc des civilisations », que trop souvent les intellectuels se contentent de rejeter comme un simple gros mot – au lieu d'en rechercher les ressorts.

Notre revue des activités qui sont soumises à la globalisation nous conduit donc à en prendre toute la mesure. Celle-ci est liée en dernier ressort à l'appréciation qu'on fait de la place de l'homme en tant qu'élément de l'univers, sans en réduire pour autant les valeurs essentielles que sont sa conscience, son imagination et sa capacité à se projeter dans l'avenir. On revient ainsi aux fondements les plus ontologiques de toute intériorité humaine dont la destinée est faite d'opacité et de clarté, d'inquiétude et de sérénité, de contingence et d'engagement. La dépendance structurelle, que manifestent les classes dirigeantes (exprimée notamment par toutes sortes de croyances autour d'une religion de la compétitivité), ainsi qu'une fraction croissante des agents qui sont investis du statut de créateur (sur d'autres registres), est en définitive trop souvent l'expression d'un refoulement de toute forme de projet existentiel ou transcendantal au profit d'une course toujours plus folle à la rentabilité. Chez les artistes, celle-ci a pour symptôme de repousser toute densité ou intensité d'expression esthétique en réduisant la part d'intériorité à des procédés ou à des clichés émotionnels. Cette « dynamique » est d'autant plus liée à la globalisation qu'elle « inspire » nombre d'artistes reconnus des pays émergents. Mais pour ceux qui restent en prise sur cette recherche de densité et d'intensité – ainsi que nous l'avons relevé chez les créateurs de la musique noire états-unienne ou afro-caribéenne –, on observe une certaine distanciation des vecteurs de commercialisation dominants.

Quelles valeurs de bien commun dans un monde bouleversé ?

Conscient de l'étendue et de la profondeur du phénomène de la globalisation, on ne peut qu'esquisser avec la plus grande circonspection les pistes qui permettraient d'infléchir ce que l'on peut qualifier d'«état du monde ». S'il apparaît bien que certains déséquilibres d'échelle peuvent être corrigés par la constitution d'entités de régulation continentales, cela n'écarte pas pour autant le fait que la globalisation financière ait contaminé la plupart des activités et des institutions (comme le montre l'audience politique qu'ont les canons de la recherche de compétitivité). Il reste donc à souhaiter qu'une fraction des classes dirigeantes et des créateurs se lasse de ses agendas, pour revenir à des projets moins contingents, et davantage prospectifs ou créateurs – si possible tournés vers le service du bien commun. Mais définir les valeurs du bien commun implique une lecture critique de la globalisation financière et des droits de propriété qui lui sont directement liés. Elle commande aussi un retour critique sur l'histoire en longue période, afin de réduire les liens entre ces valeurs et celle d'une hégémonie de la pensée occidentale. Car, comme nous l'avons pointé, cette globalisation s'inscrit aussi dans une très longue séquence de formes de dominations ou d'exploitations – civiles ou militaires –, elles-mêmes soumises à des tensions dont les portées ont été régionales, continentales ou globales. La violence destructrice de certaines réactions collectives, qu'elles suscitent actuellement, peut déboucher non seulement sur le maintien, et parfois même sur la réhabilitation des motifs d'une telle hégémonie au regard des opinions occidentales. Ainsi le montrent nombre de réactions face aux entreprises criminelles que conduisent des cohortes armées en Afrique ou au Moyen-Orient, ainsi que sous forme d'attentats dans nos pays, sans vouloir voir que ces entreprises profitent des décombres de plusieurs Etats ou des apories de plusieurs formations politiques héritées d'une hégémonie occidentale ou de la Guerre froide, et qu'elles sont aussi inscrites dans des réseaux informels de la globalisation. La terreur qu'inspirent les actes de ces cohortes est susceptible non seulement de légitimer les interventions de forces comme l'OTAN – derrière lesquelles agissent aussi des groupes d'intérêt militaro-industriels –, mais en plus de redonner une acception plus humaniste aux normes de la globalisation, pour relancer ainsi les idéologies qui se prévalent d'une supériorité des valeurs occidentales. Or ce sont, dans bien des cas, les manipulations de ces mêmes valeurs – mises au service de l'accumulation et du profit par des agents occidentaux et leurs partenaires locaux – qui ont vidé des régions entières de toute sociabilité, et même de toute société, et ont ouvert ainsi la voie à une guerre. On peut ainsi tisser autant de fils ou de réseaux qui scellent encore les articulations entre les registres de guerres civiles ou entre Etats sur de vastes espaces continentaux. Or nombre d'entre eux couvrent les terres de l'ancien Empire ottoman ou celles du Khalifat.

A partir d'un tel agenda critique, nous proposons trois socles essentiels – la valeur du travail, celle de l'éducation et celle d'une éthique de justice –, dont les ressorts sont aujourd'hui partout atteints. La valeur du travail ou ses multiples appréhensions sont au cœur de notre critique de la globalisation. Celle-ci en pointe les dérives selon des manipulations qui sont à la fois hétérogènes du fait même de l'hétérogénéité des paliers d'activité, mais aussi convergentes en fonction des convergences qui associent à travers les sociétés une pluralité de modes d'accumulation de plusieurs sortes de capitaux. La valeur éducative, même s'il est souhaitable qu'elle reste en prise sur celle du travail, va bien au-delà. Elle reste pour nous fortement liée à une ouverture et à une valorisation des diversités culturelles – contre toute posture de repli identitaire. La justice est un principe fondamental dont le caractère universel reste cependant délicat à définir. Et ce ne sont pas les multiples travaux sur l'altruisme ou les ressorts de la coopération sociale qui sont en mesure de nous fournir une réponse. Car ils mêlent trop souvent des formations sociales dont la complexité des valeurs ou le caractère structurant des tensions sont refoulés. On retrouve ainsi aussi bien les contradictions d'un sentiment comme l'altruisme dont les registres oscillent entre l'intérêt et la reconnaissance sociale, ainsi que le montre l'approche du capital social. Sans omettre non plus toutes sortes de transitions formelles ou informelles que ménagent les rapports de parenté, les rapports de production et d'échange et les droits de propriété (Ballet, Guillon, 2003). On peut aussi s'interroger sur la variabilité des valeurs de justice qu'ont ménagée, ménagent et ménageront encore les classes dominantes suivant l'évolution historique de tous ces rapports. En d'autres termes vouloir introduire de l'éthique dans les procès d'accumulation de plusieurs sortes de capitaux – financier ou social –, impliquerait d'en mieux saisir les ressorts, compte tenu des conceptions de l'efficacité et de la rentabilité, en même temps que des retombées ou des déstabilisations conséquentes sur la cohésion sociale. Si le principe de justice a l'avantage de refouler les valeurs de bien que tend à imposer la globalisation en termes utilitaristes, il reste donc difficile d'en ajuster les finalités individuelles et collectives, du point de vue du droit, en regard de toutes les inégalités qui les contredisent. C'est pourquoi son appariement avec la valorisation du travail et le droit à l'éducation nous semblerait être un bon correctif. Il est des précédents dans l'histoire – et notamment le contrat qu'ont forgé les penseurs des Lumières – qui montrent que ce ne sont pas les représentants de l'utilité, ni ceux d'une bonne gestion des ressources qui ont proposé les principes d'une émancipation citoyenne. On peut aussi rappeler l'importance qu'un Condorcet attribuait au travail créateur et à l'instruction en tant que fondements d'une société progressiste. Ajoutons que la notion de valeur, dont la définition classique en économie correspond au prix que l'on veut bien consentir pour acquérir toute chose, revêt un sens encore plus libéral dans le contexte de la globalisation financière. Censée s'imposer à tout un chacun, y compris à ceux qui sont exclus des droits de propriété ou de la possession de tout capital, cette définition renforce chez ceux qui en sont détenteurs le sentiment d'agir au nom de la raison la plus scientifique, quels que soient les phénomènes d'exclusion qu'ils provoquent.

En ce qui concerne le choc que pourrait représenter à terme la révolte de ceux qui sont instrumentalisés ou laissés-pour-compte, les perspectives pour les pays démocratiques sont trop souvent soumises à des retours en arrière d'inspiration populiste ou à des substitutions formelles de pouvoir (comme le montrent les apories que professent les discours de gouvernance de droite comme de gauche), pour être optimiste. Et cela d'autant plus que les dynamiques de la globalisation et les apories politiques – y compris lorsqu'elles émanent de classes dirigeantes démocratiques – peuvent très bien susciter autant de mouvements de rejet d'un bouc émissaire. Un tel rejet, le plus souvent ancré dans une approche identitaire communautaire nationale, ethnique ou religieuse, peut aussi se nourrir de cette microdimensionnalité qu'entretiennent les registres de la gouvernance ou du divertissement. Un autre avatar qui lie toutes ces formes d'apories politiques revient in fine à replacer toutes les composantes d'une gouvernance héritée de la globalisation dans les seuls cadres d'un Etat-nation, au nom du mythe sacro-saint d'une souveraineté nationale populaire inscrite de longue date. Alors tout se passe comme si chaque Etat pouvait recréer ses marges de manœuvre en rétablissant sa propre monnaie, en fermant plus ou moins ses frontières, en rapatriant toutes ses productions délocalisées. Et cette illusion a d'autant plus d'écho qu'elle se nourrit d'une situation dans laquelle les classes dirigeantes adoptent des pratiques d'ajustement qui excluent une fraction croissante des classes populaires. Elles laissent ainsi accréditer une conception étroite et revancharde de la citoyenneté fondée sur le mythe du caractère endogène des forces productives de toute formation historique nationale.

On ne peut donc qu'espérer qu'une prise de conscience d'une partie des dirigeants et des créateurs puisse croiser et être relayée par une mobilisation collective – plus ouverte que celle d'une fraction salariée des classes moyennes – pour inventer de nouvelles perspectives. Nous repoussons ainsi toute idée d'une agence exclusive conduite par une minorité éclairée sans l'apport consistant d'une mobilisation collective qui corresponde à des aspirations. En même temps nous n'écartons pas les potentialités de toute analyse critique parce qu'elle se distancie des facilités que lui procurerait de se mettre au service d'une classe possédante. Mais ces perspectives ne pourront faire l'économie d'une réflexion serrée sur les causes profondes des apories du discours politique face à la globalisation. Car si certaines d'entre elles ne sont que l'effet d'une stricte récupération du politique par la gouvernance globalisée, d'autres posent, de manière beaucoup plus complexe, les déformations ou les manipulations que produisent les alliances entre les forces de la globalisation et les régimes politiques les plus tyranniques. On trouve ainsi, sur un premier versant, les limites d'une pensée démocratique, et, sur un second, celles du corpus républicain – dont se réclament institutionnellement tout en le foulant aux pieds les tyrannies. Car bien des apories projettent les figures régressives d'une emprise croissante du court terme sur le long terme, ainsi que celles d'appareils d'Etat sécuritaires ou de sociétés civiles disloquées que segmentent la globalisation et les politiques d'ajustement. On voit donc à quel point, en raison d'un retour menaçant de toutes sortes d'intégrismes, cette réflexion est urgente. Et, de ce point de vue, la cible des diasporas et du cosmopolitisme est un levier sensible pour une nouvelle appréhension politique plus ouverte. Notamment pour poser toutes les distorsions d'échelles que provoque la globalisation entre l'individuel et le collectif, entre les paliers de la division sociale du travail, selon un regard plus critique que celui du libéralisme ou du nationalisme, ainsi que pour construire de nouvelles solidarités économiques, politiques et idéologiques.

La recherche de ces nouvelles solidarités interpelle notre représentation et notre projection d'une nouvelle dynamique globale. Elle interroge notre conception des forces productives – du point de vue de leur valeur, de leur régulation, mais aussi de leur libération. Elle pose la question de leur intégration, en regard d'un spectre de régimes politiques encore contrastés. Celui-ci est à resituer dans une histoire mondiale longtemps dominée par l'Occident, et pour laquelle les prémisses d'une désoccidentalisation doivent nous interroger. En ce qui concerne les phases d'une hégémonie occidentale, nous ne devons pas en écarter les contrastes. Soit autant de contradictions que d'ajustements entre le courant des Lumières et d'autres qui ont successivement soutenu les colonisations, au nom d'une hiérarchisation des cultures et parfois même des races, sans oublier l'impérialisme.

Un tel cahier des charges n'est pas sans lien avec notre représentation de la sociologie dont l'histoire a été longtemps strictement occidentale. C'est pourquoi nous ne nous contentons pas de critiquer les limites d'une sociologie calée sur celles de l'Etat-nation. Et nous ne nous associons pas non plus à ceux qui annoncent avec éclat l'avènement d'une « sociologie globale » – sous prétexte qu'elle aborde la globalisation. Nous préférons introduire des éléments de géopolitique pour rendre compte des tensions majeures des rapports sociaux. Et nous comptons sur les apports de l'anthropologie et de l'histoire globale pour réduire à terme toute trace d'occidentalisme. Sensible au message de Georges Gurvitch, nous considérons que l'explication sociologique exige d'intégrer les éléments microsociaux dans des collectifs et des formations sociales qui sont emboîtés, mais dont le caractère structurant ne se réduit pas à leurs structures formelles ou morphologiques – comme le montrent leurs tensions. Car celles-ci sont toujours inscrites dans une trame historique en longue période dont il s'agit d'apprécier la continuité ou les ruptures, pour mieux saisir celles des rapports sociaux (Gurvitch, 1963 b).

L'objectif d'instaurer et de multiplier des segments de coopération dans une perspective plus cosmopolite nous apparaît nécessaire. Si l'on veut dépasser toute vision en termes de rapport de force – entre Etats-nations et/ou entre Etats-nations et pouvoirs privés transnationaux – pour de nouvelles formes de régulation en phase avec les prémisses d'une désoccidentalisation. Ainsi devons-nous garder raison face aux nouveaux défis que pose, depuis quelques décennies, l'irruption de plusieurs mouvements millénaristes du Moyen-Orient et du Sahel, et nous efforcer d'en saisir les interférences avec la globalisation. Aussi devons-nous aborder différemment les phénomènes de migrations, sans rester figés sur les effets destructeurs de ces mouvements millénaristes, mais en projetant ces migrations à une autre échelle et dans une autre perspective : celle d'une coopération multilatérale pour le développement. Ainsi le lancement de chantiers au service de l'environnement situés dans des zones méditerranéennes, sahéliennes ou moyen-orientales aujourd'hui négligées, nous semblerait très utile. Il permettrait de resituer dans une perspective plus constructive des approches qui restent strictement captives d'une problématique militaire, elle-même liée à une vision récupérée par les agents de la globalisation actuelle. De même, devons-nous mieux apprécier en quoi l'émergence des économies de plusieurs continents est le relais de cette même globalisation. Afin de prendre conscience des risques ou des dangers que les gouvernements et les promoteurs de la globalisation ont, pour leur part, trop souvent ignorés ou cautionnés. Ainsi pourrons-nous résister aux faux clivages de valeurs ou de cultures. C'est à ce prix que nous serons en mesure de mieux ouvrir le dossier d'une rénovation des valeurs républicaines et démocratiques.

BIBLIOGRAPHIE

Abélès M., 2012, *Anthropologie de la globalisation*, Petite Bibliothèque Payot.

Alain O., 1969, *L'harmonie*, Que sais-je ?, n° 1118, Presses universitaires de France, 2ème édition.

Althusser L., Balibar E., 1969, *Lire le Capital*, II, Petite collection, François Maspero.

Andréani T., 2011, « Entre public et privé, vers un nouveau secteur socialisé », *Note de la Fondation Gabriel Péri*, juillet.

Aron R., 1989, *Leçons sur l'histoire*, Cours du Collège de France, Editions de Falloix.

Aron R., 1964, *La lutte de classes, nouvelles leçons sur les sociétés industrielles*, Idées, NRF Gallimard.

Bachet D., 2015, *Critique de la finance capitaliste, Pour un financement solidaire*, Editions du croquant.

Bachet D., 2007, *Les fondements de l'entreprise, construire une alternative à la domination financière*, Les Editions de l'Atelier.

Baechler J., 1976, *Qu'est-ce que l'idéologie ?* , Idées Gallimard.

Balandier G., 1988, *Le désordre, éloge du mouvement*, Fayard.

Balandier G., 1963, *Sociologie de l'Afrique noire, dynamique sociale en Afrique Centrale*, Bibliothèque de sociologie contemporaine, Presses universitaires de France, deuxième édition.

Ballet J., Guillon R., éditeurs, 2003, *Regards croisés sur le capital social*, Ethique économique, L'Harmattan.

Beck U., 2006, *Qu'est-ce que le cosmopolitisme ?* , Alto Aubier.

Beck U., 2001, *La société du risque, Sur la voie d'une autre modernité*, Aubier.

Billion J.F., 1997, *Mondialisme, fédéralisme européen et démocratie internationale ; le mondialisme et l'intégration européenne (1945-1995)*, Fédérop, Collection textes fédéralistes, Institut d'études fédéralistes Altiero Spinelli.

Bollon P., 2002, *Esprit d'époque, essai sur l'âme contemporaine et le conformisme naturel de nos sociétés*, La couleur des idées, Editions du Seuil.

Bourdieu P., 2013, *Manet, une révolution symbolique*, Cours au Collège de France 1998-2000, Seuil/Raisons d'agir.

Bourdieu P., 1994, *Raisons pratiques, Sur la théorie de l'action*, Editions du Seuil.
Bourdieu P., 1984, *Questions de sociologie*, Documents, Les Editions de Minuit.
Bourdieu P., 1980, « Le capital social », *Actes de la recherche en sciences sociales*, n° 31, p. 2-3.
Bourgeois P., Grou P., sous la direction de, 2007, *Les grands défis technologiques et scientifiques au XXIe siècle*, Ellipses.
Braudel F., 1985, *La dynamique du capitalisme*, Champs, Flammarion.
Braudel F., sous la direction, 1985, *La Méditerranée, L'espace et l'histoire*, Champ histoire, Editions Flammarion.
Braudel F., 1966, *La Méditerranée et le monde méditerranéen à l'époque de Philippe II*, Armand Colin (deuxième édition).
Caire G., 1994, *L'emploi, des repères pour comprendre et agir*, Editions Liris.
Castel R., 2003, *L'insécurité sociale : Qu'est-ce qu'être protégé ?*, La République des idées, Editions du Seuil.
Corm G., 2012, *L'Europe et le mythe de l'Occident, La construction d'une histoire*, La Découverte/poche.
Delaunay Q., Delaunay J.-C., 2007, *Lire le capitalisme contemporain, Essai sur la société du XXIe siècle*, Fondation Gabriel Péri, Le Temps des Cerises.
Delbecque E., Harbulot C., 2012, *La guerre économique*, Que sais-je ?, Presses universitaires de France.
Descola P., 2005, *Par-delà nature et culture*, Bibliothèque des Sciences humaines, NRF, Editions Gallimard.
Dunlop J.T., 1958, *Industrial relations systems*, H. Holt.
Durand J.-P., 2004, *La chaîne invisible. Travailler aujourd'hui : flux tendu et servitude volontaire*, Economie humaine, Editions du Seuil.
Durkheim E, 1998, *De la division du travail social*, Quadrige, Presses universitaires de France, cinquième édition (première édition, 1893).
Durkheim E., 1963, *Sociologie et philosophie*, Bibliothèque de philosophie contemporaine, Presses universitaires de France, nouvelle édition (première édition, 1924).
Graz J.C., 2013, *La gouvernance de la mondialisation*, Repères, La Découverte, quatrième édition.
Grou P., 2010, *L'argent, obscurantisme du XXIe siècle*, Bruno Leprince.
Grou P., 2009, « Une dynamique multi-échelle observable dans l'évolution des sociétés humaines », in Chaline J., Nottale L., Grou P., *Des fleurs pour Schrödinger, La relativité d'échelle et ses applications*, Ellipses, pp. 286-325.

Grou P., Guillon R., Mertens-Santamaria D., Messamah K., 2008, *Vers une Très Grande Europe ; Quelle taille minimale pour l'Europe dans la mondialisation du XXIe siècle ?* , Logiques Sociales, L'Harmattan.
Guénon R., 1987, *Introduction générale à l'étude des doctrines hindoues*, L'Anneau d'Or, Les Editions de la Maisnie.
Guillon R., 2014, *Jazz et créativité, Au fil des sessions*, Univers musical, L'Harmattan.
Guillon R., 2013, *Le blues dans le jazz instrumental des années 1950-1960*, Univers musical, L'Harmattan.
Guillon R., 2012, *La Méditerranée à l'épreuve de la globalisation*, Questions contemporaines, L'Harmattan.
Guillon R., 2011, *L'empreinte de Parker, Gillespie et Ellington sur le jazz des années 1950-1960*, Univers musical, L'Harmattan.
Guillon R., 2010, *Harmonie, rythme et sociétés, Genèse de l'Art contemporain*, Logiques Sociales, L'Harmattan.
Guillon R., 2009, *L'Afrique dans le jazz des années 1950 et 1960*, Univers musical, L'Harmattan.
Guillon R., 2009, *Sociologie de la division du travail, De l'emploi au politique*, Logiques Sociales, L'Harmattan.
Guillon R., 2008, *Sociologie critique d'un socialisme de gouvernance*, Logiques Sociales, L'Harmattan.
Guillon R., 2006, *La New Wave, un jazz de l'entre-deux*, Univers musical, L'Harmattan.
Guillon R., 2005, *Sociologie de l'activité, Une lecture critique de la globalisation*, Logiques Sociales, L'Harmattan.
Guillon R., 2004, *Classes dirigeantes et université dans la mondialisation*, Logiques Sociales, L'Harmattan.
Guillon R., 2003, *Les tensions sur l'activité en Afrique de l'Ouest, une approche comparative Nord-Sud*, Ethique économique, L'Harmattan.
Guillon R., 2002, *Formation continue et mutations de l'emploi*, Logiques Sociales, L'Harmattan.
Guillon R., 2000, *Syndicats et mondialisation, Une stratification de l'action syndicale*, Logiques Sociales, L'Harmattan.
Guillon R., 1998, *Recherches sur l'emploi, Eléments de sociologie de l'activité économique*, Logiques Sociales, L'Harmattan.
Guillon R., 1997, *Les syndicats dans les mutations et la crise de l'emploi*, Logiques Sociales, L'Harmattan.
Gurvitch G., 1963 a, *La vocation actuelle de la sociologie, Vers la sociologie différentielle*, Tome I, Bibliothèque de sociologie contemporaine, Presses universitaires de France, troisième édition.

Gurvitch G., 1963 b, *La vocation actuelle de la sociologie, Antécédents et perspectives*, Tome II, Bibliothèque de sociologie contemporaine, Presses universitaires de France, deuxième édition remaniée.
Hairong Lai, 2010, « Rétrospective et perspective du développement du système financier chinois », *Marché(s), société(s), histoire et devenir de l'humanité*, Actes du colloque de la Fondation Gabriel Péri, 13 et 14 novembre 2008, pp. 86-95.
Hobsbawm E. J., 2008, *L'Ere du capital, 1848-1875*, Pluriel Histoire, Hachette Littératures (1ère édition anglaise, 1975).
Hobsbawm E. J., 2007, *L'Ere des empires, 1870-1914*, Pluriel Histoire, Hachette Littératures (1ère édition anglaise, 1987).
Hobsbawm E. J., 2003, *L'âge des extrêmes, Histoire du Court XXe siècle*, 1914-1991, Editions Complexe (1ère édition anglaise, 1994).
Hourani A., 1993, *Histoire des peuples arabes*, Points Histoire, Editions du Seuil (1ère édition anglaise, 1961).
Huntington S. P., 2000, *Le choc des civilisations*, Poche, Odile Jacob (1ère édition américaine, 1996).
Lallement M., 1996, *Sociologie des relations professionnelles*, Repères, La Découverte.
Lecler R., 2013, *Sociologie de la mondialisation*, Repères, La Découverte.
Locke J., 2008, *Traité du gouvernement civil*, Le Monde de la philosophie, Flammarion (1ère édition anglaise, 1690).
Lojkine J., 2005, *L'adieu à la classe moyenne*, La Dispute.
Lojkine J., 1992, *La révolution informationnelle*, Presses universitaires de France.
Lordon F., 2011, *L'intérêt souverain*, La Découverte/Poche.
Lourau R., 1974, *L'analyseur Lip*, 10/18, Union Générale d'Editions.
Lyotard J.-F., 1959, *La phénoménologie*, Que sais-je ? , n° 625, Presses universitaires de France.
McNeill J.R., 2010, *Du nouveau sous le soleil, Une histoire de l'environnement au XXe siècle*, Points Histoire, Champ Vallon (1ère édition américaine 2000).
Martel F., 2011, *Mainstream, Enquête sur la guerre globale de la culture et des médias*, Champs actuel, Flammarion.
Martin D., Metzger J.-L., Pierre P., 2003, *Les métamorphoses du monde, Sociologie de la mondialisation*, Economie humaine, Editions du Seuil.
Marx K., 1968, *Le capital*, Livres II et III, in *Œuvres, Economie*, tome II, La Pléiade, Gallimard (premières éditions allemandes, 1885 et 1894).
Marx K., 1965, *Le capital*, Livre I, in *Œuvres, Economie*, tome I, La Pléiade, Gallimard (première édition allemande, 1867).
Marx K., Engels F., 1962, *L'idéologie allemande*, Première partie, *Feuerbach*, Classiques du marxisme, Editions sociales.

Mauss M., 1960, *Sociologie et anthropologie*, Bibliothèque de sociologie contemporaine, Presses universitaires de France, quatrième édition.
Merleau-Ponty M., 1964, *Le visible et l'invisible*, Gallimard.
Peemans J.-P., 2002, *Le développement des peuples face à la modernisation du monde : les théories du développement face aux histoires du développement réel dans la seconde moitié du XXe siècle*, Population et développement 10, Academia Bruylant-L'Harmattan.
Péquignot B., 2007, *La question des œuvres en sociologie des arts et de la culture*, Logiques Sociales, L'Harmattan.
Roulleau-Berger L., Guo Yuhua, Li Peilin, Liu Shiding, sous la direction de, 2008, *La nouvelle sociologie chinoise*, CNRS Editions.
Salama P., Valier J., 1973, *Une introduction à l'économie politique*, Petite collection, François Maspero.
Sapir J., 2011, *La démondialisation*, Economie Points, Editions du Seuil.
Sassen S., 2009, *La globalisation. Une sociologie*, Bibliothèque des Sciences humaines, NRF, Editions Gallimard (première édition états-unienne, 2007).
Sennett R., 2006, *La culture du nouveau capitalisme*, Pluriel, Hachette Littératures, Editions Albin Michel.
Serfati C., éditeur, 2009, *Une économie politique de la sécurité*, Hommes et Sociétés, Karthala.
Serfati C., 2004, *Impérialisme et militarisme : Actualité du XXIe siècle*, Cahiers libres, Editions Page deux.
Trinh Xuan Thuan, 1998, *Le chaos et l'harmonie*, *La fabrication du réel*, Folio Essais, Librairie Arthème Fayard.
Voslensky M., 1980, *La nomenklatura, les privilégiés en URSS*, Le livre de poche, Belfond.
Wagner A.-C., 2007, *Les classes sociales dans la mondialisation*, Repères, La Découverte.
Weber M., 1995, *Economie et société*, tome 2, *L'organisation et les puissances de la société dans leur rapport avec l'économie*, Agora Pocket Plon.

TABLE DES MATIÈRES

Sociologie et questions de société aux éditions L'Harmattan

Dernières parutions

COUPLE (LE) RYTHMÉ PAR SES CRISES
Un regard croisé entre une sociologue et une thérapeute de famille
Bawin-Legros Bernadette, Schrod Hannelore
Ce livre entend questionner quelques grandes crises que traversent les couples aujourd'hui, de la formation du couple à la retraite, en passant par la naissance des enfants, les recompositions familiales et l'impact des nouvelles technologies. L'originalité de cette étude réside dans le double regard qui est porté : celui d'une sociologue qui s'interroge sur le couple et la famille et celui d'un thérapeute de famille d'inspiration systémique.
(Coll. Logiques sociales, 17.00 euros, 166 p.)
ISBN : 978-2-343-05046-1, ISBN EBOOK : 978-2-336-36819-1

MUTATIONS ET DÉTERMINISME CHEZ BOURDIEU
Épistémologie de la sociologie de l'art de Bourdieu
Dulmage Simon
Pierre Bourdieu serait le sociologue du déterminisme social par excellence. L'institution scolaire, écrit-il, avantage les avantagés et désavantage les désavantagés. Les possibilités de changement sont réduites. Pourtant, n'est-il pas questions dans *Les règles de l'Art* de changement et de discontinuité ? Bourdieu, un penseur déterministe ? Il est légitime d'en douter puisqu'il y a manifestement des tensions entre la logique de la conservation et la logique du changement.
(Coll. Logiques sociales, 14.00 euros, 130 p.)
ISBN : 978-2-343-04976-2, ISBN EBOOK : 978-2-336-36568-8

PARTIR À LA RETRAITE
Tassart-Lainey Micheline
Du jour au lendemain... à la maison !! Le passage à la retraite est toujours un moment brutal, une condamnation sans plaidoyer et sans appel !! L'arrêt définitif du métier renvoie la personne à elle-même. Je deviens mon propre patron. Mais aux yeux de qui ? Pour quoi faire ? Et comment ? C'est une modification totale de la vie quotidienne. Elle est d'autant plus mal ressentie qu'elle se produit à un moment où la personne ne se sent pas vieille et où d'autres ruptures viennent de se produire : départ des enfants, décès des parents...
(Coll. La gérontologie en actes, 14.50 euros, 142 p.)
ISBN : 978-2-343-04508-5, ISBN EBOOK : 978-2-336-36784-2

IDENTITÉ, ALTÉRITÉ ET REPRÉSENTATIONS
Sous la direction de Gilbert Zouyané
Cet ouvrage offre une réflexion sur les enjeux de l'affirmation des identités dans un monde à la fois globalisé et fragmenté, où l'impérialisme culturel résiste à la fécondation mutuelle des civilisations et des peuples. Comment apprécier l'expression des formes identitaires communautaires (culture, nation, race, ethnie...) où les sentiments d'appartenance sont particulièrement forts ?
(Coll. Harmattan Cameroun, 20.00 euros, 194 p.)
ISBN : 978-2-343-04992-2, ISBN EBOOK : 978-2-336-36727-9

ESSAI D'INTERPRÉTATION DES PHÉNOMÈNES CULTURELS
Du dialogue interculturel (volume 1)
Pallante Gianna - Préface de Cristiana Freni
Le développement vertigineux des communications et la surexploitation de la planète nous obligent aujourd'hui à vivre en contact permanent. Dans ce contexte, le dialogue interculturel se présente comme une possibilité pour vivre ensemble. Mais cela suppose, selon l'auteur, que les hommes ont «du commun» à partager. Sa recherche veut donc montrer qu'au-delà des différences, il existerait une nature humaine qui s'exprime dans l'histoire des hommes et se manifeste dans la diversité des cultures.
(Coll. Harmattan Cameroun, 17.00 euros, 172 p.)
ISBN : 978-2-343-03071-5, ISBN EBOOK : 978-2-336-36739-2

ESSAI D'INTERPRÉTATION DU VIVRE ENSEMBLE
Du dialogue interculturel (volume 2)
Pallante Gianna - Préface de Cristiana Freni
Aujourd'hui, le dialogue interculturel se présente comme un nouveau modèle de conception de la relation entre cultures. Dans ce livre, l'auteur soutient la thèse selon laquelle le texte d'une culture est inscrit dans la personne qui se l'approprie à travers l'éducation. Le dialogue est possible si la structure de la personne est la relation d'ouverture à l'autre et si les personnes en dialogue sont capables de dépasser leur horizon personnel et culturel pour créer une réelle solidarité.
(Coll. Harmattan Cameroun, 17.00 euros, 176 p.)
ISBN : 978-2-343-04134-6, ISBN EBOOK : 978-2-336-36740-8

INVENTION (L') DE LA VALEUR UNIVERSELLE EXCEPTIONNELLE DE L'UNESCO
Une utopie contemporaine
Sous la direction d'Alain Chenevez et Nanta Novello Paglianti
De la Valeur Universelle Exceptionnelle de 1972, en passant par la Convention pour la reconnaissance de l'immatérialité de 2003, le patrimoine mondial de l'UNESCO, à l'importante plasticité conceptuelle, ne cesse d'évoluer. Cet ouvrage invite au débat sur l'évolution du patrimoine mondial, à travers trois axes : diachronique, interactionniste et communicationnel, mais aussi politique et prospectif.
(Coll. Logiques sociales, 25.00 euros, 248 p.)
ISBN : 978-2-343-04985-4, ISBN EBOOK : 978-2-336-36697-5

LUTTE (LA) CONTRE LES DISCRIMINATIONS
Genèse et usages d'une politique publique
Prévert Aline
Lutter contre les discriminations» résonne aujourd'hui en France comme un mot d'ordre naturel accompagné d'un dispositif d'actions et d'un réseau d'acteurs. Pourtant, il a fallu attendre la fin des années 90 pour que les pouvoirs publics se saisissent de cette problématique et qu'une politique soit définie puis mise en oeuvre. Cet ouvrage contribue à mieux comprendre la politique de lutte contre les discriminations en France à travers l'étude de sa genèse et de ses usages.
(Coll. La Librairie des Humanités, 39.00 euros, 404 p.)
ISBN : 978-2-343-04730-0, ISBN EBOOK : 978-2-336-36648-7

MONDE (LE) CANNIBALE
Le défi démographique de 2065
Rollandin Philippe
Conséquences des progrès de la génétique, de la médecine prédictive et des traitements personnalisés, les grandes maladies seront bientôt vaincues et l'espérance de vie va augmenter dans des proportions inimaginables. L'Homme est sur le point de conquérir son immortalité. Mais dans quel monde vivra-t-il cette éternité ? Ce livre tire la sonnette d'alarme : si l'on n'anticipe pas le choc démographique à venir, le monde de demain sera un monde où les générations et les peuples seront prêts à tout pour faire disparaître les plus faibles ou ceux qui accaparent la richesse - le monde de demain sera un monde de cannibales.
(Coll. Défis, 19.00 euros, 198 p.)
ISBN : 978-2-343-05352-3, ISBN EBOOK : 978-2-336-36798-9

RÉPUBLIQUE (LA) CONTRE LES LIBERTÉS
Le virage autoritaire de la gauche libérale (1995-2014)
Bourgoin Nicolas
La montée en force du libéralisme sécuritaire est une tendance lourde de nos sociétés occidentales. Sa mise en oeuvre par un gouvernement de gauche lui donne une coloration particulière en mobilisant des valeurs étiquetées humanistes ou progressistes au service de politiques discriminatoires ou liberticides (lois antiterroristes, islamophobie, inflation carcérale, encadrement de la liberté d'expression dans les salles de spectacle et sur Internet, dissolution de mouvements politiques contestataires...).
(Coll. Questions contemporaines, 21.00 euros, 210 p.)
ISBN : 978-2-343-05267-0, ISBN EBOOK : 978-2-336-36838-2

FRANCE, LA RÉPUBLIQUE EST TON AVENIR
Guyon Frank
L'auteur analyse les causes du pessimisme collectif contemporain des Français pour leur avenir. Il démontre que le chômage de masse, apparu en 1975, a ruiné l'héritage de la République et mis à mal deux valeurs communes qui fondaient la cohésion sociale : le Travail et l'Égalité. Pour reprendre confiance il faut renouer avec les valeurs républicaines, s'engager dans le développement durable en faisant plus avec moins et faire mieux autrement.
(Coll. Questions contemporaines, 18.00 euros, 182 p.)
ISBN : 978-2-343-04912-0, ISBN EBOOK : 978-2-336-36793-4

DISSUASION NUCLÉAIRE (LA)
Prélude au désarmement
Valensi Edouard
Plus de 17 000 têtes nucléaires traînent dans le monde, 4 500 sont programmées pour détruire la moitié de la terre. Peut-on les éliminer ? Oui, il existe un chemin vers le désarmement nucléaire, mais il doit passer par un stade intermédiaire, la suffisance nucléaire. On ne peut être réaliste sans évoquer précisément la mise en œuvre des armes nucléaires, les plans de tir et les doctrines. Cet ouvrage propose un mode de calcul réaliste de forces nucléaires et démontre que les arsenaux monstrueux que le XXe siècle nous a légués sont désormais sans objet.
(21.00 euros, 170 p.)
ISBN : 978-2-343-04982-3, ISBN EBOOK : 978-2-336-36506-0

PLAIDOYER POUR UNE NOUVELLE ÉCOLOGIE DE LA NATURE
Genot Jean-Claude
Dans une société caractérisée par la maîtrise des hommes sur la nature, l'auteur propose de laisser faire l'évolution naturelle car c'est justement dans la nature spontanée que résident la liberté et l'enchantement. Il plaide pour la nature férale (autrefois domestiquée puis redevenue sauvage). À l'heure où une prise de conscience des enjeux écologiques de nos écosystèmes commence à se développer, une nouvelle nature apparaît, faisant renaître l'espoir.
(Coll. Antidotes, 18.50 euros, 186 p.)
ISBN : 978-2-343-05238-0, ISBN EBOOK : 978-2-336-36527-5

PLUS LOIN QUE LE DÉVELOPPEMENT DURABLE : LA DURABILITÉ
Brun-Picard Yannick
En partant d'une analyse contextuelle et critique du développement durable, cet ouvrage a pour objectif de démontrer la pertinence de l'emploi du concept de durabilité dans les projets d'aménagement et d'organisation des territoires. Cinq thématiques illustrent les potentialités de la mise en application de la durabilité (commercialisation, valorisation, diversification, agriculture et les enseignements). Elles sont synthétisées au sein de l'exemple transméditerranéen de l'activité développée par le groupe Pizzorno environnement, de gestion des déchets, entre la Provence et l'Afrique.
(Coll. Logiques sociales, 25.00 euros, 246 p.)
ISBN : 978-2-343-04840-6, ISBN EBOOK : 978-2-336-36271-7

BOURDIEU
Une sociologie réflexive
Lemaire Dominique Thiébaut
A l'époque où il était élève de l'École Normale Supérieure, l'auteur de cet ouvrage a eu l'occasion de découvrir l'enseignement et les recherches de Bourdieu. Bien des années plus tard, ayant lu et relu les premiers ouvrages du sociologue, il s'est senti assez proche de cette pensée qui a beaucoup évolué. A la sociologie de l'État s'est ajouté une réflexion approfondie sur la science et sur l'universel irréductible aux conditions sociales particulières dans lesquelles il a été produit.
(Coll. Le Scribe Cosmopolite, 12.00 euros, 120 p.)
ISBN : 978-2-343-05108-6, ISBN EBOOK : 978-2-336-36375-2

SYSTÈME (LE) PROSTITUTIONNEL
Sources africaines dans le paysage français
Mbiaga Cyrille
Cet ouvrage décrit la situation des personnes prostituées en France, le rôle des proxénètes et des clients qui forment le système prostitueur, le rôle des familles et de la société. Leur analyse révèle des déterminants qui poussent au départ des pays d'origine. A partir d'un modèle général qui établit le cercle vicieux de la prostitution, l'auteur se penche sur les modèles spécifiques camerounais et nigérian qui se distinguent.
(Coll. Questions contemporaines, 23.00 euros, 232 p.)
ISBN : 978-2-343-04854-3, ISBN EBOOK : 978-2-336-36281-6

PÉDAGOGIE SOCIALE
Dalla Piazza Serge, Garcet Marc, Vandormael Luc
De crise en crise, une partie toujours plus grande de la population se retrouve au ban de la société, en situation de dépendance des services sociaux, mettant à mal les tentatives de cohésion sociale des États. C'est contre tout cela que la pédagogie sociale lutte. «Vivre ensemble» illustre un modèle de pensée sociale qui érige le projet social en incluant les talents d'invention du citoyen dans la dynamique collective où priment la cohésion sociale, l'égalité des chances et la qualité de vie.
(Coll. Au carrefour du social, 23.00 euros, 222 p.)
ISBN : 978-2-343-04793-5, ISBN EBOOK : 978-2-336-36402-5

APOLOGIE DU GRAND ÂGE
Vieillesse oblige !
Cambona Christophe
Préface d'Alain Minc
Les personnes âgées sont, à l'heure où la société connaît une véritable dictature de l'urgence, les garants et les acteurs d'une autre temporalité : celle de la retraite. Cette période ne doit pas marquer la fin de la vie sociale, au contraire. Elle constitue un nouvel élan vers de nouvelles activités et rencontres. Loin d'être le blâme de la jeunesse, cet essai plaisant à lire prône davantage de solidarité entre les générations en renversant les préjugés sur la vieillesse.
(Coll. Rue des écoles, 11.50 euros, 94 p.)
ISBN : 978-2-343-04679-2, ISBN EBOOK : 978-2-336-36100-0

CHÔMEURS
Anthropologie d'un mouvement social
Kim Seung-Yeon
Préface de Marc Abélès
Ce livre témoigne des mobilisations de chômeurs en France, telles que les a vues et vécues une anthropologue coréenne. Aussi médiatiques que spectaculaires que soient les formes de mobilisation, ces sortes de rites militants ne visent pas à un changement radical mais tendent à un nouveau rapport de forces avec l'autorité publique. La violence s'exprime contre l'inégalité et l'injustice, mais aussi au sein du mouvement, dans l'affrontement des idées et des groupes.
(Coll. Socio-anthropologie, 28.00 euros, 280 p.)
ISBN : 978-2-343-03842-1, ISBN EBOOK : 978-2-336-36175-8

L'HARMATTAN ITALIA
Via Degli Artisti 15; 10124 Torino
harmattan.italia@gmail.com

L'HARMATTAN HONGRIE
Könyvesbolt ; Kossuth L. u. 14-16
1053 Budapest

L'HARMATTAN KINSHASA
185, avenue Nyangwe
Commune de Lingwala
Kinshasa, R.D. Congo
(00243) 998697603 ou (00243) 999229662

L'HARMATTAN CONGO
67, av. E. P. Lumumba
Bât. – Congo Pharmacie (Bib. Nat.)
BP2874 Brazzaville
harmattan.congo@yahoo.fr

L'HARMATTAN GUINÉE
Almamya Rue KA 028, en face
du restaurant Le Cèdre
OKB agency BP 3470 Conakry
(00224) 657 20 85 08 / 664 28 91 96
harmattanguinee@yahoo.fr

L'HARMATTAN MALI
Rue 73, Porte 536, Niamakoro,
Cité Unicef, Bamako
Tél. 00 (223) 20205724 / +(223) 76378082
poudiougopaul@yahoo.fr
pp.harmattan@gmail.com

L'HARMATTAN CAMEROUN
BP 11486
Face à la SNI, immeuble Don Bosco
Yaoundé
(00237) 99 76 61 66
harmattancam@yahoo.fr

L'HARMATTAN CÔTE D'IVOIRE
Résidence Karl / cité des arts
Abidjan-Cocody 03 BP 1588 Abidjan 03
(00225) 05 77 87 31
etien_nda@yahoo.fr

L'HARMATTAN BURKINA
Penou Achille Some
Ouagadougou
(+226) 70 26 88 27

L'HARMATTAN SÉNÉGAL
10 VDN en face Mermoz, après le pont de Fann
BP 45034 Dakar Fann
33 825 98 58 / 33 860 9858
senharmattan@gmail.com / senlibraire@gmail.com
www.harmattansenegal.com

L'HARMATTAN BÉNIN
ISOR-BENIN
01 BP 359 COTONOU-RP
Quartier Gbèdjromèdé,
Rue Agbélenco, Lot 1247 I
Tél : 00 229 21 32 53 79
christian_dablaka123@yahoo.fr

Achevé d'imprimer par Corlet Numérique - 14110 Condé-sur-Noireau
N° d'Imprimeur : 124737 - Dépôt légal : décembre 2015 - *Imprimé en France*

www.ingramcontent.com/pod-product-compliance
Lightning Source LLC
LaVergne TN
LVHW011007061026
849535LV00006B/1762
9782343080512